L: Hinweis auf Lösungsteil
Du findest die Lösung dieser
Aufgabe oder eines Aufgaben-
teils im Anhang des Buches.

Umwelt

Historisches

8L

Übertrage die Aufgaben ins Heft und rechne.

a) $4^2 + 2^3$
   $4^2 \cdot 2^3$

b) $4 \cdot 3^4$
   $4^3 \cdot 4$

c) $8 - 3^4$
   $19 - 4^2$

d) $5^3 - 5^2 \cdot 5$
   $10^3 - 3 \cdot 10 + 10^2$

e) $1^5 \cdot 5^1$
   $2 \cdot 5^2$

f) $6^3 - 6^2$
   $2 \cdot (3 \cdot 4)^2$

g) $7 \cdot 1^8 + 4^3 \cdot 3$
   $4 \cdot (8 + 2^3)$

h) $100 - 3 \cdot 2^5 + 4 \cdot 5^2$
   $1^4 + 7^2 \cdot (3^4 - 3^3)$

11

Zeichne drei Figuren ähnlich denen
im Bild 1 auf ein Stück Pappe. An
den eingezeichneten Linien sollen
die Figuren gleich breit sein. Zerschneide die Pappen entlang der
Linien in jeweils drei Teilstücke.
a) Bilde neue Figuren durch
   Zusammenlegen eines Kopf-,
   Bauch- und Beinteils.
b) Wie viele verschiedene Figuren
   lassen sich insgesamt darstellen?

Grauer Balken:
Normale
Übungsaufgabe

12

Zum 10. Geburtstag schenkte Onkel Gustav seiner Nichte Melanie einen
Pfennig. Er versprach, dass dieser Betrag fortlaufend zu jedem Geburtstag
verdoppelt würde.
Die Gäste fanden das äußerst dürftig. Nicht so Melanie; sie sagte: „Da
werde ich ja später einmal eine reiche Frau sein." Was sagst du dazu?

Roter Balken:
Schwierige Aufgabe

AUFGABEN ZUR WIEDERHOLUNG

1. Das Streifendiagramm informiert über den
durchschnittlichen Wasserverbrauch einer
Person in Deutschland. Was kannst du aus
dem Diagramm ablesen?

der Wohnung lebenden Personen, der Kinder, der
Schlafgelegenheiten, der Lampen, der Radios.

3. Das Liniendiagramm zeigt die Entwicklung
des Wasserpreises in Neuendorf.
   a) Was liest du aus dem Diagramm ab?
   b) Fertige ein Liniendiagramm zur Entwick-
      lung eurer Wohnungsmiete an.

2. Fertige ein Streifendiagramm zu Fakten über
deine Wohnung an: Anzahl der Zimmer, der in

Fächerübergreifende
Themenseite

Mathematische
Themenseite

Aufgaben zur Wiederholung
Die Aufgaben unter dieser Überschrift gehören nicht
gerade behandelten Stoff. Hier kannst du früher Gelerntes
wiederholen und üben.

Mathematik *plus*

Grundschule Klasse 5
Brandenburg

Herausgegeben von StD Dietrich Pohlmann
und Prof. Dr. Werner Stoye

Volk und Wissen Verlag

Autoren:
StD Karl Udo Bromm, OStR Robert Domine, Angela Eggers, Dr. Ronald Elstermann,
Prof. Dr. Marianne Grassmann, Erika Hellwig, StRn Ingrid Kasten, Dr. Gerhard Koenig,
StD Jochen Leßmann, StD Dietrich Pohlmann, StD Dieter Rüthing, Dr. Uwe Sonnemann,
Prof. Dr. Werner Stoye

Herausgeber:
StD Dietrich Pohlmann, Prof. Dr. Werner Stoye

Redaktion: Dr. Peter Birnbaum, Grit Weber

Dieses Werk folgt der reformierten Rechtschreibung und Zeichensetzung.

ISBN 3-06-000554-0

1. Auflage
5 4 3 2 1 / 02 01 00 99 98
Alle Drucke dieser Auflage sind im Unterricht parallel nutzbar.
Die letzte Zahl bedeutet das Jahr dieses Druckes.
© Volk und Wissen Verlag GmbH & Co.,
Berlin 1998
Printed in Germany
Satz und Reproduktion: Universitätsdruckerei H. Stürtz AG, Würzburg
Druck und Binden: Druckhaus „Thomas Müntzer" GmbH
Technische Zeichnungen: Rita Schüler
Illustrationen: Roland Beier
Layout: Karl-Heinz Bergmann, Wolfgang Zieger
Typografie: Manfred Behrendt, Wolfgang Lorenz
Einband: Wolfgang Lorenz

Inhalt

Inhalt

Die natürlichen Zahlen

Unsere Sonne

Schon seit Jahrtausenden wissen die Menschen um die Bedeutung der Sonne für das Leben auf der Erde. Richtige Vorstellungen von ihrer Größe und von unserer Entfernung zur Sonne haben sie aber erst seit wenigen Jahrhunderten. Die alten Griechen sahen in der Sonne den Gott Helius, der mit seinem Feuerwagen über den Himmel fährt.

Heute wissen wir zum Beispiel: Die Sonne ist ein gewaltiger Himmelskörper von etwa einer Million vierhunderttausend Kilometer Durchmesser. Nur wegen der großen Entfernung zur Erde von rund einhundertfünfzig Millionen Kilometer erscheint sie uns so klein.

In ihrem Innern herrschen Temperaturen bis zu fünfzehn Millionen Grad Celsius, an ihrer Oberfläche immer noch sechstausend Grad.

Trotz ihrer riesigen Größe ist unsere Sonne nicht der größte Himmelskörper. Unter den unzähligen Sternen gibt es viele mit bis zu einer Milliarde Kilometer Durchmesser.

Auch der ruhige Eindruck täuscht, den die Sonne am Himmel hinterläßt. Das Bild zeigt einen Teil der Sonnenoberfläche. Man gewinnt einen Eindruck davon, dass die Sonnenoberfläche nicht ruhig ist. Immer wieder entstehen und vergehen Sonnenflecken und es kommt zu gewaltigen Gasausbrüchen, die wie helle Fackeln aufleuchten. Diesen gegenüber erscheint unsere Erde klein, obwohl sie selbst schon einen Durchmesser von rund zwölftausendsiebenhundertfünfzig Kilometer hat.

Große Zahlen

Am Beispiel der Sonne (Seite 5) kann man schon sehen, dass zur Beschreibung des Weltalls sehr große Zahlen benötigt werden. Das zeigt auch die nebenstehende Tabelle, der die Durchmesser der Sonne und einiger Planeten sowie die Abstände dieser Planeten von der Sonne zu entnehmen sind.

	Durchmesser	Abstand zur Sonne
Sonne	1 391 600 km	
Venus	12 100 km	110 000 000 km
Erde	12 760 km	150 000 000 km
Mars	6 790 km	230 000 000 km
Jupiter	143 640 km	780 000 000 km
Saturn	120 670 km	1 430 000 000 km

Mithilfe einer Stellentafel kann man auch große Zahlen leicht lesen. So erhält man z. B. für den Durchmesser der Sonne:
eine Million dreihunderteinundneunzigtausendsechshundert Kilometer.

Millionen			Tausender					
H	Z	E	H	Z	E	H	Z	E
		1	3	9	1	6	0	0

1

a) Zeichne eine Stellentafel in dein Heft. Trage dort die Planetendurchmesser und die Abstände der Planeten von der Sonne – mit Ausnahme des Saturns – ein.

b) Lies die Zahlen laut vor und schreibe sie mit Worten ins Heft.

BEACHTE
Zahlen unter einer Million werden klein und in einem Wort geschrieben. Getrennt schreibt man Zahlen über eine Million.

2

Markiere einen Streifen gemäß Bild 1 in deinem Heft und zeichne die Planeten aus Tabelle 1 als farbige Punkte an den zugehörigen Stellen ein. Maßstab: 1 cm (2 Kästchen) entspricht 100 Millionen Kilometer.

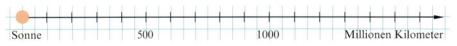

Sonne   500   1000   Millionen Kilometer

Von den oben aufgeführten Planeten ist der Saturn am weitesten von der Sonne entfernt: **eintausendvierhundertunddreißig Millionen** Kilometer.
Hier ist eine Grenze des bisherigen Zahlenraums, nämlich 999 999 999, weit überschritten. Ähnlich wie es für 1 000 Tausender das Wort 1 Million gibt, hat man auch für 1 000 Millionen ein Zahlwort.

1 000 Millionen bezeichnet man als **1 Milliarde** (abgekürzt: **1 Mrd.**).

Man liest z. B. 1 430 000 000 als
eine Milliarde vierhundertunddreißig Millionen.

Um große Zahlen deutlich darzustellen, setzt man – von rechts nach links – jeweils alle drei Stellen einen Punkt oder einen kleinen Zwischenraum.
1430000000 = 1.430.000.000 = 1 430 000 000

HINWEIS
Große Zahlen merkt man sich am besten im „Dreierpack".

Noch weiter im Zahlenraum müssen wir voranschreiten, wenn wir z. B. die riesige Entfernung zu dem uns nächsten Stern Alpha Centauri angeben wollen: 40 041 Milliarden Kilometer.
1000 Milliarden nennt man **1 Billion (1 Bio.)**.
Die Entfernung des Alpha Centauri beträgt folglich
(40 · 1 000 Mrd. + 41 Mrd.) km = 40 Billionen 41 Milliarden km.

WUSSTEST DU SCHON?
Ein Stern ist nichts anderes als eine sehr weit entfernte Sonne.

BEISPIELE für große Zahlen

in Ziffern	in Worten
19.287.112.984	neunzehn Milliarden zweihundertsiebenundachtzig Millionen einhundertzwölftausendneunhundertvierundachtzig
123 456 080 012 345	hundertdreiundzwanzig Billionen vierhundertsechsundfünfzig Milliarden achtzig Millionen zwölftausenddreihundertfünfundvierzig

Beim Erfassen großer Zahlen kann eine Stellentafel helfen.

Billionen			Milliarden			Millionen			Tausender					
H	Z	E	H	Z	E	H	Z	E	H	Z	E	H	Z	E
				1	9	2	8	7	1	1	2	9	8	4
1	2	3	4	5	6	0	8	0	0	1	2	3	4	5

3

Zeichne eine Stellentafel ins Heft und trage die folgenden Zahlen ein.
a) einunddreißig Milliarden achthundertdreiundsiebzigtausendfünfhundertvier
b) acht Milliarden sechs Millionen fünfhunderttausendsiebzig
c) achtzehn Billionen dreihundertsieben Milliarden einhundertdreizehn Millionen siebenhundertdreiundsechzigtausendachthundertneunzehn

4

Lies die Zahlen laut vor und schreibe ihre Wortformen in dein Heft.
a)　2 307　　**b)**　8 948 023　　**c)**　　102 203 070　　**d)**　　　　29 008 076
　　85 400　　　　53 204 500　　　　400 300 800　　　　23 009 234 107
　　149 901　　　　6 780 033　　　18 025 030 671　　9 200 034 130 098

5L

Schreibe in Ziffern.
a) zwanzig Millionen fünfzig　　　　**b)** eine Million eins
c) fünf Milliarden einhundertelf　　　**d)** neunhundertneun Billionen acht
e) hundert Milliarden dreihunderttausend　　**f)** neunzig Billionen siebzehn Millionen

6

Eine Zahl beginnt mit „eins", gefolgt von 3, 5, 4, 11, 6, 10, 7, 13 Nullen. Schreibe die Zahlen sowohl in Ziffern als auch in Wortform auf.

HINWEIS
Die Aufgabe wird leichter lösbar, wenn man die Zahlen erst in eine Stellentafel einträgt.

7

Zerlege die Zahlen nach folgendem Muster:
7 012 060 541 007 = 7 Bio. + 12 Mrd. + 60 Mio. + 541 Tsd. + 7 Einer.

a)	b)	c)	d)
23 018	7 891 000	1 890 001	1 230 400 009
872 007	999 000 200	897 200 650	90 000 012 090
700 510	123 456 789	234 946 763	18 025 234 671
999 999	4 020 008	45 001 002 001	900 000 123 040 310

8

Blut ist rot: Unterm Mikroskop sieht man, dass diese Farbe von einer Vielzahl winziger roter Blutkörperchen herrührt, die in einer farblosen Flüssigkeit schweben. Ärzte haben anhand von Blutproben festgestellt, dass ein winziger Tropfen Blut von der Größe eines Stecknadelkopfes bereits rund 5 Millionen roter Körperchen enthält. Du kannst davon ausgehen, dass jeder Liter ungefähr eine Million solcher Blutstropfen enthält und in deinem Körper ungefähr vier Liter Blut zirkulieren. Wie viele rote Blutkörperchen sind insgesamt in deinen Adern?

9

Der Abfluss eines 10 Liter fassenden Waschbeckens ist verstopft. Außerdem tropft der Wasserhahn zweimal in der Sekunde. Nehmen wir einmal an, dass 7 200 Tropfen einen Liter Wasser ergeben.
a) Die Familie verreist übers Wochenende. Läuft das Becken inzwischen über?
b) Ein Kubikmeter (1 000 Liter) Wasser kostet ca. 10 DM. Überzeuge dich davon, dass der undichte Hahn – falls er nicht repariert wird – innerhalb eines Jahres 88 DM an unnötigen Kosten verursacht.

10

a) Die Bundesdruckerei liefert einer Bank 40 Millionen DM in Form von Hundertmarkscheinen aus. Wie viele Scheine sind das?
b) Kann die Auslieferung in einem Koffer erfolgen, wenn vier Scheine annähernd zwei Gramm wiegen?

11

Auf der Erde leben ungefähr 6 Milliarden Menschen. Stell dir vor, sie reichen einander die Hände und bilden eine Kette, wobei sie einen Abstand von 1 m voneinander einhalten.
a) Wie viel Kilometer wäre die „Menschenkette" lang?
b) Vergleiche die Länge der Kette mit der Länge des Äquators (etwa 40 000 km) und mit der Entfernung Erde–Mond (fast 400 000 km).

12

In einem Computerladen wird eine 600 Megabyte umfassende CD-ROM angeboten. Von wie vielen Büchern könnte man den Text darauf unterbringen, wenn ein Buch 500 Seiten enthält?
Erläuterungen: Ein Byte ist der Platz für einen Buchstaben oder eine Ziffer oder ein sonstiges Zeichen. Mega ist die Abkürzung für eine Million. Auf eine Seite passen 2 000 Zeichen.

INFORMATION
Wir sehen hier davon ab, dass beim Computer 1 Megabyte sogar 1.048.576 Byte sind.

13

In Deutschland raucht jeder der 65 Millionen Erwachsenen im Durchschnitt 2 000 Zigaretten im Jahr. In jeder Zigarette befindet sich ein bisschen Teer; bei 50 000 Zigaretten kommt ein ganzer Liter Teer zusammen. Zigaretten kosten auch viel Geld – 10 Zigaretten etwa 2 DM.
a) Wie viele Zigaretten werden in Deutschland in einem Jahr geraucht und wie viel Geld wird dafür ausgegeben?
b) Begründe, dass ein starker Raucher (ca. 20 Zigaretten am Tag) in etwa 7 Jahren tatsächlich 1 Liter Teer in seiner Lunge verarbeiten muss.

14L

In einer Zeitung konnte man neulich lesen, dass in Deutschland jährlich rund 4 Milliarden Liter Bier getrunken würden und in den USA im gleichen Zeitraum sogar 2 Billionen Liter.
a) Wie groß wäre demnach der „Pro-Kopf-Verbrauch" bei uns und in Amerika, wenn es 80 Millionen Deutsche und 200 Millionen US-Amerikaner gibt?
b) Kann die zweite Angabe überhaupt richtig sein?

AUFGABEN ZUR WIEDERHOLUNG

1. Ordne die Strecken nach ihrer Länge. Schätze zuerst. Miss dann.

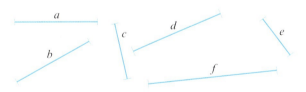

2. Ordne die Strecken nach ihrer Länge.
   a) 12,4 cm; 0,24 cm; 120 mm; 1,04 m; 12,4 mm; 41,2 cm; 0,14 m; 1,4 cm
   b) 7,089 km; 7 890 m; 70,89 km; 0,789 km; 78 900 m; 7,890 km; 789 m
   c) 4,05 m; 4,50 m; 5,04 m; 0,54 m; 45 cm; 540 cm; 5 m; 4,00 m; 45 m
   d) 0,063 km; 630 m; 630 cm; 60 300 mm; 603 m; 60,03 m; 60,30 cm

3. Runde auf volle Meter.
   a) 3,25 m; 4,78 m; 173,51 m; 3 536,08 m
   b) 354 cm; 762 cm; 150 cm; 1 850 cm; 0,17 m
   c) 7,61 m; 0,89 m; 111 cm; 417,12 m; 4 171 cm

4. Von A nach I gibt es mehrere Wege. Ein Weg verläuft z. B. von A über F und G nach I. Finde den kürzesten Weg.

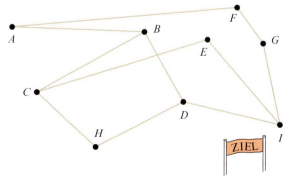

Runden und Überschlagen

Markus soll in Erdkunde einen Vortrag über einige Bundesländer halten. Dabei möchte er auch auf die Einwohnerzahlen ein-
gehen. In einer Zeitung hat er folgende Werte gefunden.

Bundesland	Einwohnerzahl
Bayern	11 863 324
Berlin	3 475 457
Brandenburg	2 537 711
Nordrhein-Westfalen	17 759 309
Sachsen	4 607 743
Sachsen-Anhalt	2 777 984

Markus überlegt, ob er die Zahlen in dieser Form verwenden
soll. Wer will das schon so genau wissen? Außerdem haben sich
die Werte ohnehin längst wieder verändert (Umzüge, Geburten,
Todesfälle). Er beschließt daher, die Zahlen zu **runden.**

Es gibt mehrere Möglichkeiten eine Zahl zu runden:
5 442 9<u>1</u>8 ≈ 5 442 9**20**   auf Zehner gerundet
                                    (oder „auf volle Zehner gerundet")
5 442 <u>9</u>18 ≈ 5 442 **9**00   auf Hunderter gerundet
5 442 <u>9</u>18 ≈ 5 44**3** 000   auf Tausender gerundet
5 44<u>2</u> 918 ≈ 5 4**4**0 000   auf Zehntausender gerundet

Abrunden

110   114

114 ≈ 110

1

Auf welche Stelle sollte Markus die Einwohnerzahlen runden? Bedenke
dabei: Durch das Runden dürfen die Unterschiede zwischen den Ländern
nicht verloren gehen. Runde die Einwohnerzahlen entsprechend.

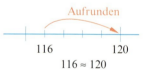

Aufrunden

116   120

116 ≈ 120

REGEL
• Wähle die gewünschte Rundungsstelle (Z oder H oder T oder höher).
• Ist die Ziffer rechts davon **0, 1, 2, 3 oder 4,** so wird **abgerundet,**
  ist die Ziffer rechts davon **5, 6, 7, 8 oder 9,** so wird **aufgerundet.**
Abrunden lässt die Rundungsstelle unverändert, beim Aufrunden
wird dort 1 addiert. Die nachfolgenden Ziffern werden beide Mal
durch Nullen ersetzt.

BEACHTE
Ist die Rundungs-
stelle eine 9 und
wird **aufgerundet,**
so kommt es zu
„Kettenreaktionen".
Runden von 1 297
auf Zehner: 1 300.
Runden von
7 999 953 auf
Hunderter: 8 000 000

2

Runde auf
a) Zehner: 86; 175; 2 134; 98; 5 397; 43 567; 8; 4;
b) Hunderter: 56 327; 141 794; 5 674 399; 27; 43 987 455;
c) Tausender: 24 500; 127 417; 57 624 449; 233 853 500; 501 499.

3

Runde auf
a) Zehntausender: 137 342; 54 675 000; 2 778 049; 99 876;
b) Hunderttausender: 1 642 717; 54 500 650; 137 500 998; 42 768;
c) Millionen: 22 376 894; 423 860 538; 11 398 889 476.

4

Runde und notiere die dabei entstehende Abweichung (s. das Beispiel).
a) Auf Zehner: 23; 185; 2 097; 1004
b) Auf Hunderter: 3 456; 43 423; 13 009; 9 995
c) Auf Tausender: 10 499; 999 987; 287 655; 3 788 449

BEISPIEL
2 749 auf Hunderter
runden: 2 749 ≈ 2 700
Abweichung:
49 zu wenig

Im Leben spielen immer wieder Zahlen eine Rolle. Ob und wie man diese
Zahlen **sinnvoll rundet,** kann nur im Einzelfall entschieden werden. Die Entscheidung hängt oft vom Zweck ab, wozu man rundet.

BEISPIELE für sinnvolles Runden
1. Frau Müller hat für 24 137 DM ein neues Auto erworben. Die
   neugierigen Nachbarn wollen von Frau Müller den Preis erfahren.
   Hier ist es sinnvoll, auf Tausender zu runden, also auf 24 000 DM.
   Auf Zehntausender zu runden, nämlich auf 20 000 DM, wäre nicht
   sinnvoll. Bei einem viel billigeren Auto, z. B. für 15 500 DM, würde
   sich dann auch ein Rundungswert von 20 000 DM ergeben.
2. Um zu prüfen, ob ein Möbelstück durch die Tür passt, wird zuvor
   deren Breite gemessen. Es ergab sich ein Wert von 847 mm.
   Da die Maße von Möbelstücken meist in Zentimeter angegeben
   werden, ist es sinnvoll auf Zentimeter zu runden. Um keine Fehlent-
   scheidung zu treffen, ist es in diesem Falle besser – entgegen der Regel – abzurunden: 847 mm ≈ 840 mm = 84 cm. Warum?
3. Die Weitsprungsiegerin ist 6 m 98 cm gesprungen.
   Im Ergebnisprotokoll oder bei der Berichterstattung in Zeitungen
   und Fernsehen wird dieser Wert nicht gerundet. Für einen Vergleich
   mit der eigenen Leistung reicht es dagegen auf Meter zu runden,
   also auf 7 m.
4. Inge möchte sich die Telefonnummer 20 01 97 ihres Freundes mer-
   ken. Runden der Telefonnummer wäre völlig sinnlos.

5

Runde die folgenden Werte sinnvoll.
a) Ein Liebling der Zoobesucher ist Jumbo, ein Elefant aus Afrika. Neulich
   wurde er gewogen, die Waage zeigte 4 795 kg.
b) Egon hat die Schuhgröße 41.
c) Dieter feiert Geburtstag, er ist 11 Jahre alt geworden. Dazu hat er auch
   Annika eingeladen, die schon 169 cm groß ist.
d) 5 934 567 Fernsehzuschauer haben ein Fußballspiel verfolgt.
e) Die Nummer von Utes Sparbuch ist 73 456 319.
f) In Berlin werden pro Jahr im Durchschnitt 34 567 Geburten registriert.

6^L

Runde nacheinander auf Zehner, Hunderter, Tausender usw.
Hinweis: Gehe immer wieder von der angegebenen Zahl aus.
Was passiert im Fall c), wenn du den Hinweis nicht beachtest und anstelle der Ausgangszahl die bereits gerundete Zahl weiterrundest?
a) 83 764; 276 862   **b)** 45 555; 999 987   **c)** 1 247; 34 445

7

Die folgenden Zahlen sind bereits gerundet worden, und zwar auf:

a) Zehner	b) Hunderter	c) Tausender
20	700	17 000
340	4 700	634 000
4 090	347 000	8 999 000

Gib im Fall a) alle Zahlen an, die durch Runden auf den angegebenen Wert gebracht werden können. Bei b) und c) genügt die Angabe der kleinsten und größten möglichen Ausgangszahl.

BEISPIEL
30 könnte durch Runden aus 25, 26, 27, 28, 29, (30), 31, 32, 33 oder 34 entstanden sein.

8

Runde die Höhen folgender bekannter Berge auf
a) Zehner, **b)** Hunderter.

Mont Blanc (franz. Alpen)	4 807 m
Aconcagua (Südamerika)	6 958 m
Kilimandscharo (Afrika)	5 963 m
Mount Everest (Asien)	8 882 m

BEISPIEL
Johanna möchte eine Wand ihres Zimmers tapezieren. Dafür benötigt sie sieben 3,11 m lange Tapetenbahnen. Sie überlegt, ob dafür eine Rolle Tapete von 30 m Länge ausreicht.
Johanna **rundet** die Länge einer Tapetenbahn **auf**: 3,11 m ≈ 4 m.
Dann rechnet sie: 7 · 4 m = 28 m.
Sie stellt fest, dass eine Rolle ausreicht.

BEACHTE
Zur Beantwortung interessierender Fragen reicht manchmal bereits eine **Überschlagsrechnung** aus.

9

Begründe, warum Johanna die Länge einer Tapetenbahn aufrundet und nicht entsprechend der Regel abrundet.

10

Beantworte die folgenden Fragen mithilfe einer Überschlagsrechnung.
a) Reichen 20 DM aus, um vier Eisbecher zum Preis von je 4,65 DM zu kaufen?
b) Die Geschwister Frank und Flavia möchten sich gemeinsam eine ihrer beiden Lieblings-CDs kaufen. Eine kostet 32,99 DM, die andere 39,20 DM. Reichen ihre Ersparnisse von 18,75 DM und 16,56 DM aus?

Vergleichen und Ordnen

1

Bei einer Ziehung der Lottozahlen wurden der Reihe nach folgende Kugeln gezogen: 7, 38, 19, 28, 3, 14 sowie die Zusatzzahl 43.
Ordne die Zahlen der Größe nach in aufsteigender Reihenfolge.

Die **aufsteigende Anordnung** der Zahlen 1, 2, 3, 4, … veranschaulicht der Zahlenstrahl. Er beginnt mit der Zahl Null und ist nach rechts unbegrenzt.

2

Zeichne einen Zahlenstrahl ins Heft, wobei der Abstand zweier benachbarter Zahlen 1 Kästchen betragen soll. Markiere auf dem Strahl mit einem Farbstift folgende Zahlen: 14, 3, 7, 18, 5, 29, 12, 19, 4, 20.

3

a) Ordne die folgenden Zahlen in aufsteigender Reihenfolge.
112, 49, 4, 78, 32, 77, 20, 3, 97, 111, 39, 10
b) Trage die Zahlen auf einem Zahlenstrahl wie im Bild (nur länger) ein.

4

a) Ordne die folgenden Zahlen in aufsteigender Reihenfolge.
273, 9 021, 345, 6 654, 23 900, 17 999, 160 000, 1 415 000, 87 998
b) Ordne die folgenden Zahlen in absteigender Reihenfolge.
9 872, 17 002, 9 899, 10 001, 735 401, 9 876 543, 17, 1 230 456

BEISPIEL
Absteigend geordnet sind beispielsweise 13, 8, 7, 4, 2.

5

Die folgenden Flüsse gehören zu den längsten der Welt.

Amazonas (Südamerika) . 6 510 km	Kongo (Afrika) . . . . 4 374 km
Donau . . . . 2 750 km	Mississippi (USA) . . . . . . 6 055 km
Elbe . . . . 1 165 km	Nil (Afrika) . . . . 6 370 km
Ganges (Indien) . . . . 2 810 km	Rhein . . . . 1 325 km
Jangtsekiang (China) . . . . 5 630 km	Wolga (Russland) . . . . 3 695 km

a) Ordne die Flüsse der Länge nach in absteigender Reihenfolge.
b) Runde die Zahlenangaben auf volle Hunderter.
c) Vervollständige die folgende Darstellung.

Donau

Wenn man zwei Zahlen auf dem Zahlenstrahl vergleicht, so steht die kleinere Zahl immer links von der größeren Zahl.
Jede natürliche Zahl hat einen **Vorgänger** (außer 0) und einen **Nachfolger.**

BEISPIEL
Vergleichen der
Zahlen 3 und 5:

Man schreibt:
3 < 5 oder 5 > 3.
Man liest:
„3 ist kleiner als 5."
„5 ist größer als 3."

6

Übertrage die Zahlen in dein Heft und ersetze ▒ durch < oder >.

| **a)** | 12 | ▒ | 7 | **b)** | 734 | ▒ | 743 | **c)** | 2 345 | ▒ | 2 445 | **d)** | 10 111 | ▒ | 9 999 |

a) 12 ▒ 7   b) 734 ▒ 743   c) 2 345 ▒ 2 445   d) 10 111 ▒ 9 999
   67 ▒ 89   1 281 ▒ 1 279   6 708 ▒ 6 078   67 501 ▒ 59 999
   100 ▒ 99   1 011 ▒ 1 101   1 234 ▒ 1 240   80 999 ▒ 81 000

7

a) Gib jeweils den Nachfolger an: 89, 517, 309, 9 999, 100 000.
b) Wie heißt die nächste ungerade Zahl nach: 19, 177, 1 999, 34 567?
c) Gib den Vorgänger und den Nachfolger zu den folgenden Zahlen an.
   30, 899, 500 000, 7 635 419, 1 234 567 890, 1 000 000 000 000

Beim Vergleich größerer Zahlen kann eine Stellentafel hilfreich sein. Man vergleicht stellenweise von links.
1 007 653 > **7**15 640
715 6**3**2 < 715 6**4**0

Millionen			Tausender					
H	Z	E	H	Z	E	H	Z	E
			7	1	5	6	**3**	2
			7	1	5	6	**4**	0
		1	0	0	7	5	6	3

AUFGABEN

Ordne die Schülerinnen und Schüler steigend nach ihrem Alter.
Jan   *6.7.89
Silke   *19.4.90
René   *23.2.89
Sophie   *1.2.88
Mike   *22.3.87
Sara   *10.6.89
Ali   *17.12.90
Tibor   *8.9.87

8

Übertrage die Zahlen in dein Heft und ersetze ▒ durch < oder >.

a) 23 976 ▒ 23 969   b) 654 887 ▒ 654 789   c) 465 783 445 ▒ 454 783 445
   798 028 ▒ 788 028   234 678 ▒ 234 678   7 652 265 123 ▒ 7 652 365 123
   534 341 ▒ 600 129   6 559 487 ▒ 6 549 487   9 803 876 809 ▒ 9 802 876 809

9ᴸ

Übertrage ins Heft und ersetze ▒ durch < oder = oder >.

a) 1 + 1 ▒ 1 · 1   b) 17 · 4 ▒ 14 · 6   c) 24 : 3 ▒ 32 – 13
   12 – 4 ▒ 3 · 3   5 · 16 ▒ 18 · 4   42 – 18 ▒ 72 : 12
   11 · 11 ▒ 10 · 12   72 : 9 ▒ 2 · 4   17 · 8 ▒ 150 + 13

Stelle aus den Ziffern 4, 5, 7 alle möglichen dreistelligen Zahlen in aufsteigender Reihenfolge zusammen, wobei
a) alle Ziffern verschieden sein sollen;
b) gleiche Ziffern öfter auftreten dürfen.

10

Für die beiden Beziehungen 12 < 16 und 20 > 16 schreibt man kürzer:
12 < 16 < 20. Verfahre ebenso.
a) 25 < 34 und 34 < 50   c) 18 > 9 und 9 > 2   e) 34 < 41 und 34 > 18
b) 12 < 42 und 42 < 65   d) 125 > 67 und 67 > 9   f) 729 > 728 und 61 < 728

Streifen- und Streckendiagramme

1

1

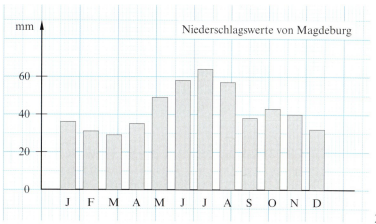

2

Auf einer Wetterstation werden die Niederschläge in einem Regenmesser (Bild 1) aufgefangen. Die durchschnittlichen monatlichen Werte kann man übersichtlich in einem **Streifendiagramm** darstellen. Das Streifendiagramm im Bild 2 zeigt die Niederschlagswerte von Magdeburg.
Auf der horizontalen Achse sind die Monate abgetragen, auf der vertikalen die Niederschläge in Millimeter.
a) Was kann man dem Diagramm von Magdeburg entnehmen?
b) Lies die Werte ab und schreibe sie in einer Tabelle auf.

MERKE
Diagramme veranschaulichen Zahlen und Größen.

2

Die folgende Tabelle zeigt die Niederschlagswerte einer anderen Wetterstation. Zeichne das zugehörige Streifendiagramm.
Wo könnte die Wetterstation liegen?

Monat	J	F	M	A	M	J	J	A	S	O	N	D
mm	36	23	23	13	5	2	2	2	5	28	53	41

3[L]

Die Streifen in einem Streifendiagramm dürfen auch waagerecht verlaufen.
Im folgenden Streifendiagramm werden einige der größten Flughäfen Europas mit ihren Fluggastzahlen von 1980 und 1990 verglichen.
Lies die Werte ab.
Beachte: Angaben in Millionen Fluggäste.

4

Am Wochenende 27./29.10.95 wurden in der Fußballbundesliga die unten angegebenen Zuschauerzahlen ermittelt (Hansa Rostock spielte in Berlin). Runde die Zahlen auf Tausender und fertige ein Streifendiagramm an. Wähle die Länge 1 cm pro 10 000 Zuschauer.

Düsseldorf.....16 987	München.....63 322	Gelsenkirchen . 70 960
Berlin.........58 492	Bremen 29 699	Hamburg.....22 619
Uerdingen.....14 638	Köln 51 154	Karlsruhe 33 801

INFORMATION
Ein Kanal ist ein künstlicher Wasserweg, der den Schiffen einen Umweg ersparen soll.

5

Noch einfacher lassen sich Zahlen durch Strecken darstellen. Die Längen kann man an der Achse ablesen. Das **Streckendiagramm** im Bild 1 vergleicht bekannte Kanäle. Lies die zugehörigen Längen ab.

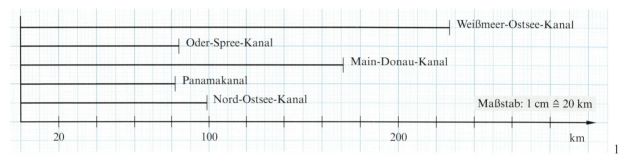

1

6

Zeichne für die Ergebnisse des Schulsportfestes Streckendiagramme.
a) Weitsprung (Jungen): Carsten 3,70 m, Axel 3,20 m, Sina 4,10 m, Thomas 2,30 m und Cem 2,70 m.
b) Schlagballwerfen (Mädchen): Britta 45 m, Ayse 29 m, Paula 18 m, Johanna 24 m und Nadine 36 m.

BEACHTE
Wenn du ein Diagramm zeichnen willst, überlege dir vorher einen geeigneten Maßstab.
Beim Ablesen von Werten aus einem Diagramm musst du auf den Maßstab achten.

7

Anja und Sebastian haben in ihrer Klasse eine Umfrage durchgeführt und aufgeschrieben, mit welchem Verkehrsmittel jeder in der Klasse in die Schule kommt. Das Ergebnis haben sie in einem Streifendiagramm dargestellt und dabei die Antworten der Jungen und Mädchen unterschieden.
a) Was kann man aus dem Diagramm alles ablesen?
b) Lies die Zahlen aus dem Diagramm ab und lege geeignete Tabellen an.
c) Was ergibt eine solche Umfrage in eurer Klasse? Zeichne das zugehörige Diagramm.
d) Überlege weitere geeignete Fragen für eine solche Umfrage.

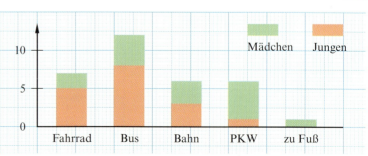

2

8

Stelle die Höhen der folgenden Bauwerke durch ein Streckendiagramm dar.
Wähle als Maßstab 1 mm für 5 m Höhe. Runde vorher.
Berliner Fernsehturm . . . . 368 m
Ulmer Münster . . . . 161 m
Völkerschlachtdenkmal (Leipzig) . . . . . . 91 m
Fernsehturm Moskau . . . . 541 m
Golden Gate Brücke (San Francisco) . . 227 m
Dresdner Fernsehturm . . . . 252 m

9

Einige Inseln der Nord- und Ostsee werden im folgenden Streifendiagramm
der Größe nach verglichen. Die Flächengrößen sind in Quadratkilometer
(Zeichen: km^2) angegeben: 1 cm auf der Achse entspricht 100 km^2.
Lies aus dem Diagramm die Größen ab.

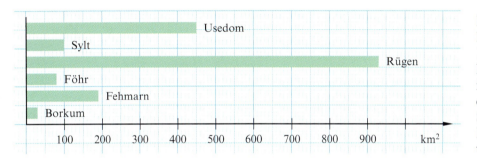

10

Das Mündungsgebiet vieler Ströme heißt Delta, weil es dieselbe Dreiecks-
form hat wie der gleichnamige griechische Buchstabe Δ. (Einen großen
Fluss nennt man Strom.)
Ganges (Brahmaputra) . . . . 56 000 km^2
Orinoco . . . . 24 000 km^2
Donau . . . . 4 000 km^2
Mississippi . . . . 30 000 km^2
Nil . . . . 20 000 km^2
Wolga . . . . 18 000 km^2
a) Vergleiche die angegebenen Deltaflächen in einem Streckendiagramm
mit einem geeigneten Maßstab.
b) Suche die Flüsse im Atlas.

 11

Suche die folgenden Berge im Atlas und lies die Höhen ab. Runde sinnvoll
und fertige dann ein Streckendiagramm an. Wähle dazu einen geeigneten
Maßstab.
Zugspitze (Alpen), Feldberg (Schwarzwald), Brocken (Harz), Großer Beer-
berg (Thüringer Wald), Großer Arber (Bayerischer Wald), Fichtelberg (Erzgebirge)

Völkerschlachtdenkmal
in Leipzig. Es erinnert an
die Schlacht von 1813,
in der Napoleon gegen
die Preußen und ihre
Verbündeten unterlag.

INFORMATION
Ein Quadrat von
10 km Seitenlänge
hat einen Flächen-
inhalt von 100 km^2,
eines von 30 km
Seitenlänge einen
Flächeninhalt
von 900 km^2.

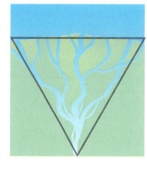

12

Bei jeder Tätigkeit verbraucht der Körper Energie. Bei einer guten Ernährung erhält der Körper ausreichend, aber nicht zu viel Energie (sonst Gefahr von Übergewicht). Damit man die Energieaufnahme kontrollieren kann, findet sich auf Nahrungsmitteln eine Angabe in Kilojoule (kJ).
Eine Tabelle aus der Apotheke zeigt folgende Werte pro 100 g:
Leberwurst 1 777 kJ, Rotbarschfilet 461 kJ, Majonäse 3 077 kJ, Milch 200 kJ, Gemüsesaft 84 kJ, Limonade 862 kJ.
Runde die Energiewerte auf 10 kJ und zeichne ein Streckendiagramm mit einem geeigneten Maßstab.

INFORMATION
Früher wurde statt der Einheit Kilojoule die Einheit Kilokalorie (kcal) benutzt. 1 kcal entspricht ungefähr 4 kJ. Ein Jugendlicher sollte am Tag etwa 10 000 kJ aufnehmen.

13

Eine Aufgabe für die Klasse: Führt die Umfrage aus Aufgabe 7 an eurer Schule durch. Wählt neben der Frage nach den Verkehrsmitteln andere für eure Schule interessante Fragen: Anzahl der Jungen/Mädchen in jeder Klasse, Lieblingsfächer, Hobbys. Die gezeichneten Diagramme können ausgehängt oder in der Schülerzeitung veröffentlicht werden.

14

Für das folgende Experiment braucht man 2 Würfel und einen Knobelbecher. Wenn man die Differenz der beiden Augenzahlen bildet, kommt eine Zahl von 0 bis 5 heraus.
Würfle 100-mal und schreibe die Ergebnisse auf. Stelle dann die Differenzen der Augenzahlen von 0 bis 5 in einem Streifendiagramm dar.
Schätze vorher, welches Ergebnis am häufigsten auftreten wird, welches am seltensten. Wenn ihr die Ergebnisse zusammenlegt, läßt sich auf diese Weise eine größere Anzahl von Würfeln untersuchen.

HINWEIS
Erfasse die Würfelergebnisse mit einer Strichliste.

0	1	2	...
卌	卌 II	卌 I	

AUFGABEN ZUR WIEDERHOLUNG

1. Rechne vorteilhaft im Kopf.
   a) 24 + 27 + 13 + 26   **b)** 78 + 14 + 22 + 76
   c) 191 + 43 + 9   **d)** 563 + 124 + 76
   e) 299 + 382 + 101   **f)** 366 + 172 + 27 + 34
   g) 46 + 174 + 54 + 26   **h)** 8 + 275 + 20 + 572

2. Gesucht ist eine Zahl. Welche Zahl ist es?
   a) Die Hälfte der Zahl ist 34.
   b) Das Doppelte der Zahl ist 246.
   c) Das Dreifache der Zahl ist 72.
   d) Addiert man 276 zur Zahl, erhält man 482.
   e) Addiert man zu 342 die Zahl, so erhält man 391.
   f) Die Summe von 1 563 und der gesuchten Zahl ist 3872.
   g) Addiert man das Doppelte der gesuchten Zahl zu 75, so erhält man 151.

3. Rechne vorteilhaft im Kopf.
   a) 283 − 39 − 83 − 1   **b)** 824 − 66 − 4 − 20
   c) 3 482 − 45 − 35   **d)** 4 294 − 27 − 63
   e) 9 204 − 3 800 − 1 200 **f)** 3 725 − 550 − 2 450

4. Gesucht ist eine Zahl. Welche ist es?
   a) Vermindert man 89 um die gesuchte Zahl, erhält man 34.
   b) Subtrahiert man von der gesuchten Zahl 276, erhält man 146.
   c) Die Differenz von 932 und der gesuchten Zahl beträgt 308.

5. **a)** Gesucht sind zwei Zahlen. Ihre Summe ist genauso groß wie ihre Differenz.
   b) Gesucht sind zwei Zahlen. Ihre Summe beträgt das Fünffache ihrer Differenz.

Römische Zahlzeichen

1

2

3

1

a) Auf den Bildern sind Zahlen durch römische Zahlzeichen dargestellt. Welche Bedeutung haben die Zeichen?

b) Gib weitere Beispiele an, wo noch heute römische Zahlzeichen benutzt werden.

2

Lies die folgenden Namen: König Ludwig XIV, Papst Johannes XXIII, Kaiser Karl V, König Heinrich VIII.

Die Römer benutzten nur 7 Zeichen.

I = 1, V = 5, X = 10, L = 50, C = 100, D = 500, M = 1000

Regeln für das Lesen und Schreiben römischer Zahlzeichen:

Regel 1: Sind die Zeichen, mit dem größten Wert beginnend, nebeneinander geschrieben, so werden die Zahlen addiert.
(Man nennt ein solches Zahlsystem deshalb auch **Additionssystem.**)

BEISPIELE

78 = 50 + 20 + 5 + 3	LXXVIII
752 = 500 + 200 + 50 + 2	DCCLII
1 566 = 1 000 + 500 + 50 + 10 + 5 + 1	MDLXVI

Regel 2: Die Zeichen V, L und D werden bei einer Zahl höchstens einmal verwendet.

Regel 3: Die Zeichen I, X, C und M werden höchstens dreimal hintereinander geschrieben.

Regel 4: Steht das Zeichen für eine kleinere Zahl links von einer größeren, so wird die kleinere Zahl subtrahiert.

BEISPIELE

244 = 200 + (50 − 10) + (5 − 1)	CCXLIV
1 990 = 1 000 + (1 000 − 100) + (100 − 10)	MCMXC (nicht MXM)

WUSSTEST DU SCHON?
Die Römer kannten keine Null, sie brauchten diese auch nicht.
Erst die Inder erfanden ein Zeichen für die „Null"
(um 600 n. Chr.).

KEINE REGEL OHNE AUSNAHME
Die Regel 3 wurde nicht immer streng beachtet. Es gibt Beispiele in denen IIII statt IV (z. B. auf der Uhr des Schlossturmes in Dresden im Bild 2) oder XXXX statt XL benutzt wurde.
Die Regel 4 gilt nur für IV, IX, XL, XC, CD und CM.
Für 599 schreibt man z. B. DXCIX und nicht DIC.

3

Lies die Jahreszahlen.

Kolumbus entdeckt Amerika:	MCDXCII
Die 1. Olympischen Spiele der Neuzeit:	MDCCCXCVI
Erster Mensch im Weltall:	MCMLXI
Karl der Große wird gekrönt:	DCCC

4ᴸ

Schreibe mit arabischen Ziffern.
a) XII; LXI; XCII; CIV; CCCXL; DC; MMXX
b) XXI; LXX; XCIX; CXII; CCLVII; MDCC; MMCCII
c) LXXXIX; CCXIX; DXCVII; MCCXXXIV
d) LXXIII; CXCIV; DCXXIX; MCLXIV
e) MDXCII; MDCCLXII; MCMXLVII; MMCCCLIV
f) MCCCXLIV; MDCXXXVI; MCMXIV; MMMCLXI

5ᴸ

Schreibe mit römischen Zahlzeichen.
a) 18; 57; 88; 161; 553; 1 223; 1 875
b) 27; 68; 83; 272; 613; 1 318
c) 348; 474; 892; 944; 1 019; 1 988
d) 247; 447; 793; 1 248; 1 899
e) 1 423; 1 543; 1 789; 1 815; 1 934
f) 1 326; 1 476; 1 658; 1 829; 1 944

6ᴸ

Wie lautet der Vorgänger (Nachfolger) von
a) XCIX; CXXIV; DC; MCCXLIX; MD; MMCIX
b) CXXXIV; CXCIX; D; MCCCIX; MDCC; MMCCCIV

7

a) Vergleiche die arabische Ziffer 51 mit dem römischen Zahlzeichen VI.
b) Welche Zahlen haben in der arabischen und römischen Darstellung gleich viele Ziffern (Zeichen)?

8

Spaß mit Streichhölzern
a) Wie kannst du aus zwei Streichhölzern 50 machen?
b) Verwandle die linke Gleichung durch Umlegen eines Streichholzes in eine richtige Gleichung (zwei Lösungen).

c) Lässt sich auch die rechte Gleichung durch Umlegen eines Streichholzes korrigieren?
d) Yvonne behauptet: Die Hälfte von 13 ist 8. Was sagst du dazu?

Addieren und Subtrahieren

1

	Rostock	10.33
34 km	Güstrow	11.02
85 km	Waren	11.37
121 km	Neustrelitz	11.58
	Neustrelitz	12.00
192 km	Oranienburg	12.45
230 km	Berlin-Lichtenberg	13.08
	Berlin-Lichtenberg	13.22
249 km	Berlin-Schönefeld	13.41
342 km	Doberlug-Kirchhain	14.30
362 km	Elsterwerda	14.40
	Elsterwerda	14.41
386 km	Riesa	14.59
412 km	Döbeln	15.19
422 km	Waldheim	15.27
435 km	Mittweida	15.37
453 km	Chemnitz	15.52

Der Interregio (IR) 2275 fährt jeden Tag die Strecke Rostock – Chemnitz nach obenstehendem Fahrplan. Zusätzlich sind die Fahrstrecken angegeben. Ermittle für die folgenden Fahrstrecken jeweils die Gesamtlänge und die Fahrzeit.

a) Rostock – Neustrelitz
Oranienburg – Riesa
Waren – Waldheim

b) Berlin-Lichtenberg – Döbeln
Güstrow – Mittweida
Neustrelitz – Berlin-Schönefeld

INFORMIERE DICH
Suche in einem Atlas die Städte Rostock und Chemnitz heraus. Schreibe die Städte auf, die an einem günstigen Weg von deinem Heimatort nach Rostock (Chemnitz) liegen. Erkundige dich am Bahnhof deines Heimatortes nach Zugverbindungen von dort nach Rostock und Chemnitz.

2

Rechne im Kopf und notiere das Ergebnis ins Heft.
a) 24 km + 16 km
19 km + 81 km
217 km + 153 km

b) 708 km + 101 km
555 km + 225 km
444 km + 196 km

c) 121 km + 89 km + 10 km
111 km + 222 km + 333 km
55 km + 555 km + 5 km

3

Übertrage ins Heft und berechne.
a) 89 km + 107 km + 31 km
6 dm + 28 dm + 517 dm + 73 dm
35 km + 56 km + 42 km + 16 km

b) 243 m + 213 m + 191 m + 456 m
22 mm + 31 mm + 78 mm + 9 mm
4 km + 1 852 m + 17 km + 3 704 m

4^L

Berechne nach Umwandlung in die kleinste Längeneinheit.
a) 6 m + 32 cm + 5 m
81 km – 39 km + 400 m
65 km – 4 500 m + 350 m

b) 1 m – 1 dm + 1 cm – 1 mm
5 m – 5 dm – 5 cm – 5 mm
20 mm + 30 cm + 40 dm + 50 m

ZUR ERINNERUNG
1 km = 1 000 m
1 m = 10 dm = 100 cm
1 dm = 10 cm
1 cm = 10 mm

Albrecht Dürer bringt auf seinem Kupferstich „Melancolia I" aus dem Jahre 1514 die Kunst zum Ausdruck, mit Zahlen rechnen zu können (s. Bildausschnitt).

In auffallender Weise fügt er jede der Zahlen von 1 bis 16 genau einmal in ein Quadrat ein:

Addiert man die vier Zahlen jeder einzelnen Zeile, so ist das Ergebnis immer 34. Für die letzte Zeile z. B. gilt 4 + 15 + 14 + 1 = 34.

Die Zahl 34 ergibt sich nicht nur als Zeilensumme.

Außerdem enthält die letzte Zeile das Entstehungsjahr 1514 des Stiches.

Albrecht Dürer
Maler und Grafiker
* 1471 in Nürnberg
† 1528 in Nürnberg

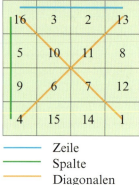

16	3	2	13
5	10	11	8
9	6	7	12
4	15	14	1

— Zeile
— Spalte
— Diagonalen

5

Bestätige, dass man stets als Ergebnis 34 erhält, wenn
a) die vier Zahlen in jeder Spalte addiert werden;
b) die vier Zahlen in jeder der beiden Diagonalen addiert werden.

Adam Ries
(Bild 3, S. 19)
* 1492 in Staffelstein
† 1559 in Annaberg

6

Finde im Quadrat von Dürer acht weitere Anordnungen von vier Zahlen, deren Summe 34 ist.

Ein Zahlenquadrat, dessen Zahlen in jeder Zeile oder in jeder Spalte oder in jeder Diagonalen addiert immer das gleiche Ergebnis haben, nennt man **Zauberquadrat** oder **Magisches Quadrat.** Das gleiche Ergebnis wird als zugehörige **Zauberzahl** bezeichnet.

Mit Zauberquadraten und anderen Rechenkünsten beschäftigte sich auch Adam Ries.

Er lebte lange Zeit in Erfurt und danach in Annaberg (Erzgebirge). Auf ihn bezieht sich die Redensart „Das macht nach Adam Riese".

In seinem zweiten Rechenbuch „Rechenung auff der Linihen und Federn" von 1552 gibt A. Ries ein Verfahren an, wie man magische Quadrate konstruieren kann. Dieses Buch war das verbreitetste deutsche Rechenbuch seiner Zeit.

7

Übertrage die Zahlenquadrate ins Heft und überprüfe, ob sie Zauberquadrate sind.

a)

1	1	1
1	1	1
1	1	1

b)

66	73	68
71	69	67
70	65	72

c)

101	5	71
29	59	89
47	113	17

d)

29	1 061	179	227
269	137	1 019	71
1 049	101	239	107
149	197	59	1 091

8

Stelle aus dem Zahlenquadrat der Aufgabe 7d) ein neues Zahlenquadrat her: Addiere zu jeder Zahl die Zahl 2.
Untersuche, ob das neue Zahlenquadrat auch ein Zauberquadrat ist.

9

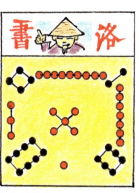

LO-SHU

In der Randspalte ist das seit 2200 v. Chr. aus China bekannte Zauberquadrat LO-SHU abgebildet. Darunter ist es – noch unvollständig – mit arabischen Ziffern wiedergegeben. Es hat die Zauberzahl 15.
Die noch fehlenden Zahlen (Leerstellen) kann man berechnen.

$3 + 5 + $ ■ $ = 15$, also ■ $= 15 - 8 = 7$
$4 + 3 + $ ■ $ = 15$, also ■ $= 15 - 7 = 8$

Berechne die beiden noch fehlenden Zahlen.

10

Übertrage die folgenden Quadrate mit Leerstellen in dein Heft und ergänze sie zu Zauberquadraten.

4	9	2
3	5	

Unvollständige Angabe des LO-SHU mit arabischen Ziffern

a)

2		4
	5	
		8

b)

3		
	6	
4	5	9

c)

7		7
		5
3		3

d)

1		4	15
12			6
		16	
8	11	5	10

e)

13	2		
	11	10	
12	7	6	
		15	4

f)

		7		17
	14			
		10	11	16
8	19	18		

11

Übertrage die folgenden Quadrate mit Leerstellen in dein Heft. Ergänze sie so, dass sowohl das innere als auch das gesamte Quadrat zu Zauberquadraten werden.

a)

	29		11	10
	23		25	27
		22		
13	19			
	15	16		12

b)

	4		22	
20				
23	13	15	17	
			12	6
			8	27

AUFTRAG
Versuche selbst Zauberquadrate zu entwerfen.

12

Übertrage die Aufgaben in dein Heft und rechne.

a) 260 + 157
260 – 157
94 + 328

b) 333 + 444
444 – 333
408 + 78

c) 79 + 267
267 – 79
989 + 216

d) 517 + 134
785 – 92
813 + 356

e) 328 – 94
599 + 299
599 – 299

f) 408 – 78
726 + 47
726 – 47

g) 989 – 216
555 + 555
555 – 555

h) 253 + 967
999 – 111
777 – 88

FACHWÖRTER

Addieren bzw. **Addition**

$$3 \quad + \quad 2 \quad = \quad 5$$

1. Summand plus 2. Summand gleich Summe

Subtrahieren bzw. **Subtraktion**

$$7 \quad - \quad 4 \quad = \quad 3$$

Minuend minus Subtrahend gleich Differenz

BEACHTE
Auch 3 + 2 nennt man eine Summe.
Auch 7 – 4 nennt man eine Differenz.

13ᴸ

Übertrage die Tabellen ins Heft und fülle die Leerstellen aus.

1. Summand	2. Summand	Summe
567	835	
781		1 024
	139	584
0		0
1		1

Minuend	Subtrahend	Differenz
981	357	
781		294
	243	621
0		0
1		1

ETWAS LATEIN
summa
die Gesamtzahl
differentia
der Unterschied
addere
hinzugeben, zusammenzählen
subtrahere
abziehen

14ᴸ

Bilde zuerst die Summe und dann die Differenz aus den beiden Zahlen.
Addiere danach die Summe und die Differenz der beiden Zahlen.
Was fällt auf?

a) 390 und 131   **b)** 663 und 288   **c)** 546 und 310   **d)** 786 und 455

15

Bilde zuerst die Summe und dann die Differenz aus den beiden Zahlen.
Subtrahiere danach von der Summe die Differenz der beiden Zahlen.
Was fällt auf?

a) 431 und 190   **b)** 757 und 220   **c)** 1513 und 685   **d)** 375 und 144

16

Übertrage die Additionstafeln in dein Heft und berechne die Zahlen, die in die Leerstellen eingesetzt werden müssen.

+	168	656	(blue)		712	316
217	(pink)		481			
129						
211						
388				585		
(blue)					885	
	537					685

+	66	44	77	33	55	22
	999					
		888				
			777			
				666		
					555	
						444

BEISPIELE

217 + 168 = (pink),

also (pink) = 385

217 + (blue) = 481,

also (blue) = 264

(green) + 712 = 885,

also (green) = 173

17

Übertrage die Additionstürme in dein Heft und berechne die fehlenden Zahlen. Dabei ergibt sich die Zahl in einem Kästchen durch Addition der beiden Zahlen in den darunter stehenden Kästchen.

(pink) = 29 + 38 = 67

(blue) = 38 + 47 = 85

a)
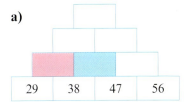

b)
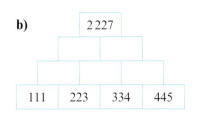

c)
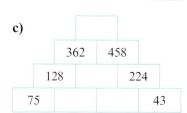

18

Übertrage die Subtraktionstafeln in dein Heft und berechne die Zahlen, die in die Leerstellen eingesetzt werden müssen.
(Erste Spalte: Minuenden; erste Zeile: Subtrahenden.)

726 − (pink) = 327,

also (pink) = 399

−	144	214	319	288	382	257
583	439					
382						
883						
832						
823						
803						

−	(pink)					
726	327					
581		233				
634			516			
897				723		
772					191	
612						265

19^L

Übertrage die Subtraktionstürme in dein Heft und berechne die Zahlen, die in die Leerstellen eingesetzt werden müssen. Dabei ergibt sich die Zahl in einem Kästchen durch Subtraktion der rechten Zahl von der linken Zahl in den beiden darüber stehenden Kästchen.

BEISPIEL

$\blacksquare = 394 - 221 = 173$

$\blacksquare = 134 - 53 = 81$

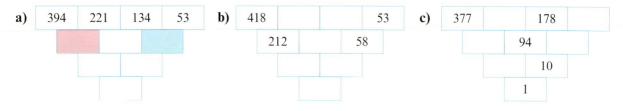

a)

394	221	134	53

b)

418			53

| 212 | | 58 |

c)

377		178

| 94 |

| 10 |

| 1 |

20

Übertrage die Aufgaben ins Heft und rechne das Ergebnis aus.
a) 300 + 217 +83   b) 436 – 15 – 136   c) 846 + 23 +154   d) 1000 – 100 – 10
267 + 109 + 33   142 – 65 + 123   623 – 287 –336   1010 – 101 – 10
39 + 734 – 73   531 – 215 + 24   348 – 135 + 232   1111 – 111 – 11

21

Übertrage die Aufgaben ins Heft und setze in die Leerstellen die richtigen Rechenzeichen (+ oder –) ein.
a) 125 ▨ 105 = 230   b) 756 ▨ 501 = 255
120 ▨ 360 ▨ 180 = 300   658 ▨ 236 ▨ 112 = 310
492 ▨ 217 ▨ 275 = 550   981 ▨ 492 ▨ 189 = 300

22

Berechne zuerst die Summe aus den beiden Summanden 167 und 128. Berechne danach die neue Summe, wenn
a) vorher zu beiden Summanden jeweils 100 addiert wurde,
b) vorher von beiden Summanden jeweils 25 subtrahiert wurde,
c) vorher von dem 1. Summanden 19 subtrahiert und zu dem 2. Summanden 19 addiert wurde,
d) vorher zu dem 1. Summanden 87 addiert und vom 2. Summanden 87 subtrahiert wurde.

23

Berechne zuerst die Differenz aus dem Minuenden 223 und dem Subtrahenden 78. Berechne danach die neue Differenz, wenn
a) zu dem Minuenden und dem Subtrahenden jeweils 50 addiert werden,
b) von dem Minuenden und dem Subtrahenden jeweils 25 subtrahiert werden,
c) zu dem Minuenden 75 addiert und von dem Subtrahenden 75 subtrahiert werden.
d) von dem Minuenden 30 subtrahiert und zu dem Subtrahenden 30 addiert werden.

ZITIERT
aus einer Zeitung:

Einer geht durch die Stadt . . .

. . . und sieht in der City eine Bäckerei, die auf Werbetafeln ihre frischen „Berliner" anpreist. Das Einzelexemplar kostet 1,33 Mark. Wer aber gleich drei Berliner kauft, zahlt „nur" 3,99 Mark, staunt über die mathematischen Werbekünste dieses Bäckermeisters ein hungriger EINER.

Variable und Rechengesetze

In den bisherigen Aufgaben wurden manchmal Kästchen als Zeichen für Leerstellen (Platzhalter) benutzt. In diese Leerstellen können Zahlen, Größen oder Rechenzeichen eingesetzt werden. Das finden wir nicht nur in der Mathematik, sondern auch im Alltag.

Zeichen für Leerstellen sind z. B.:

Leeres Los

Ausgefülltes Los

In der Mathematik nennt man eine Leerstelle, in die z. B. Zahlen oder Größen eingesetzt werden dürfen, **Variable**.
Statt Zeichen wie ■ , □ oder △ verwendet man für Variable häufig kleine Buchstaben: z. B. a, b, c oder auch x, y, z.

variabilis (lat.)
veränderlich

1

Setze für die Variable nacheinander die gegebenen Zahlen ein und berechne jeweils das Ergebnis.

a) $3 \cdot a - 12$ 4, 7, 21, 97, 110   **b)** $5 \cdot x + 7$ 1, 9, 18, 36, 99
c) $8 \cdot c - 56$ 7, 8, 9, 10, 11   **d)** $4 \cdot z + 5$ 1, 9, 41, 169, 681

BEISPIEL
In $2 \cdot b + 6$ werden für die Variable b die Zahlen 4 und 21 eingesetzt:
$2 \cdot 4 + 6 = 8 + 6 = 14$
$2 \cdot 21 + 6 = 42 + 6$
$\qquad\qquad = 48$

2

Es sei n eine natürliche Zahl. Überprüfe an selbst gewählten Zahlen für n, dass

a) $2 \cdot n$ immer eine gerade Zahl ergibt;
b) $2 \cdot n + 1$ immer eine ungerade Zahl ergibt;
c) $2 \cdot n + 12$ immer eine gerade Zahl ergibt;
d) $2 \cdot n + 15$ immer eine ungerade Zahl ergibt;
e) $n + 1$ der Nachfolger von n ist;
f) $n - 1$ der Vorgänger von n ($n > 0$) ist.

3

Wähle jeweils für a sieben verschiedene natürliche Zahlen und berechne.
Was stellst du fest?
a) $a + 0$ **b)** $a - 0$ **c)** $a - a$ **d)** $3 \cdot a + 0$ **e)** $7 \cdot a - 0$ **f)** $5 \cdot a - 5 \cdot a$

Die Besonderheiten des Rechnens mit der Zahl Null, wie sie bei der Aufgabe 3 deutlich wurden, lassen sich mithilfe von Variablen kurz formulieren:

Kurzformulierung	Wortformulierung	Zahlenbeispiele
Für jede natürliche Zahl a gilt: $a + 0 = a$	Addiert man zu einer natürlichen Zahl a die Zahl Null, so erhält man als Summe die Zahl a.	$54 + 0 = 54$ $1 + 0 = 1$ $0 + 0 = 0$
$a - 0 = a$	Subtrahiert man von einer natürlichen Zahl a die Zahl Null, so erhält man als Differenz die Zahl a.	$28 - 0 = 28$ $1 - 0 = 1$ $0 - 0 = 0$
$a - a = 0$	Subtrahiert man von einer natürlichen Zahl a die Zahl a, so erhält man als Differenz die Zahl Null.	$87 - 87 = 0$ $1 - 1 = 0$ $0 - 0 = 0$

Einnahmen
Ah, ein Fuffi!

Oh, ein Fuffi!
BEIER

Ausgaben

4

Notiere jeweils zwei Additionsaufgaben
a) mit zwei Summanden, die jedesmal 2 als Ergebnis haben,
b) mit drei Summanden, die jedesmal 2 als Ergebnis haben,
c) mit fünf Summanden, die jedesmal 3 als Ergebnis haben.

5

Übertrage die Additionstürme und fülle sie aus. Gibt es mehrere Lösungen?

a)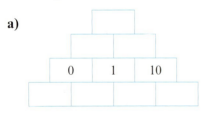

b)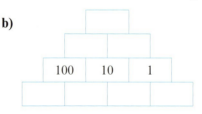

NACHGEDACHT
Die folgenden Aufgaben lassen sich bei etwas Nachdenken ganz leicht im Kopf lösen. Versuche es.
$78 - 13 + 13 - 78$
$112 + 47 - 12 - 47$
$77 - 55 + 33 + 55 - 77$
$48 + 11 - 9 - 48$

6^L

Übertrage die folgenden Subtraktionstürme in dein Heft und fülle die Leerstellen aus. Gibt es mehrere Lösungen?

a)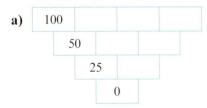

b)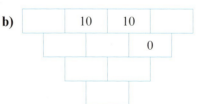

7

Begründe ohne zu rechnen, dass mindestens eine der beiden folgenden Aufgaben falsch gelöst sein muss.
$27\,283 + 46\,477 = 73\,760$ und $73\,760 - 46\,477 = 26\,773$

Die Additionsaufgabe ist richtig, die Subtraktionsaufgabe ist falsch gelöst.

Die Aufgabe 7 lässt sich lösen, wenn man beachtet, dass Addieren und Subtrahieren **zueinander umgekehrte Rechenarten** sind:
Das Addieren einer Zahl wird durch das Subtrahieren derselben Zahl rückgängig gemacht. Das Subtrahieren einer Zahl wird durch das Addieren derselben Zahl rückgängig gemacht.

> Sind a und b natürliche Zahlen, so gilt stets:
> $(a + b) - b = a$ und $(a - b) + b = a$

Diesen Zusammenhang zwischen Addition und Subtraktion können wir zur **Kontrolle** von Rechenergebnissen nutzen. Bei Additionsaufgaben haben wir dabei sogar zwei Kontrollmöglichkeiten.

BEISPIEL

Gerechnet wurde:	$137 + 245 = 372$	$243 + 174 = 417$
Kontrolle (1. Möglichkeit):	$372 - 137 = 235 \neq 245$	$417 - 243 = 174$
Kontrolle (2. Möglichkeit):	$372 - 245 = 127 \neq 137$	$417 - 174 = 243$
Folgerung:	Das Ergebnis ist falsch.	Das Ergebnis ist richtig.

8 L

Kontrolliere die Ergebnisse der folgenden Additionsaufgaben mithilfe der umgekehrten Rechenart. Verbessere jedes falsche Ergebnis.
a) $256 + 127 = 383$ **b)** $493 + 208 = 711$ **c)** $164 + 389 = 563$ **d)** $387 + 436 = 823$
$444 + 199 = 653$ $\quad$ $128 + 135 = 263$ $\quad$ $481 + 247 = 728$ $\quad$ $286 + 321 = 627$

Bei Subtraktionsaufgaben gibt es nur eine Möglichkeit, die Umkehrrechenart zur Kontrolle zu nutzen.

BEISPIEL

Gerechnet wurde:	$451 - 83 = 358$	$243 - 174 = 69$
Kontrolle:	$358 + 83 = 441 \neq 451$	$69 + 174 = 243$
Folgerung:	Das Ergebnis ist falsch.	Das Ergebnis ist richtig.

9

Kontrolliere die Ergebnisse der folgenden Subtraktionsaufgaben mithilfe der umgekehrten Rechenart. Verbessere jedes falsche Ergebnis.
a) $320 - 64 = 266$ **b)** $334 - 175 = 159$ **c)** $666 - 77 = 589$ **d)** $252 - 183 = 79$
$121 - 82 = 39$ $\quad$ $246 - 148 = 89$ $\quad$ $555 - 99 = 455$ $\quad$ $153 - 46 = 107$

10

Kontrolliere die Ergebnisse der folgenden Aufgaben mithilfe der jeweiligen umgekehrten Rechenart. Verbessere jedes falsche Ergebnis.
a) $87 - 52 = 35$ $\quad$ **b)** $193 + 198 = 381$ **c)** $543 - 288 = 255$ **d)** $486 + 167 = 663$
$198 + 157 = 345$ $\quad$ $822 - 134 = 688$ $\quad$ $543 + 288 = 821$ $\quad$ $452 - 269 = 182$

BEISPIELE
$57 + 23 = 80$
$80 - 23 = 57$
Zusammengefasst:
$(57 + 23) - 23 = 57$

$64 - 38 = 26$
$26 + 38 = 64$
Zusammengefasst:
$(64 - 38) + 38 = 64$

BEMERKUNG
$34 - 40$ ergibt keine natürliche Zahl, weil $34 < 40$ ist. Da man die Subtraktion hier nicht ausführen kann, lässt sie sich auch nicht rückgängig machen. Wenn man mit natürlichen Zahlen rechnet, ist deshalb die Gleichung
$(34 - 40) + 40 = 34$
nicht sinnvoll. Verallgemeinert:
Die Gleichung
$(a - b) + b = a$
ist für $b > a$ nicht sinnvoll.

Anna und Eva wollen kontrollieren, ob das nebenstehende Zahlenquadrat ein Zauberquadrat ist. Sie berechnen die Summe der ersten Zeile.
Anna: $31 + 13 + 67 = 44 + 67 = 111$
Eva: $31 + 13 + 67 = 31 + 80 = 111$
Beide berechnen dieselbe Zahl. Evas Rechnung ist aber günstiger, da sie erst $13 + 67$ rechnet und es sich mit 80 leicht weiterrechnen lässt.

31	13	67
7	61	43
73	37	1

11

Überprüfe, ob das obige Zahlenquadrat ein Zauberquadrat mit der Zauberzahl 111 ist. Rechne möglichst günstig.

Die Möglichkeit unterschiedlicher Rechenwege ergibt sich aus den Rechengesetzen.

Assoziativgesetz (Verbindungsgesetz) der Addition
Bei drei Summanden darf man zwei Summanden stets durch eine Klammer zusammenfassen. Das Ergebnis ist unabhängig davon, welche Summanden man einklammert oder ob man die Klammern weglässt.

Für alle natürlichen Zahlen a, b, c gilt:
$a + b + c = (a + b) + c = a + (b + c)$

Zum Beispiel ist $1 + 2 + 3 = (1 + 2) + 3 = 3 + 3 = 6$
und $1 + 2 + 3 = 1 + (2 + 3) = 1 + 5 = 6$

KLAMMERN
Mit Klammern kann man kennzeichnen, was zuerst berechnet wird.

Anna rechnet z. B.
$(31 + 13) + 67$,

Eva dagegen
$31 + (13 + 67)$.

Für die Subtraktion gilt **kein** Assoziativgesetz. Beispielsweise ist $(6 - 3) - 2 = 3 - 2 = 1$, aber $6 - (3 - 2) = 6 - 1 = 5$.

associare (lat.)
verbinden

12

Rechne günstig unter Benutzung des Assoziativgesetzes.
a) $90 + 273 + 187$ **b)** $762 + 68 + 125$ **c)** $690 + 183 + 97$
d) $546 + 129 + 211$ **e)** $237 + 158 + 145$ **f)** $326 + 149 + 105$

13

Versuche die folgenden Aufgaben möglichst günstig zu rechnen.
a) $125 + 37 + 75$ **b)** $467 + 219 + 33$ **c)** $231 + 119 + 69$ **d)** $458 + 237 + 72$

Kommutativgesetz (Vertauschungsgesetz) der Addition
Beim Addieren darf man Summanden miteinander vertauschen. Die Summe ändert sich dabei nicht.

Für alle natürlichen Zahlen a, b gilt: $a + b = b + a$

Zum Beispiel ist $3 + 4 = 7$ und $4 + 3 = 7$, also $3 + 4 = 4 + 3$.

commutare (lat.)
vertauschen

Für die Subtraktion gilt ebenfalls **kein** Kommutativgesetz.
So ist z. B. $10 - 4 = 6$, aber $4 - 10$ ergibt keine natürliche Zahl.

BEISPIEL
für vorteilhaftes Rechnen unter Anwendung der Rechengesetze

$25 + 67 + 35 = 25 + 35 + 67 = (25 + 35) + 67 = 60 + 67 = 127$ oder
$25 + 67 + 35 = 67 + 25 + 35 = 67 + (25 + 35) = 67 + 60 = 127$

AUFGABE
Erläutere das Vorgehen im Beispiel und gib an, welches Rechengesetz bei den einzelnen Schritten benutzt wurde.

14

Rechne vorteilhaft im Kopf und notiere das Ergebnis im Heft.

a) $21 + 45 + 9$ **b)** $124 + 30 + 71$ **c)** $132 + 234 + 336$ **d)** $112 + 78 + 22$
    $42 + 29 + 38$ $744 + 69 + 356$ $521 + 622 + 727$ $137 + 93 + 57$

e) $65 + 47 + 123$ **f)** $621 + 75 + 174$ **g)** $375 + 700 + 355$ **h)** $376 + 24 + 76$
    $111 + 47 + 39$ $72 + 316 + 144$ $587 + 912 + 313$ $245 + 63 + 95$

15

Rechne vorteilhaft und notiere das Ergebnis im Heft.

a) $34 + 17 + 16 + 83$ **b)** $39 + 38 + 37 + 36$ **c)** $212 + 323 + 434 + 31$
    $27 + 29 + 33 + 31$ $11 + 12 + 13 + 14$ $111 + 222 + 333 + 444$
    $128 + 65 + 62 + 75$ $11 + 13 + 15 + 17$ $555 + 666 + 777 + 888$

TIPP
für Aufgabe 16

16

Übertrage die Aufgaben ins Heft und berechne die Summe möglichst vorteilhaft.

a) $1 + 2 + 3 + 4$ **b)** $1 + 3 + 5 + 7$ **c)** $2 + 4 + 6 + 8$
    $1 + 2 + ... + 5 + 6$ $1 + 3 + ... + 9 + 11$ $2 + 4 + ... + 10 + 12$
    $1 + 2 + ... + 99 + 100$ $1 + 3 + ... + 97 + 99$ $2 + 4 + ... + 98 + 100$

$1 + 2 + 3 + 4 + 5 + 6$
?
?
?

AUFGABEN ZUR WIEDERHOLUNG

1. Kläre auf, was hier versteckt ist.

  a) $368 \cdot \bullet 7$
         $7 \bullet 6$
        $2\,5\,7\,6$
        $9 \bullet 3\,6$

  b) $56\bullet \cdot 3\bullet$
        $1\,7\,0\,7$
       $2\,2\,7\bullet$
     $\bullet\bullet\bullet\bullet\bullet$

2. Finde die Fehler.

  a) $9\,999 + 1\,111 = 10\,000$

  b) $1\,111 - 222 = 999$

  c) $444 \cdot 3 = 1212$

3. Rechne im Kopf.

  a) $800 \cdot 6$ **b)** $60 \cdot 8$ **c)** $9 \cdot 80$
  d) $70 \cdot 80$ **e)** $40 \cdot 9$ **f)** $900 \cdot 5$
  g) $600 \cdot 7$ **h)** $8 \cdot 4\,000$ **i)** $7 \cdot 90$
  j) $30 \cdot 20$ **k)** $4 \cdot 300$ **l)** $90 \cdot 90$

4. $\overline{BC}$ ist parallel zu $\overline{GH}$.

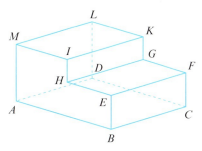

  a) Suche weitere Paare zueinander paralleler Strecken.
  b) Wie viele Ecken hat der Körper?
  c) Wie viele Kanten hat der Körper?
  d) Wie viele Begrenzungsflächen hat der Körper?

Schriftliches Addieren und Subtrahieren

Die Bundesrepublik Deutschland laut Statistischem Jahrbuch 1995				
Bundesland	Fläche in km^2	Einwohner	Hauptstadt	Einwohner
Baden-Württemberg	35 751	10 234 000	Stuttgart	598 000
Bayern	70 547	11 863 000	München	1 256 000
Berlin	889	3 475 000	Berlin	3 475 000
Brandenburg	29 481	2 538 000	Potsdam	140 000
Bremen	404	683 000	Bremen	553 000
Hamburg	755	1 703 000	Hamburg	1 703 000
Hessen	21 114	5 967 000	Wiesbaden	270 000
Mecklenburg-Vorpommern	23 169	1 843 000	Schwerin	124 000
Niedersachsen	47 606	7 648 000	Hannover	525 000
Nordrhein-Westfalen	34 072	17 759 000	Düsseldorf	578 000
Rheinland-Pfalz	19 845	3 926 000	Mainz	185 000
Saarland	2 570	1 085 000	Saarbrücken	191 000
Sachsen	18 409	4 608 000	Dresden	481 000
Sachsen-Anhalt	20 446	2 778 000	Magdeburg	272 000
Schleswig-Holstein	15 739	2 695 000	Kiel	249 000
Thüringen	16 175	2 533 000	Erfurt	202 000

AUFGABEN
Welches Bundesland hat die größte (kleinste) Fläche? Welches Bundesland hat die meisten (wenigsten) Einwohner? Ordne die Bundesländer nach ihrer Flächengröße (Einwohnerzahl).

INFORMATION
Ein Quadrat von 100 km Kantenlänge hat einen Flächeninhalt von 10 000 km^2.

1

Finde zwei neue Bundesländer, die zusammen etwa die gleiche Fläche wie Nordrhein-Westfalen haben.

BEISPIEL
Wir vergleichen die Flächen von Sachsen und Thüringen zusammen mit der Fläche von Nordrhein-Westfalen. Einen ersten Überblick (ohne Einheiten) liefert ein **Überschlag**: 18 000 + 16 000 = 34 000. Also sind Sachsen und Thüringen zusammen etwa so groß wie Nordrhein-Westfalen. Das bestätigt auch die bereits bekannte **schriftliche Rechnung**:

```
    1 8 4 0 9
  + 1 6 1 7 5
    1     1
  ─────────────
    3 4 5 8 4
```

Bei dieser üblichen Kurzdarstellung der schriftlichen Addition sind die Ziffern mit dem gleichen Stellenwert immer genau untereinander zu schreiben. Nutze dazu die Rechenkästchen im Heft. Beachte den Übertrag.

ZUR ERINNERUNG
Die Kurzdarstellung ist eine Vereinfachung der Darstellung in einer Stellenwerttafel.

ZT	T	H	Z	E
1	8	4	0	9
+ 1	6	1	7	5
1			1	
3	4	5	8	4

Man rechnet:
9 E + 5 E = 14 E
oder
1 Z (Übertrag) + 4 E
0 Z + 7 Z + 1 Z = 8 Z
usw.

2

Überschlage und addiere anschließend schriftlich.

a) 247 + 332
   136 + 463
   436 + 255

b) 226 + 513
   641 + 533
   345 + 169

c) 2 652 + 1 235
   5 344 + 3 819
   7 255 + 4 468

d) 8 222 + 2 888
   4 250 + 1 776
   6 234 + 2 826

3

Vergleiche die Summe **a)** der Flächen und **b)** der Einwohnerzahlen der folgenden Bundesländer mit deinem Bundesland. Überschlage erst und rechne dann schriftlich.

Berlin und Brandenburg Hessen und Rheinland-Pfalz
Bremen und Hamburg Saarland und Baden-Württemberg
Sachsen und Sachsen-Anhalt Bayern und Nordrhein-Westfalen
Thüringen und Niedersachsen Mecklenburg-Vorpommern und Hessen

4

Überschlage und addiere anschließend schriftlich.

a) 632 + 154   **b)** 335 + 286   **c)** 3 400 + 883
476 + 379   554 + 381   496 + 2 063
675 + 286   738 + 164   5 302 + 129
165 + 168   473 + 638   1 436 + 786

BEISPIEL
154 + 367 + 298   **Überschlag:** 150 + 370 + 300 = 820

Schriftliche Rechnung:

```
    1 5 4
  + 3 6 7
  + 2 9 8
    2 1
    8 1 9
```

Nutze die Rechenkästchen im Heft, um die Ziffern mit gleichem Stellenwert genau untereinander zu schreiben. Beachte den Übertrag.

Zur Verdeutlichung noch einmal die Rechnung in einer Stellenwerttafel.

H	Z	E
1	5	4
+ 3	6	7
+ 2	9	8
2	1	
8	1	9

5[L]

Überschlage und addiere anschließend schriftlich.

a) 223 + 135 + 437   **b)** 335 + 296 +123   **c)** 4 400 + 231 + 407
541 + 239 + 126   789 + 45 + 211   3 004 + 59 + 206
308 + 206 + 410   79 + 399 + 407   6 090 + 248 + 69
111 + 333 + 555   222 + 444 + 666   1 010 + 202 + 30
167 + 240 + 23 + 267   345 + 275 + 45 + 96   3 077 + 508 + 37 + 41
307 + 508 + 706 + 62   206 + 21 + 760 + 47   33 + 107 + 69 + 990

6

Suche selbst durch Überschlag zu den angegebenen drei Bundesländern jeweils ein anderes Bundesland heraus mit etwa gleich vielen Einwohnern wie die drei Bundesländer zusammen. Rechne anschließend schriftlich.

a) Berlin, Hessen, Mecklenburg-Vorpommern

b) Sachsen, Brandenburg, Sachsen-Anhalt

c) Bremen, Hamburg, Schleswig-Holstein

d) Sachsen, Bayern, Nordrhein-Westfalen

BEISPIEL
Wir berechnen den Unterschied der Flächen Sachsen-Anhalts
(20 446 km^2) und Sachsens (18 409 km^2).
Ein **Überschlag** zeigt, dass Sachsen-Anhalt etwa 2 000 km^2 größer ist
als Sachsen: 20 400 – 18 400 = 2 000.
Einen genauen Wert ergibt die **schriftliche Subtraktion.** Bei dieser nutzt
man, dass Addition und Subtraktion zueinander umgekehrte Rechenarten sind. Wir schreiben zwar 20 446 – 18 409 = ..., rechnen in Gedanken aber 18 409 + ... = 20 446 (siehe Randspalte).

	2	0	4	4	6
–	1	8	4	0	9
	1			1	
		2	0	3	7

Bei dieser üblichen Kurzdarstellung der
schriftlichen Subtraktion sind die Ziffern mit
dem gleichen Stellenwert genau untereinander zu schreiben. Nutze dazu die Rechenkästchen im Heft. Beachte den Übertrag.

Die schriftliche Rechnung zeigt, dass Sachsen-Anhalt um 2 037 km^2
größer ist als Sachsen.

ZUR ERINNERUNG
Die Kurzdarstellung
ist eine Vereinfachung
der Darstellung in
einer Stellenwerttafel.

ZT	T	H	Z	E
2	0	4	4	6
– 1	8	4	0	9
1			1	
2	0	3	7	

Man rechnet:
9 E + 7 E = **16** E
1 Z (Übertrag)
1 Z + 0 Z + **3** Z = 4 Z
4 H + **0** H = 4 H
8 T + **2** T = 10 T
1 ZT (Übertrag)
1 ZT + 1 ZT + **0** ZT =
2 ZT

7

Überschlage und subtrahiere anschließend schriftlich.
a) 847 – 332
536 – 479
436 – 258
b) 728 – 513
641 – 333
345 – 169
c) 2 578 – 1 235
5 344 – 3 819
7 225 – 4 468
d) 8 222 – 2 888
4 250 – 1 734
6 234 – 2 826

8

Überschlage und berechne dann schriftlich den Unterschied.
a) Fläche und Einwohnerzahlen von
Saarland und Berlin
Brandenburg und Berlin
Sachsen-Anhalt und Thüringen
Sachsen und Mecklenburg-Vorpommern
b) Einwohnerzahlen von
Saarbrücken und Berlin
Potsdam und Berlin
Magdeburg und Erfurt
Dresden und Schwerin

9

Berechne nach einem Überschlag schriftlich den Unterschied
a) zwischen 2 073 und der Summe von 976 und 584,
b) zwischen 3 003 und der Summe von 1 506 und 809,
c) zwischen 2 073 und der Differenz von 976 und 584,
d) zwischen 3 003 und der Differenz von 1 506 und 809.

10

Bilde selbst Additions- oder Subtraktionsaufgaben und rechne schriftlich.
a) 8 005, 347
503, 817
286, 288
b) 8 040, 519
347, 639
459, 392
c) 1 706, 401
993, 599
382, 1 060

BEISPIEL
437, 264
437 + 264
437 – 264

11

Berlin hat mehr Einwohner als die beiden anderen Millionenstädte Hamburg und München zusammen. Wie viele Einwohner hat Berlin mehr?

Wenn in einer Subtraktionsaufgabe mehrere Zahlen zu subtrahieren sind, dann gibt es zwei mögliche Rechenwege.

BEISPIEL
Es ist die Aufgabe 791 – 156 – 387 zu lösen.

1. Rechenweg

```
  791       635
– 156     – 387
  635       248
```

791 – 156 – 387 = 248

2. Rechenweg

```
  156       791
+ 387     – 543
  543       248
```

791 – 156 – 387 = 248

12 L

Überschlage und rechne anschließend schriftlich.
a) 923 – 434 – 378
536 – 99 – 408
3 584 – 1 703 – 987
4 709 – 2 083 – 2 338

b) 867 – 491 – 325
621 – 386 – 233
6 045 – 2 189 – 3 457
9 527 – 666 – 2 109

13

Kontrolliere durch schriftliches Nachrechnen, ob bei den folgenden Aufgaben die richtigen Ergebnisse angegeben sind. Ergänze die Überträge.

a)
```
  469
+ 136
+ 587
1 192
```
b)
```
  787
+ 236
+ 469
   82
```
c)
```
8 053
+ 631
+ 406
9 080
```
d)
```
5 030
– 2 408
–  703
3 335
```
e)
```
3 650
– 1 209
–  490
2 051
```

14 L

Untersuche durch schriftliches Nachrechnen im Heft, welche der Ergebnisse 1 330, 123 454 321, 107, 96 969, 150, 1 332, 2 350, 2 424, 17 280, 3 600 zu welchen Aufgaben gehören.

a)
```
   34
  970
  759
+ 587
```
b)
```
  652
– 125
–  49
– 371
```
c)
```
  790
– 166
– 288
– 186
```
d)
```
  695
   49
  373
+ 213
```
e)
```
  111
  222
  333
+ 666
```

f)
```
 10 101
  2 020
 30 303
  4 040
+ 50 505
```
g)
```
 9 999
–  101
– 2 020
–  404
– 5 050
```
h)
```
 1 234
 2 345
 3 456
 4 567
+ 5 678
```
i)
```
 90 000
– 23 650
– 47 209
– 10 490
–  5 051
```
j)
```
 1 123 454 320
–   999 999 999
```

HINWEIS
In nebenstehendem Beispiel erfolgte jeder Rechenweg in zwei Schritten.
1. Weg
• ersten Subtrahenden subtrahieren
• zweiten Subtrahenden subtrahieren
2. Weg
• die beiden Subtrahenden addieren
• die erhaltene Summe subtrahieren

Die beiden Schritte des 2. Weges lassen sich beim schriftlichen Rechnen auch gemeinsam ausführen:

```
    7 9 1
–   1 5 6
–   3 8 7
    1 2
    2 4 8
```

Erläutere das Vorgehen.

VEREINBARUNG
Wenn nur addiert werden soll, braucht man das Rechenzeichen nur einmal zu schreiben.

ausführlich	kurz
34	34
+ 970	970
+ 759	759
+ 578	+ 578

15

Schreibe den Stellenwert entsprechend untereinander und rechne dann aus.
a) 10 + 101 + 1 010 + 10 101   **b)** 9 999 – 888 – 777 – 666
   1 + 12 + 123 + 1 234 + 12 345   4 321 – 1 234 – 2 345 + 5 432
   9 090 – 11 – 112 – 1 122 – 1 123   24 679 – 7 890 – 6 342 + 664

Bei den bisherigen Aufgaben wurde immer wieder eine **Überschlagsrechnung** genutzt, um Sachverhalte abzuschätzen oder Rechenergebnisse zu kontrollieren. Auf welche Stelle man bei einer Überschlagsrechnung rundet und ob man evtl. entgegen den Rundungsregeln rundet, hängt vom Zweck dieser Rechnung ab.

16

Überschlagsrechnung

Additionsaufgabe: 4 607 + 1 328   *Subtraktionsaufgabe:* 4 607 – 1 328
4 607 + 1 328 ≈ 4 000 + 1 000 = 5 000   4 607 – 1 328 ≈ 5 000 – 1 000 = 4 000
4 607 + 1 328 ≈ 5 000 + 2 000 = 7 000   4 607 – 1 328 ≈ 4 000 – 1 000 = 3 000
4 607 + 1 328 ≈ 5 000 + 1 000 = 6 000   4 607 – 1 328 ≈ 5 000 – 2 000 = 3 000

Das voranstehende Tafelbild zeigt für eine Additions- und für eine Subtraktionsaufgabe jeweils drei Überschlagsrechnungen.
a) Erläutere, wie jeweils gerundet wurde.
b) Vergleiche die Überschlagsergebnisse mit den genauen Ergebnissen:
   4 607 + 1 328 = 5 935 und 4 607 – 1 328 = 3 279.
   Bei welchen Überschlagsrechnungen weicht das Überschlagsergebnis am wenigsten vom genauen Ergebnis ab?

BEACHTE
Die Abweichung zwischen dem Ergebnis einer Überschlagsrechnung und dem genauen Ergebnis kann man klein halten. Dazu:
Bei der Addition eine Zahl nach unten und die andere Zahl nach oben runden.
Bei der Subtraktion beide Zahlen nach oben oder beide Zahlen nach unten runden.

17

Führe zuerst eine Überschlagsrechnung durch, rechne dann schriftlich genau aus und vergleiche die Ergebnisse.
a) 4 320 + 8 521   **b)** 2 218 + 2 095 + 2 490   **c)** 5 936 – 498 + 3 029
   2 471 – 1 939   5 038 – 3 209 – 801   2 068 + 835 – 2 804
   5 062 – 3 987   1 203 – 307 – 789   2 804 – 1 270 – 835

18ᴸ

Welche der angegebenen Ergebnisse könnten richtig sein, welche müssen aufgrund einer Überschlagsrechnung falsch sein. Berechne auch das richtige Ergebnis.
a) 3 531 + 489 + 2 107   (Ergebnisse: 7 127, 6 127, 5 127)
b) 5 279 + 2 037 + 6 731   (Ergebnisse: 13 098, 20 107, 14 047)
c) 15 643 + 42 115 – 11 529   (Ergebnisse: 46 229, 38 119, 39 799)
d) 57 568 – 43 126 – 5 493   (Ergebnisse: 5 149, 9 049, 8 949)
e) 87 431 – 17 642 + 10 569   (Ergebnisse: 75 058, 81 358, 86 558)
f) 94 117 – 27 621 – 62 936   (Ergebnisse: 1 560, 2 560, 3 230)
g) 50 048 – 25 111 + 5 011   (Ergebnisse: 30 500, 30 000, 29 500)

19ᴸ

Übertrage die Aufgaben ins Heft und fülle die Leerstellen aus.

a)
```
   2 5 4 3
 + 9 4 1 7
 ─────────
 1 8 7 4 9
```

b)
```
   7 3 4 5
 - ▯ ▯ ▯ ▯
 ─────────
   3 4 7 7
```

c)
```
   1 ▯ ▯ 7
     4 3 2 1
 + ▯ ▯ ▯ ▯
 ─────────
   9 9 9 9
```

d)
```
   1 7 6 1 3
 - ▯ ▯ ▯ ▯
 ─────────
     9 0 3 7
```

e)
```
   3 ▯ 6 5
   8 3 ▯ 7
 + 5 9 6 ▯
 ─────────
 ▯ ▯ 3 0 8
```

20

Wie viele Jahre ist es her, als folgende Erfindungen gemacht bzw. Höchst-
leistungen vollbracht wurden?

a) 1969 Erste Mondlandung
b) 1957 Erster künstlicher Satellit (Sputnik) im Weltall
c) 1941 Erster programmgesteuerter Rechenautomat Z3 von Konrad Zuse
d) 1928 Erfindung des Penicillin durch Alexander Fleming
e) 1903 Erster Motorflug durch Wilbur und Orville Wright
f) 1876 Erfindung des Viertaktmotors durch Nikolaus Otto
g) 1854 Erfindung der elektrischen Glühbirne durch Heinrich Goebel
h) 1765 Erfindung der Dampfmaschine durch James G. Watt
i) 1627 Erste Vierspeziesrechenmaschine von Wilhelm Schickhardt
j) 1445 Erfindung des Buchdrucks durch Johannes Gutenberg

Carl Friedrich Gauß

21

Wie alt sind die folgenden Personen geworden? Finde mithilfe eines Lexi-
kons etwas über ihre Lebensgeschichte heraus.

a) Albrecht Dürer   *21.05.1471 Nürnberg   †06.04.1528 Nürnberg
b) Nikolaus Kopernikus   *19.02.1472 Thorn   †24.05.1543 Frauenburg
c) Gottfried W. Leibniz   *01.07.1646 Leipzig   †14.11.1716 Hannover
d) Leonhard Euler   *15.04.1707 Basel   †18.09.1783 St. Peters-
                                                    burg
e) Carl Friedrich Gauß   *30.04.1777 Braunschweig †23.02.1855 Göttingen
f) Sofja Kowalewskaja   *03.01.1850 Moskau   †10.02.1891 Stockholm
g) Marie Curie   *07.11.1867 Warschau   †04.07.1934 Sancellmoz
h) Emmy Noether   *23.03.1882 Erlangen   †14.04.1935 Bryn Mawr
i) David Hilbert   *23.01.1862 Königsberg   †14.02.1934 Göttingen
j) Albert Einstein   *14.03.1879 Ulm   †18.04.1955 Princeton

Albert Einstein

22

Ein Schulgebäude wird an den 5 Unterrichtstagen einer Woche jeweils von
7.50 Uhr bis 13.00 Uhr und von 14.00 Uhr bis 15.35 Uhr für den Unterricht
genutzt. Es ist jeden Unterrichtstag 30 Minuten vor Unterrichtsbeginn,
1 Stunde über Mittag und 45 Minuten nach Unterrichtsschluß geöffnet.

a) Wie viele Stunden und Minuten ist das Schulgebäude an einem Unterrichtstag geöffnet?
b) Wie viele Stunden und Minuten ist das Schulgebäude in einer Unter-
   richtswoche geschlossen (Zeit des Unterrichts)?
c) Erkundige dich nach den genauen Öffnungszeiten deines Schulgebäudes
   an einem Unterrichtstag.

23

Löse die verschlüsselten Aufgaben. Jedem Buchstaben entspricht dabei eine der Ziffern 0, 1, ..., 9. Gleichen Buchstaben entsprechen gleiche Ziffern und verschiedenen Buchstaben verschiedene Ziffern.

KRYPTOGRAMME sind Texte mit einer verborgenen Nebenbedeutung. Früher bezeichnete man Geheimtexte so.

a)
```
  G I B
+ M I R
-------
G E L D
```
b)
```
  G I V E
+ M O R E
---------
M O N E Y
```
c)
```
  S E N D
+ M O R E
---------
M O N E Y
```
d)
```
  H A L L E
+ S A A L E
-----------
N A U E N
```

e) R I E S E + G A U S S = E U K L I D

f) E I N S + N E U N = Z E H N

g) T E N + T E N + F O R T Y = S I X T Y

h) T W O + T H R E E + S E V E N = T W E L V E

24

Übertrage das Kreuzzahlrätsel ins Heft und löse es.

Waagerecht:
1 587 + 649
4 3 009 − 2 585
6 412 + 379 − 567
7 84 − 49
8 127 − 29
9 1 004 − 487
10 2 505 − 1 987 + 216
11 99 − 58
12 3 040 − 2 109
13 319 − 286
14 161 − 89
15 806 + 537 − 1 130

17 813 − 791
18 256 − 196

Senkrecht:
1 372 − 248
2 3 019 − 2 997
3 9 430 − 5 979
4 76 − 31
5 554 − 317 + 256
7 4 803 − 1 011
10 3 204 + 3 916
11 2 008 − 1 965
13 917 + 555 − 1 440

14 327 − 255
16 212 − 56 − 121

AUFGABEN ZUR WIEDERHOLUNG

1. Zum Punkt *A* des Zahlenstrahls gehört die Zahl 120 (*A* = 120). Welche Zahlen gehören zu den Punkten *B*, *C*, *D*, *E* und *F*

2. Welche Zahlen gehören zu den Punkten am Zahlenstrahl?

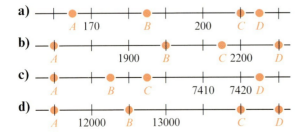

3. Zeichne einen Zahlenstrahl von 0 bis 1 000. Trage auf ihm die Zahlen 200, 700, 900, 650, 350, 50 ein. (Wähle 1 cm für 100.)

4. Zeichne einen Zahlenstrahl von 10 000 bis 20 000. Trage auf ihm die Zahlen 12 000, 17 000, 13 500, 19 500, 10 500 ein.

5. Runde wie angegeben.
   a) auf Hunderter: 17 634; 14 709; 48 674; 891; 472 676; 84 749; 84 750; 80 992; 19 951; 109 949; 127 000
   b) auf Zehntausender: 341 972; 747 631; 1 080 909; 907 903; 10 101 010; 94 949 494; 71 247 624; 1 434 999
   c) auf Millionen: 14 600 000; 17 809 321; 46 490 000; 59 673 999; 79 490 101; 99 501 476

Gleichungen und Ungleichungen

Marina und Christoph haben sich ein Rechengewinnspiel ausgedacht: Sie würfeln abwechselnd eine Augenzahl. Marina verdreifacht die Augenzahl und subtrahiert 1 davon. Christoph verdoppelt die Augenzahl und addiert 2 dazu. Es gewinnt, wer am Ende die größere Zahl hat.
Wir überlegen uns anhand einer Tabelle, bei welcher Augenzahl Marina und bei welcher Christoph gewinnt.

Augenzahl x	Marina $3 \cdot x - 1$	Christoph $2 \cdot x + 2$	Gewinner
1	$3 \cdot 1 - 1 = 2$	$< \quad 2 \cdot 1 + 2 = 4$	Christoph
2	$3 \cdot 2 - 1 = 5$	$< \quad 2 \cdot 2 + 2 = 6$	Christoph
3	$3 \cdot 3 - 1 = 8$	$= \quad 2 \cdot 3 + 2 = 8$	keiner
4	$3 \cdot 4 - 1 = 11$	$> \quad 2 \cdot 4 + 2 = 10$	Marina
5	$3 \cdot 5 - 1 = 14$	$> \quad 2 \cdot 5 + 2 = 12$	Marina
6	$3 \cdot 6 - 1 = 17$	$> \quad 2 \cdot 6 + 2 = 14$	Marina

Die Bedingung für Christoph als Gewinner lautet: $3 \cdot x - 1 < 2 \cdot x + 2$.
Diese Bedingung ist nur für die Augenzahlen 1 und 2 erfüllt. Setzt man nämlich für x die Zahlen 1 oder 2 ein, so ergeben sich **wahre Aussagen**:
$x = 1$: $3 \cdot 1 - 1 < 2 \cdot 1 + 2$, also $2 < 4$ w
$x = 2$: $3 \cdot 2 - 1 < 2 \cdot 2 + 2$, also $5 < 6$ w
Beim Einsetzen von 3, 4, 5, 6 ergeben sich dagegen **falsche Aussagen**:
$x = 3$: $3 \cdot 3 - 1 < 2 \cdot 3 + 2$, also $8 < 8$ f
$x = 4$: $3 \cdot 4 - 1 < 2 \cdot 4 + 2$, also $11 < 10$ f
$x = 5$: $3 \cdot 5 - 1 < 2 \cdot 5 + 2$, also $14 < 12$ f
$x = 6$: $3 \cdot 6 - 1 < 2 \cdot 6 + 2$, also $17 < 14$ f

w bedeutet „wahre Aussage"

f bedeutet „falsche Aussage"

1

a) Bedingung für „kein Gewinner" (Unentschieden): $3 \cdot x - 1 = 2 \cdot x + 2$.
Zeige, dass diese Bedingung nur für die Augenzahl 3 erfüllt ist.
b) Gib die Bedingung für Marina als Gewinner an. Für welche Augenzahlen ist diese Bedingung erfüllt?
c) Wer hat die größeren Gewinnchancen? Begründe das.

2

Übertrage die folgenden Tabellen ins Heft und fülle sie weiter aus.

x	$x + 2 = 4$	$x + 2 < 4$	$x + 2 > 4$
0	$2 = 4$ f	$2 < 4$ w	
1			
2	$4 = 4$ w		
3			
4			

x	$x - 8 = 3$	$x - 8 < 3$	$x - 8 > 3$
8			
9			
10			
11			
12			

3

Übertrage ins Heft, fülle die Tabellen aus und entscheide wahr oder falsch.

x	$2 \cdot x = 12$	$2 \cdot x < 12$	$2 \cdot x > 12$
4			
5			
6			
7			

x	$3 \cdot x + 2 = 8$	$3 \cdot x + 2 < 8$	$3 \cdot x + 2 > 8$
0			
2			
4			
6			

$2 + 3 = 5$, $2 - 1 = 0$, $2 \cdot 4 - 5 = 3$, aber auch $x + 7 = 9$, $x - 2 = 6$, $3 \cdot x = 8$ sind Beispiele für **Gleichungen**.

$2 + 3 < 7$, $2 - 1 > 0$, $2 \cdot 4 - 5 < 3$, aber auch $x + 7 > 9$, $x - 2 < 6$, $3 \cdot x > 8$ sind Beispiele für **Ungleichungen**.

Bei einer Gleichung sind die linke und die rechte Seite durch das Gleichheitszeichen = (ist gleich) verbunden. Bei einer Ungleichung sind die linke und die rechte Seite durch das Kleinerzeichen < (kleiner als) oder das Größerzeichen > (größer als) verbunden.

INFORMATION
Das Zeichen = stammt von Robert Recorde (1510 – 1558). Davor war es üblich, das Wort *aeq.* zu verwenden (als Abkürzung des lateinischen Wortes *aequare* – gleichmachen, vergleichen).

Enthalten Gleichungen oder Ungleichungen Variablen, so kann man dafür Zahlen einsetzen. Es ergibt sich dann entweder eine wahre Aussage (w) oder eine falsche Aussage (f). Beim Lösen von Gleichungen bzw. Ungleichungen mit Variablen interessieren vor allem die Zahlen, die beim Einsetzen für die Variablen wahre Aussagen ergeben.

BEISPIEL
Einsetzen von Zahlen in eine Gleichung und in eine Ungleichung

	$x + 7 = 9$	$5 - x > 1$
$x = 0$:	$0 + 7 = 9$ f	$5 - 0 > 1$ w
$x = 1$:	$1 + 7 = 9$ f	$5 - 1 > 1$ w
$x = 2$:	$2 + 7 = 9$ w	$5 - 2 > 1$ w
$x = 3$:	$3 + 7 = 9$ f	$5 - 3 > 1$ w
$x = 4$:	$4 + 7 = 9$ f	$5 - 4 > 1$ f
$x = 5$:	$5 + 7 = 9$ f	$5 - 5 > 1$ f

Die Gleichung $x + 7 = 9$ wird nur für die Zahl 2 zur wahren Aussage. Keine andere Zahl zu 7 addiert ergibt 9.

Die Ungleichung $5 - x > 1$ wird nur für die Zahlen 0, 1, 2 und 3 zur wahren Aussage. Für 4 ist die linke Seite gleich 1, für Zahlen größer als 4 wird die linke Seite kleiner als 1 (bzw. ist keine natürliche Zahl).

4 L

Suche alle Zahlen, die beim Einsetzen in die Gleichungen oder Ungleichungen wahre Aussagen ergeben.
a) $x + 11 = 25$ **b)** $x - 64 = 100$ **c)** $17 - x = 5$ **d)** $2 \cdot x + 1 = 5$
e) $x + 11 < 25$ **f)** $x + 45 < 50$ **g)** $17 - x > 5$ **h)** $2 \cdot x + 1 < 5$

Eine Zahl heißt **Lösung** einer Gleichung bzw. Ungleichung, wenn durch Einsetzen dieser Zahl eine wahre Aussage entsteht.
Alle Lösungen einer Gleichung bzw. Ungleichung werden als **Lösungsmenge L** zusammengefasst.

BEISPIEL
Dem Beispiel auf der linken Buchseite können wir entnehmen:
Die Gleichung $x + 7 = 9$ hat eine Lösung, die Zahl 2. Die Lösungsmenge enthält also nur eine Zahl.
Wir schreiben: $L = \{2\}$.
Die Ungleichung $5 - x > 1$ hat vier Lösungen, die Zahlen 0, 1, 2 und 3.
Die Lösungsmenge enthält demnach vier Zahlen.
Wir schreiben: $L = \{0; 1; 2; 3\}$.

BEACHTE
Bei der Angabe der Lösungsmenge werden mehrere Lösungen durch ein Semikolon getrennt.

5

Ermittle die Lösungsmenge.

a) $x + 3 = 8$ **b)** $x - 3 = 8$ **c)** $x + 3 < 7$ **d)** $x - 2 > 5$
  $x + 1 = 2$ $x - 1 = 4$ $x + 5 < 10$ $x - 4 > 8$
  $x + 1 = 1$ $x - 1 = 0$ $x + 2 < 3$ $3 - x > 0$
  $x + 0 = 0$ $5 - x = 1$ $x + 1 < 11$ $9 - x > 8$

6

Versuche die folgenden Gleichungen und Ungleichungen zu lösen. Was fällt dir auf?

a) $x + 2 = 1$ **b)** $x + 3 < 2$ **c)** $x + 3 > 5$ **d)** $x - 3 > 0$

Eine Lösungsmenge kann genau eine Zahl, mehrere Zahlen, beliebig viele Zahlen oder sogar keine Zahl enthalten.
Enthält die Lösungsmenge keine Zahl, dann sagt man, die Gleichung bzw. Ungleichung ist nicht lösbar. Ist eine Gleichung bzw. Ungleichung nicht lösbar, so schreibt man: nicht lösbar (n. l.) oder $L = \{\ \}$.

BEISPIELE
$x + 3 = 4$ hat eine Lösung, $L = \{1\}$.

$x + 3 < 4$ hat eine Lösung, $L = \{0\}$.

$x + 3 < 8$ hat mehrere Lösungen,
$L = \{0; 1; 2; 3; 4\}$.

$x + x = 2 \cdot x$ hat beliebig viele Lösungen,
$L = \{0; 1; 2; \ldots\}$.

$x - 3 > 4$ hat beliebig viele Lösungen,
$L = \{8; 9; 10; \ldots\}$.

$x + 7 = 3$ hat keine Lösung, $L = \{\ \}$ oder
$L = \emptyset$ oder n. l.

$x + 7 < 3$ hat keine Lösung, $L = \{\ \}$ oder
$L = \emptyset$ oder n. l.

7

Überlege dir selbst Gleichungen bzw. Ungleichungen, deren Lösungsmenge
a) genau eine Zahl, **b)** genau zwei Zahlen, **c)** genau vier Zahlen, **d)** beliebig viele Zahlen und **e)** keine Zahl enthält.

8^L

Ermittle die Lösungsmenge.

a) $x + 10 = 15$ **b)** $x + 30 = 30$ **c)** $x > 99$ **d)** $a + 5 = 17$
  $x - 3 = 7$ $10 \cdot x = 0$ $x - 45 > 205$ $20 - b = 4$
  $9 \cdot x = 45$ $x - 5 > 25$ $15 - x > 5$ $z : 2 < 6$
  $2 \cdot x < 22$ $10 \cdot x = 1$ $2 + 2 \cdot x = 2$ $y = 27 - 12$
  $x - 5 = 5$ $3 + x > 12$ $3 + 3 \cdot x = 6$ $24 - 2 \cdot y > 12$

INFORMATION
Eine Menge M, die keine Zahl enthält, nennt man **leere Menge**. Man schreibt:
$M = \{\ \}$ oder $M = \emptyset$

9L

Löse die folgenden Ungleichungen. Beachte nebenstehendes Beispiel.

a) $10 - x < 8$ **b)** $6 - x < 9$ **c)** $12 - x < 7$ **d)** $13 - x < 5$ **e)** $17 - x < 11$

BEISPIEL
$8 - x < 5$
Einsetzen von 0, 1, 2,
3 führt zu falschen
Aussagen. Einsetzen
von 4, 5, 6, 7, 8 führt
zu wahren Aussagen.
Ab der Zahl 9 ergibt
die linke Seite keine
natürliche Zahl.
$L = \{4; 5; 6; 7; 8\}$

10

Ulla sagt zu Stefan: „Ich kann Zahlen raten!"
Denke dir eine Zahl zwischen 0 und 100, addiere zuerst 47 und dann 21 hinzu. Wenn du mir das Ergebnis sagst, dann sage ich dir die gedachte Zahl.

a) Überlege, wie Ulla die gedachte Zahl bestimmt.
b) Denke dir selbst ein anderes Zahlenrätsel aus. Teste es in der Klasse.

11

In einer Klasse sind 30 Jungen und Mädchen. Die Zahl der Jungen ist um 12 größer als die der Mädchen. Wie viele Jungen und Mädchen sind es?

BEISPIEL
Lösen der Gleichung $x + 1\,437 = 2\,173$ mit schriftlicher Nebenrechnung

1. Überschlag:	$x \approx 700$, denn $700 + 1\,400 = 2\,100$	**Nebenrechnungen (NR)**
2. Überlegung:	Die gesuchte Zahl ist die Differenz der Zahlen $2\,173$ und $1\,437$.	
3. Rechnung:	$2\,173 - 1\,437 = 736$	
4. Kontrolle:	Der Vergleich mit dem Überschlag zeigt, dass das Ergebnis stimmen kann. Zur **Probe** setzen wir die gefundene Zahl in die Gleichung ein, rechnen die linke Seite der Gleichung aus und sehen, ob wir eine wahre Aussage erhalten haben. $736 + 1\,437 = 2\,173$, also $2\,173 = 2\,173$ w	
5. Lösungsmenge:	$L = \{736\}$	

NR:

```
    2 1 7 3
  - 1 4 3 7
    ─────────
      7 3 6

      7 3 6
  + 1 4 3 7
    ─────────
    2 1 7 3
```

12

Berechne die Lösungsmenge. Kontrolliere die Lösung durch eine Probe.

a) $x + 3\,016 = 5\,042$ **b)** $x - 3\,604 = 1\,037$ **c)** $2 \cdot x + 3\,204 = 3\,302$
  $x + 6\,204 = 7\,001$ $x - 4\,004 = 2\,058$ $5 \cdot x + 2\,078 = 2\,153$
  $x - 5\,674 = 3\,579$ $x + 2\,469 = 5\,314$ $3 \cdot x - 537 = 462$

13

Löse die folgenden Zahlenrätsel. Mache eine Probe.

a) Die Summe zweier Zahlen beträgt 965. Der 1. Summand ist 349.
b) Die Differenz zweier Zahlen beträgt 58. Der Subtrahend ist 112.
c) Wenn man das Doppelte einer Zahl um 37 vergrößert, so erhält man 73.

14

Finde die unbekannte Zahl. Mache eine Probe.
a) Man subtrahiert von der unbekannten Zahl zuerst 63, anschließend addiert man 138 hinzu. Das Ergebnis ist 255.
b) Man addiert zu der unbekannten Zahl zuerst 127 hinzu, anschließend subtrahiert man 32. Wenn zu dem Ergebnis die unbekannte Zahl addiert wird, dann erhält man 105.

15

a) Wenn Stefan den Geldbetrag in seiner Geldbörse verdoppelt, dann hat er 70 Pf weniger als 9,10 DM. Wie viel Geld hat er in seiner Geldbörse?
b) Olaf hat 110 DM und Ute hat 90 DM gespart. Der Vater will 100 DM so an die Geschwister verteilen, dass jeder gleich viel Geld hat. Wie viel Geld bekommt jeder?

16ᴸ

Ein Kundendienstvertreter legt an zwei Tagen mit seinem Auto 750 km zurück. Am ersten Tag fuhr er 120 km mehr als am zweiten Tag. Wie viele Kilometer legte er an jedem der beiden Tage zurück?

17

In einem über 2 200 Jahre alten chinesischen Rechenbuch findet sich folgende Aufgabe:
In einem Stall sind eine Anzahl Kaninchen und Hühner; sie haben zusammen 35 Köpfe und 94 Beine. Wie viele Kaninchen und Hühner befinden sich im Stall?

AUFGABEN ZUR WIEDERHOLUNG

1. Das Streifendiagramm informiert über den täglichen durchschnittlichen Wasserverbrauch einer Person in Deutschland. Was kannst du aus dem Diagramm ablesen?

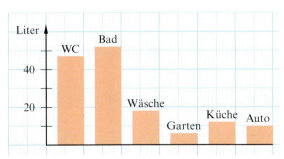

2. Fertige ein Streifendiagramm zu Fakten über deine Wohnung an: Anzahl der Zimmer, der in der Wohnung lebenden Personen, der Kinder, der Schlafgelegenheiten, der Lampen, der Radios.

3. Das Liniendiagramm zeigt die Entwicklung des Wasserpreises in Neuendorf.
   a) Was liest du aus dem Diagramm ab?
   b) Fertige ein Liniendiagramm zur Entwicklung eurer Wohnungsmiete an.

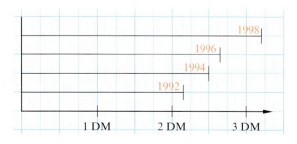

Multiplizieren und Dividieren

1

Die Klasse 5 c plant eine große Fahrt mit dem Schiff auf der Elbe. Ingo sammelt deshalb von jedem Mitschüler 13 DM ein. Soeben hat er die letzten fünf Beiträge erhalten und rechnet zusammen, wie auf Bild 1 zu sehen. Warum ist das umständlich? Wie würdest du rechnen?

> Die Addition gleicher Summanden kann zu einer Multiplikation verkürzt werden.

	13	DM
	13	DM
	13	DM
	13	DM
+	13	DM
	65	DM

1

2

Verwandle in eine Multiplikation und berechne (im Kopf).
a) 25 + 25 + 25
b) 12 + 12 + 12 + 12 + 12
c) 134 + 134 + 134 + 134 + 134 + 134
d) 2 + 2 + 2 + 2 + 2 + 2 + 2 + 2 + 2 + 2 + 2 + 2

BEISPIEL
$7 + 7 + 7 = 3 \cdot 7$

3

Übertrage die Multiplikationstabellen ins Heft. Berechne die Produkte. Zur Kontrolle ist die Summe aller Lösungen rot eingetragen. Kontrolliere.

BEISPIEL
■ $= 3 \cdot 12 = 36$

a)

140	12	16
3		
2		

b)

325	8	5
11		
14		

c)

260	11	15
6		
4		

d)

336	13	15
5		
7		

4

In einem Schnellrestaurant steht ein Getränkeautomat, der durch Drücken eines Knopfes Kaffee, Tee oder Kakao liefert. Dabei kann man über Tasten auch noch festlegen, ob man eine Tasse oder ein Kännchen haben will (Bild 2). Wie viele verschiedene Möglichkeiten stehen insgesamt zur Auswahl? Schreibe sie alle auf.

2

5 L

Die Sprecher(innen) der Klassen 5 a bis 5 e treffen sich und begrüßen einander durch Handschlag. Wie oft treffen sich dabei zwei Hände?

6 L

Frau Meier schaut in den Schrank. Dort befinden sich vier Jacken, drei Röcke und zwei Hüte. In wie vielen verschiedenen Kombinationen kann sie damit Eindruck machen (s. Bild 3)?

1. Entscheidung: Eine von 4 Jacken
2. Entscheidung: Einen von 3 Röcken
3. Entscheidung: Einen von 2 Hüten

3

FACHWÖRTER
Multiplizieren bzw. **Multiplikation**
   3   ·   7   =   21
Faktor mal Faktor gleich Produkt

BEACHTE
Auch 3 · 7 nennt man
ein Produkt.

7

Berechne die folgenden Produkte im Kopf.
a) 4 · 17   b) 19 · 8   c) 30 · 12   d) 71 · 5   e) 3 · 800
f) 9 · 22   g) 30 · 40   h) 15 · 15   i) 25 · 11   j) 3 · 4 · 5

8

Zerlege die Zahlen in zwei Faktoren (eine Möglichkeit genügt).
a) 40, 22, 91, 35, 200, 88, 121, 17   b) 25, 51, 39, 2 000, 244, 512, 5, 87

BEISPIEL
28 = 4 · 7

9

Wie ändert sich das Produkt zweier Zahlen, wenn
a) der erste Faktor verdoppelt wird;
b) der zweite Faktor auf die Hälfte verringert wird;
c) der erste Faktor halbiert und der zweite Faktor verdoppelt wird;
d) ein Faktor verdoppelt und der andere verdreifacht wird;
e) ein Faktor vervierfacht und der andere halbiert wird?

TIPP
Probiere evtl. mit
selbst gewählten
Zahlenbeispielen

10

Übertrage die Tabelle in dein Heft und fülle die Lücken aus.

erster Faktor	8		32		125	25
zweiter Faktor	12	15		200		25
Produkt		120	128	10 000	2 000	

QUADRAT-
ZAHLEN
(Veranschaulichung)

11

a) Addiere das Produkt von 9 und 4 zur Differenz von 60 und 46.
b) Subtrahiere vom Produkt der Zahlen 7 und 8 deren Summe.
c) Bilde das Produkt aus Summe und Differenz der Zahlen 18 und 12.

12

Berechne die Produkte 11 · 11, 12 · 12, 13 · 13 usw. bis 19 · 19 und lerne sie
auswendig. Die Ergebnisse solcher Produkte heißen **Quadratzahlen**.

13

Eine Schule erhält täglich 20 Kartons mit je 24 Flaschen Milch. Wie viele
Flaschen Milch sind das in einer Woche?

14

Rechne geschickt.

a) $6 \cdot 21$ b) $8 \cdot 49$ c) $25 \cdot 21$ d) $20 \cdot 19$ e) $8 \cdot 61$
   $11 \cdot 35$ $9 \cdot 17$ $31 \cdot 4$ $31 \cdot 6$ $19 \cdot 17$
   $4 \cdot 119$ $6 \cdot 201$ $8 \cdot 59$ $999 \cdot 12$ $1\,002 \cdot 7$

BEISPIELE
$7 \cdot 31 = 7 \cdot 30 + 7 \cdot 1$
$ = 210 + 7$
$ = 217$
$5 \cdot 59 = 5 \cdot 60 - 5 \cdot 1$
$ = 300 - 5$
$ = 295$

15

Berechne im Kopf und notiere die Ergebnisse im Heft.

a) $12 \cdot 10$ b) $20 \cdot 40$ c) $50 \cdot 200$ d) $400 \cdot 200$ e) $100 \cdot 200$
   $100 \cdot 30$ $25 \cdot 400$ $300 \cdot 40$ $7 \cdot 600$ $900 \cdot 300$
   $20 \cdot 300$ $800 \cdot 300$ $70 \cdot 2\,000$ $30 \cdot 5\,000$ $1\,400 \cdot 50$

f) $100 \cdot 150$ g) $400 \cdot 300$ h) $1\,550 \cdot 200$ i) $5\,000 \cdot 300$ j) $1\,000 \cdot 250$
   $200 \cdot 3\,000$ $1\,250 \cdot 40$ $6\,000 \cdot 300$ $40 \cdot 50\,000$ $60 \cdot 40\,000$
   $200 \cdot 300$ $600 \cdot 5\,000$ $30 \cdot 12\,000$ $20 \cdot 50\,000$ $1\,000 \cdot 800$

GANZ LEICHT
Zahlen mit Nullen am Ende kann man ganz leicht multiplizieren.
$40 \cdot 500 = ?$
Rechne $4 \cdot 5 = 20$ und hänge 3 Nullen an.
$20\,000$

16

Löse die Aufgaben. Warum sind einige besonders leicht zu lösen?

a) $12 \cdot 2$ b) $205 \cdot 4$ c) $25 \cdot 11$ d) $1 \cdot 890$ e) $12\,345 \cdot 0$
   $12 \cdot 1$ $205 \cdot 0$ $3\,000 \cdot 0$ $7 \cdot 60$ $0 \cdot 1$
   $12 \cdot 0$ $1 \cdot 205$ $0 \cdot 217$ $305 \cdot 1$ $0 \cdot 0$

> Ist ein Faktor 1, so ist das Produkt gleich dem anderen Faktor.
> Ist ein Faktor 0, so ist das Produkt 0.
>
> Für alle natürlichen Zahlen a gilt: $a \cdot 1 = a$ und $a \cdot 0 = 0$.

17

Zum Fuhrpark einer Großstadt gehören 78 Busse mit je 54 Sitzplätzen. Ilona behauptet, das wären zusammen 5 212 Sitzplätze.
Überprüfe dies durch eine Überschlagsrechnung.

18

Überschlage im Kopf und notiere das Ergebnis im Heft.

a) $580 \cdot 720$ b) $5007 \cdot 198$ c) $713 \cdot 96$ d) $2\,100 \cdot 29$
   $630 \cdot 18$ $11 \cdot 190$ $180 \cdot 520$ $199 \cdot 299$
   $4\,000 \cdot 49$ $407 \cdot 301$ $25 \cdot 35$ $7\,654 \cdot 419$

HINWEIS
Um die Abweichung beim Überschlag gering zu halten, kann man einen Faktor aufrunden und den anderen abrunden.
Das kennen wir schon von der Addition.

19

Von den sechs Aufgaben sind fünf falsch berechnet worden. Finde sie heraus. Vier falsche Ergebnisse kannst du durch eine Überschlagsrechnung entdecken.

$722 \cdot 781 = 56\,382$ $1200 \cdot 11 = 13\,200$ $997 \cdot 41 = 40\,871$
$378 \cdot 416 = 15\,728$ $150 \cdot 350 = 125\,500$ $87\,006 \cdot 32 = 278\,192$

BEISPIEL

In der Klasse 5 a sind 30 Schüler. Für einen Ausflug wird ein Bus bestellt.

a) Wie viel müsste jeder der 30 Schüler zahlen, wenn der Bus 480 DM kostet?

b) Der Bus hat 50 Plätze, deshalb können noch Schüler aus Parallelklassen mitfahren. Wie viele Schüler sind es insgesamt, wenn jeder 12 DM zahlt?

Beide Antworten der Aufgabe erhält man durch Dividieren:

a) 480 DM : 30 = 16 DM   **b)** 480 DM : 12 DM = 40

Hier wird 480 DM in 30 gleich große Teile zerlegt und angegeben, wie groß ein jeder dieser 30 Teile ist. Man sagt kurz: 480 DM geteilt durch 30 gleich 16 DM.

Hier muss festgestellt werden, wie oft 12 DM in 480 DM enthalten sind. Man sagt kurz: 12 DM in 480 DM gleich 40(-mal).

Kontrolle: 16 DM · 30 = 480 DM   Kontrolle: 40 · 12 DM = 480 DM

Bei der Kontrolle nutzt man aus, dass Dividieren und Multiplizieren **Umkehroperationen** (umgekehrte Rechenarten) zueinander sind.

20

Ein Computer kostet 2 400 DM, wobei der Betrag in 30 Monatsraten zu zahlen ist. Wie hoch ist die monatliche Rate?

21

Eine 48 m hohe Aussichtsplattform ist über eine Wendeltreppe mit 300 Stufen zu erreichen. Wie hoch ist eine Treppenstufe?

TIPP
Rechne erst Meter in Zentimeter um.

22

Ein Markthändler hat 720 Eier in Kartons verpackt. Üblich sind Kartons mit sechs oder zehn Eiern. Wie viele Kartons hat er, wenn er die Eier
a) nur in Sechserkartons, **b)** nur in Zehnerkartons oder **c)** die Hälfte der Eier in Sechserkartons und die andere Hälfte in Zehnerkartons verpackt?

23

Juttas große Schwester fährt gerne Rad. In ihren dreiwöchigen Ferien ist sie mit ihrer Freundin von Brandenburg über Magdeburg nach Dresden geradelt und hat dabei 840 km zurückgelegt. Wie viele Kilometer hat sie im Durchschnitt an einem Tag zurückgelegt?

24

Dividiere und kontrolliere das Ergebnis.

a) 72 : 9	b) 320 : 16	c) 108 : 12	d) 90 : 15	e) 136 : 8
56 : 7	39 : 13	84 : 6	99 : 9	35 : 7
90 : 5	57 : 3	121 : 11	162 : 9	136 : 17

25

Ute hat eine Zeitschrift abonniert, die monatlich erscheint. Sie zahlt dafür
108 DM im Jahr. Am Kiosk kostet ein Heft 9,50 DM. Was spart sie?

26^L

Wie oft passt … in …?

a) 16 m in 80 m	b) 5 DM in 210 DM	c) 17 kg in 650 kg
125 mm in 1 000 mm	12 s in 20 min	125 g in 10 kg
500 m in 10 km	20 min in 2 h	3 g in 9 kg

BEISPIEL
Wie oft passt 12 m in 72 m?
Rechenweg:
72 m : 12 m = 6
Antwort: 6-mal

BEISPIEL
Silke, Christina und Thomas erhielten von Onkel Theo zusammen
50 DM geschenkt. Wie viel D-Mark erhält jeder?
Die Division ergibt hier einen **Rest**: Es bleiben 2 DM übrig.

Wir schreiben: 50 DM : 3 = 16 DM + 2 DM : 3

Kontrolle: 16 DM · 3 + 2 DM = 48 DM + 2 DM = 50 DM

Gelegentlich findet man auch die Schreibweise
50 DM : 3 = 16 DM Rest 2 DM.
Diese Schreibweise kann zu Fehlschlüssen führen.

27

Dividiere und kontrolliere das Ergebnis.

a) 62 : 9	b) 120 : 7	c) 108 : 11	d) 90 : 14	e) 136 : 9
24 : 7	100 : 32	205 : 40	350 : 90	50 : 7
10 : 4	57 : 10	600 : 125	100 : 12	400 : 6

BEISPIEL
35 : 5 = 7 + 2 : 5
Kontrolle
7 · 5 + 2 = 35 + 2 = 37

28

Wie oft kann man subtrahieren und welcher Rest bleibt jeweils?

a) 15 m von 50 m	b) 4 kg von 30 kg	c) 20 l von 250 l
3 cm von 4 m	7 min von 2 h	150 g von 1 kg
8 s von 1 min	35 Pf von 4 DM	625 m von 2 km

BEISPIEL
7 kg von 41 kg
Schreibe einfach:
41 kg = 5 · 7 kg + 6 kg

29

Dividiere nacheinander durch die angegebenen Zahlen.

a) 12 durch 2, 3, 4, 6   b) 30 durch 2, 3, 5, 6   c) 64 durch 2, 3, 4, 8, 16
d) 18 durch 2, 3, …, 9   e) 96 durch 2, 3, …, 12   f) 60 durch 2, 3, …, 15

FACHWÖRTER			
Dividieren bzw. **Division**			
12	: 4	=	3
Dividend durch Divisor gleich Quotient			

BEACHTE
Auch 12 : 4 nennt
man einen
Quotienten.

30

a) Berechne den Quotienten der Zahlen 48 und 4.
b) Der Dividend ist 52 und der Quotient 13. Wie heißt der Divisor?
c) Der Quotient ist 24 und der Divisor 9. Wie lautet der Dividend?

31

Wie ändert sich der Quotient zweier Zahlen, wenn man
a) den Dividenden verdreifacht (verdoppelt, halbiert);
b) den Dividenden verdoppelt und den Divisor halbiert;
c) den Dividenden verdoppelt und den Divisor verdoppelt?

32

Übertrage die Tabelle in dein Heft und fülle die Lücken aus.

Dividend	84		32		1 250	2 500
Divisor	12	5		200		2 500
Quotient		120	8	100	50	

BEACHTE
Nullen am Ende von
Dividend und Divisor
kann man paarweise
weglassen.
60 : 20 = 6 : 2 = 3
4 000 : 500 = 40 : 5 = 8
210 000 : 30 000
= 21 : 3 = 7

33

a) Addiere zum Quotienten aus 32 und 8 die Differenz dieser Zahlen.
b) Subtrahiere den Quotienten aus 60 und 12 vom Produkt der Zahlen 11 und 6.
c) Dividiere das Produkt der Zahlen 12 und 6 durch den Quotienten dieser Zahlen.

34

Rechne im Kopf und notiere die Ergebnisse ins Heft.
a) 800 : 2   b) 560 : 80   c) 8 000 : 800   d) 12 000 : 40   e) 7 300 : 7 300
 350 : 70   40 : 20   9 000 : 1 500   18 000 : 90   100 000 : 250
 120 : 6   900 : 30   7 200 : 400   1 210 : 11   100 000 : 50 000

TIPP
Runde so, dass du
ohne Rest teilen
kannst. Nach Mög-
lichkeit sollte man
Dividend und Divisor
zugleich auf- oder
abrunden, damit die
Abweichung mög-
lichst gering wird.

35

Überschlage im Kopf und notiere das Ergebnis im Heft.
a) 375 : 19   b) 140 : 12   c) 181 : 29   d) 450 : 9   e) 635 : 71
 622 : 11   99 : 26   146 : 16   656 : 82   288 : 32
 39 078 : 13   1 332 : 69   3 450 : 68   12 050 : 608   88 913 : 148

36

Berechne (falls möglich!).

a) 128 : 4   **b)** 589 : 1   **c)** 65 : 65   **d)** 0 : 12   **e)** 0 : 0
312 : 312   0 : 2   80 : 1   6 : 0   1 234 567 : 1

> **MERKE**
>
> | **Kurzformulierung** | **Wortformulierung** | **Zahlenbeispiel** |
> |---|---|---|
> | Für jede natürliche Zahl a gilt: | | |
> | $a : 1 = a$ | Ist der Divisor 1, so ist der Quotient gleich dem Dividenden. | $7 : 1 = 7$, denn $7 \cdot 1 = 7$ |
> | $a : a = 1$ $(a \neq 0)$ | Ist der Divisor gleich dem Dividenden, so ist der Quotient 1. | $7 : 7 = 1$, denn $1 \cdot 7 = 7$ |
> | $0 : a = 0$ $(a \neq 0)$ | Ist der Dividend 0, so ist der Quotient auch 0. | $0 : 7 = 0$, denn $7 \cdot 0 = 0$ |
>
> Eine Null als Divisor ist sinnlos. **Durch 0 kann man nicht teilen!**

1

Es kann keine Zahl n geben, für die $7 : 0 = n$ ist. Für eine solche Zahl n müsste nämlich $0 \cdot n = 7$ gelten. Das ist aber nicht möglich, da immer $0 \cdot n = 0$ gilt.

37

Übertrage in dein Heft und ermittle, soweit möglich, die fehlenden Zahlen.

Dividend		0	45		8	
Divisor	1	25	45	17	0	83
Quotient	13			0		1

38

a) Warum kann man für die Aufgabe 5 : 0 kein Ergebnis finden?
Weshalb kann das Ergebnis eines Fußballspiels trotzdem 5 : 0 sein?
b) Gustav behauptet, dass 0 : 0 = 1 sei. Was meinst du dazu?

39^L

a) Frau Müller arbeitet im Büro und verdient im Monat rund 3 200 DM.
Wie viel Geld erhält sie in einem Jahr?
b) 11 Freunde mieten für eine Woche ein großes Segelboot zum Preis von 2 180 DM. Wie viel muss jeder ungefähr zahlen?
c) Herr Meier ist Fernfahrer. 30-mal ist er in diesem Jahr die ca. 2 000 km lange Strecke von Berlin nach Barcelona und zurück gefahren. Wie viele Kilometer sind das insgesamt?
d) Ein Herz schlägt rund einmal pro Sekunde. Wie oft schlägt es in einer Stunde (an einem Tag; in einem Jahr; bis zum 50. Geburtstag)?
e) Der Sportplatz Eichenwald ist nur mit dem Bus oder mit dem eigenen Fahrzeug zu erreichen. Ein Bus hat 54 Sitzplätze (keine Stehplätze). Wie viele Busfahrten muss man einplanen, wenn eine Veranstaltung mit 800 Besuchern ohne eigenes Fahrzeug zu Ende geht?

40

16 Schüler treten zum Tenniseinzel an. Wie viele Spiele finden statt, wenn
a) jeder gegen jeden spielt (einmal);
b) acht Paare ausgelost werden und anschließend nur noch die jeweiligen Sieger gegeneinander spielen, bis einer als Endsieger übrig bleibt?

41

Im Schwimmbad kostet eine Tageskarte 2 DM (für Kinder bis 12 Jahre). Ulrich kauft sich stattdessen eine Jahreskarte für 35 DM.
Wie oft muss er mindestens in Schwimmbad gehen, damit sich seine Jahreskarte lohnt?
Wie viel D-Mark spart er, wenn er 70-mal ins Schwimmbad geht?

42

Ulrike besucht ein Konzert. Der Saal hat 26 Reihen mit je 40 Plätzen. Es gibt 200 Karten zu 35 DM und 400 Karten zu 25 DM. Auf den restlichen Plätzen zahlt man 10 DM. Wie viele Plätze gibt es insgesamt und wie hoch sind die Einnahmen bei ausverkauftem Konzert?

43

Löse die folgenden Gleichungen.
a) $3 \cdot x = 18$ **b)** $x \cdot 12 = 156$ **c)** $144 : x = 6$ **d)** $x : 14 = 8$
e) $35 : x = 7$ **f)** $340 : x = 340$ **g)** $x : 119 = 12$ **h)** $x \cdot 35 = 385$
i) $x : 19 = 19$ **j)** $67 \cdot x = 603$ **k)** $x \cdot 24 = 456$ **l)** $156 : x = 13$

44

Kann man die folgenden Gleichungen mit natürlichen Zahlen lösen?
a) $7 \cdot x = 203$ **b)** $x \cdot 17 = 350$ **c)** $10 : x = 20$ **d)** $x : 14 = 8$
e) $x \cdot 3 = 999$ **f)** $89 : x = 1$ **g)** $0 : x = 0$ **h)** $x : x = x$
i) $x : 12 = 12$ **j)** $x : 0 = 1$ **k)** $x : x = 1$ **l)** $5 \cdot x = 1\,063$

45

Schreibe als Gleichung und berechne die Lösung.
a) Welche Zahl muß man durch 12 dividieren, um 8 zu erhalten?
b) Dividiert man 1 260 durch eine Zahl, so ergibt sich 14. Wie heißt die Zahl?
c) Multipliziert man eine Zahl mit 27, so erhält man 837. Wie heißt sie?

46L

Ermittle alle natürlichen Zahlen, die die Ungleichung lösen, und gib die Lösungsmenge an.
a) $4 \cdot x < 36$ **b)** $x : 5 < 8$ **c)** $64 : x > 5$ **d)** $3 \cdot x < 20$
e) $x : 6 > 12$ **f)** $100 : x < 8$ **g)** $x \cdot 20 < 100$ **h)** $0 : x < 1$
i) $x \cdot x < 50$ **j)** $x \cdot 2 < x : 2$ **k)** $2 \cdot x < 10 : x$ **l)** $x : x < x \cdot x$

TIPPS für das Lösen von Gleichungen und Ungleichungen:

Gleichungen kann man **durch Probieren** oder **mithilfe der Umkehrrechenart** lösen. Beispiel $x \cdot 4 = 116$ Überschlag: $x \approx 30$, denn $30 \cdot 4 = 120$ Probiert man mit 29 ($29 \cdot 4 = 116$), so ist die Lösung gefunden. Mithilfe der Umkehrrechenart erhält man $x = 116 : 4 = 29$. $L = \{29\}$

Bei Ungleichungen ist es oft günstig, nacheinander die Zahlen 0, 1, 2, 3, 4, … auszuprobieren.

Rechengesetze

1

Anja und Herbert kommen an einer Baustelle vorbei, auf der ein Block Steine abgestellt wurde. Sie wollen herausfinden wie viele Steine sich dort befinden.

Anja überlegt: Auf dem Boden liegt eine Schicht von 6 mal 8 Steinen, das sind 48 Steine.

Fünf Schichten sind übereinander gelegt, also 5 · 48 Steine = 240 Steine.

Herbert sieht die Sache so: Vorn ist eine Schicht von 5 mal 6 Steinen, das sind 30 Steine.

Nach hinten gesehen gibt es insgesamt acht Schichten dieser Art, also 8 · 30 Steine = 240 Steine.

Gib eine dritte Möglichkeit an, die Zahl der Steine zu berechnen.

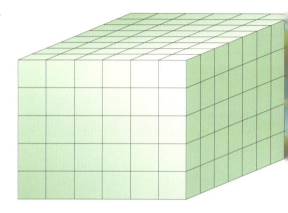

Assoziativgesetz der Multiplikation
Bei drei Faktoren darf man zwei Faktoren durch eine Klammer zusammenfassen. Das Ergebnis ist unabhängig davon, welche Faktoren man einklammert oder ob man die Klammern weglässt.

Für alle natürlichen Zahlen a, b, c gilt: $\boldsymbol{a \cdot b \cdot c = (a \cdot b) \cdot c = a \cdot (b \cdot c)}$

Zum Beispiel ist $5 \cdot 6 \cdot 8 = 5 \cdot (6 \cdot 8) = 5 \cdot 48 = 240$
und $5 \cdot 6 \cdot 8 = (5 \cdot 6) \cdot 8 = 30 \cdot 8 = 240$.

Kommutativgesetz (Vertauschungsgesetz) der Multiplikation
Beim Multiplizieren darf man Faktoren miteinander vertauschen. Das Produkt ändert sich dabei nicht.

Für alle natürlichen Zahlen a, b gilt: $\boldsymbol{a \cdot b = b \cdot a}$

Zum Beispiel ist $6 \cdot 8 = 48$ und $8 \cdot 6 = 48$, also $6 \cdot 8 = 8 \cdot 6$.

associare (lat.)
verbinden

commutare (lat.)
vertauschen

Bei der Division gibt es **weder** ein Kommutativ- **noch** ein Assoziativgesetz.
Zum Beispiel ist 4 : 2 = 2, während 2 : 4 keine natürliche Zahl ergibt.
Oder: (8 : 4) : 2 = 2 : 2 = 1, aber 8 : (4 : 2) = 8 : 2 = 4.

2

Rechne vorteilhaft, nutze das Assoziativ- und das Kommutativgesetz.

a)	**b)**	**c)**	**d)**	**e)**
7 · 25 · 4	4 · 37 · 50	4 · 75 · 7	30 · 6 · 50	5 · 17 · 2
6 · 13 · 5	4 · 50 · 9	72 · 8 · 5	5 · 13 · 12	41 · 25 · 8
16 · 5 · 11	9 · 5 · 22	7 · 16 · 5	6 · 4 · 125	12 · 11 · 5
250 · 3 · 4	125 · 7 · 8	12 · 10 · 12	9 · 8 · 15	15 · 13 · 4

BEISPIELE

$17 \cdot 4 \cdot 5 = 17 \cdot (4 \cdot 5)$
$= 17 \cdot 20 = 340$

$45 \cdot 7 \cdot 2 = 45 \cdot 2 \cdot 7$
$= (45 \cdot 2) \cdot 7 = 90 \cdot 7$
$= 630$

3

In einem Supermarkt stehen 7 Blöcke mit je 5 Kästen Apfelsaft. In jedem Kasten sind 12 Flaschen. Wie viele Flaschen sind das insgesamt?

4

Assoziativ- und Kommutativgesetz sind auch bei mehr als drei Faktoren nützlich. Rechne vorteilhaft.

a) $2 \cdot 7 \cdot 5 \cdot 4$
$75 \cdot 15 \cdot 4 \cdot 6$
$1 \cdot 5 \cdot 17 \cdot 2$
$8 \cdot 17 \cdot 25 \cdot 10$

b) $5 \cdot 10 \cdot 4 \cdot 6$
$4 \cdot 3 \cdot 9 \cdot 25$
$9 \cdot 55 \cdot 4 \cdot 2$
$6 \cdot 15 \cdot 11 \cdot 3$

c) $2 \cdot 8 \cdot 6 \cdot 4 \cdot 5$
$2 \cdot 8 \cdot 5 \cdot 3 \cdot 4$
$15 \cdot 17 \cdot 2 \cdot 0$
$1 \cdot 2 \cdot 3 \cdot 4 \cdot 5 \cdot 5$

BEISPIEL
$4 \cdot 6 \cdot 5 \cdot 3$
$= 4 \cdot 5 \cdot 6 \cdot 3$
$= (4 \cdot 5) \cdot (6 \cdot 3)$
$= 20 \cdot 18 = 360$

5

In einem Flugzeug sind die Plätze so angeordnet, wie es auf Bild 1 zu sehen ist. Wie viele Plätze gibt es insgesamt? Rechne auf zwei verschiedene Weisen.

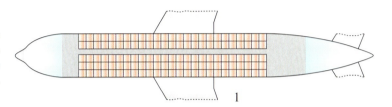

1

> **Distributivgesetz (Verteilungsgesetz)**
> Eine Zahl kann man mit einer Summe multiplizieren, indem man die Zahl mit jedem Summanden multipliziert und die Produkte addiert.
>
> Für alle natürlichen Zahlen a, b, c gilt: $\boldsymbol{a \cdot (b + c) = a \cdot b + a \cdot c}$
>
> Zum Beispiel ist $2 \cdot (3 + 4) = 2 \cdot 7 = 14$ und $2 \cdot 3 + 2 \cdot 4 = 6 + 8 = 14$.

BEISPIELE

$7 \cdot 32 = 7 \cdot 30 + 7 \cdot 2$
$= 210 + 14 = 224$

Es gilt auch:
$a \cdot (b - c) = a \cdot b - a \cdot c$

Man kann deshalb rechnen:
$5 \cdot 59 = 5 \cdot 60 - 5 \cdot 1$
$= 300 - 5 = 295$

6

Nutze das Distributivgesetz und rechne im Kopf.

a) $5 \cdot 209$
$40 \cdot 31$
$7 \cdot 58$
$4 \cdot 118$

b) $9 \cdot 87$
$30 \cdot 52$
$5 \cdot 120$
$17 \cdot 49$

c) $50 \cdot 17$
$7 \cdot 16$
$60 \cdot 63$
$20 \cdot 19$

d) $6 \cdot 24$
$3 \cdot 910$
$8 \cdot 47$
$11 \cdot 19$

e) $90 \cdot 43$
$70 \cdot 18$
$80 \cdot 22$
$801 \cdot 5$

Das Distributivgesetz $a \cdot (b + c) = a \cdot b + a \cdot c$ kann man – je nach Aufgabe – in unterschiedlicher Richtung zum vorteilhaften Rechnen nutzen.

BEISPIEL
Bei $5 \cdot (8 + 9) = 5 \cdot 8 + 5 \cdot 9 = 40 + 45 = 85$ ist man von links nach rechts vorgegangen. Das nennt man **Ausmultiplizieren**.
Bei $7 \cdot 13 + 7 \cdot 17 = 7 \cdot (13 + 17) = 7 \cdot 30 = 210$ ist man von rechts nach links vorgegangen. Das nennt man **Ausklammern** (eines gemeinsamen Faktors).

BEACHTE
Das Distributivgesetz gilt auch bei mehr als zwei Summanden – z. B. bei drei:
$a \cdot (b + c + d)$
$= a \cdot b + a \cdot c + a \cdot d$

7

Rechne vorteilhaft.

a) $8 \cdot 13 + 4 \cdot 13$
$(50 + 6) \cdot 7$
$4 \cdot (17 + 6)$
$60 \cdot 15 - 36 \cdot 15 + 15$

b) $(77 + 13) \cdot 112$
$(48 + 22) \cdot 15$
$34 \cdot (10 + 11)$
$13 \cdot 8 + 17 \cdot 8 - 15 \cdot 8$

c) $54 \cdot 17 - 54 \cdot 8$
$4 \cdot (500 + 4)$
$99 \cdot 101$
$5 \cdot 93 + 3 \cdot 93 + 93 \cdot 2$

Müll im Haushalt

Julia und Stefan sind in ihrer Familie für die Beseitigung des Mülls verantwortlich. Am liebsten bringen sie Pfandflaschen zurück, denn sie haben mit den Eltern vereinbart, dass sie die Hälfte des Pfandgeldes behalten dürfen. Das verdiente Geld teilen sich Julia und Stefan dann.

Nicht ganz so eifrig sind Julia und Stefan, wenn es darum geht, Verpackungen, Papier sowie Gläser und Flaschen (für die es kein Geld gibt) zu entsorgen. Die Container dafür stehen nämlich erst an der nächsten Straßenecke. Mitunter passiert es dann schon, dass diese Dinge einfach mit im Haushaltsmüll landen. Neulich sah sie dabei Herr Glatthaar, ihr Nachbar.

Opa Glatthaar sagte: „In unserer Straße wohnen 160 Frauen, Männer und Kinder. Jede Woche fällt in unserer Straße im Durchschnitt 1 Tonne Haushaltsmüll an." Sofort rechnen Julia und Stefan:

Bei 160 Einwohnern fällt in unserer Straße pro Woche 1 t Müll an; das sind im Jahr 52 t. Unsere Stadt hat 160 000 Einwohner, unser Bundesland 2 700 000 Einwohner. Dann fallen ja Woche für Woche … und gar im Jahr!

Opa Glatthaar: „Ja, unser Bundesland muss im Jahr 877 500 t Hausmüll entsorgen. Stellt euch einmal die notwendige Schlange von Müllwagen vor!"

Stefan erkennt nun: „Dann wäre es ja eine sehr große Masse an Müll, die eingespart werden könnte, wenn jede vierte Mülltonne leer bleiben würde, weil wir Altpapier, Glas und Verpackungen aussortieren."

AUFTRAG
Erkundigt euch nach entsprechenden Zahlen für euren Heimatort und für euer Bundesland.
Entwickelt selbst interessante Aufgaben.

1

a) In der letzten Woche brachten Julia und Stefan 6 Flaschen der Sorte A, 4 Flaschen der Sorte B und 10 Flaschen der Sorte C zum Supermarkt. Wie viel Geld erhielten die Kinder von der Verkäuferin?

b) Führe die Rechnung von Julia und Stefan zu Ende. Wie viel Tonnen Hausmüll fallen pro Woche (im Jahr) in der Stadt und im Land an?

c) Wie viele Müllwagen werden von 877 500 t Müll gefüllt, wenn jeder Müllwagen 3 Tonnen laden kann? Wie lang wäre die Schlange der Müllwagen, wenn jeder Müllwagen 7 m lang ist? Suche im Atlas einen Ort, der von deinem Heimatort etwa so weit entfernt ist, wie die Autoschlange lang ist.

d) Wie viel Tonnen Hausmüll würden in der Straße, in der Stadt und im Bundesland pro Jahr eingespart, wenn jede vierte Mülltonne leer bliebe?

0,30 DM   0,70 DM   0,15 DM

Mittlerweile ist Opa Glatthaar mit den Kindern zu den Containern gegangen. Julia fragt, was mit dem Glas geschieht und warum die Farben einzeln gesammelt werden. Stefan weiß schon, dass daraus neue Glasbehälter hergestellt werden. Opa Glatthaar ergänzt, dass dies bei weißem und braunem Glas nur gelingt, wenn kein Glas mit anderer Farbe beigemengt ist.
„Die Verwertung von Altpapier bei der Papierherstellung schont die Bäume", sagt Julia. „Das ist richtig, aber noch längst nicht alles", fügt Herr Glatthaar hinzu. „Man spart auch Wasser." „Braucht man denn Wasser zur Papierherstellung?", fragt Stefan. „Je Kilogramm etwa 20 Liter", sagt Herr Glatthaar.
Am Container für Verpackungen interessiert Stefan am meisten, wie die Dosen für Getränke, Obst und Gemüse herausgefunden werden. „Manche sind aus Weißblech, andere aus Aluminium, eine Sorte läßt sich mithilfe eines Magneten ganz einfach aussortieren."

2

a) Jeder Bundesbürger sammelt durchschnittlich im Jahr etwa 30 kg Altglas. Wie viele Flaschen sind das, wenn eine Flasche etwa 500 g wiegt?

b) Andererseits landet noch etwa jede dritte Glasflasche im Hausmüll.
Wie viele Flaschen wirft jeder Bundesbürger durchschnittlich noch in den Hausmüll? Wie viel Kilogramm Altglas landen demnach in deinem Heimatort und in deinem Bundesland noch im Müll?
Hinweis: Die Einwohnerzahl deines Landes findest du auf Seite 32.

c) In Julias Klasse lernen 30 Mädchen und Jungen. Jedes Kind benötigt im Laufe des Schuljahres etwa 16 Hefte, von denen jedes 50 g wiegt. Wie schwer wäre ein Stapel, auf dem am Ende des Schuljahres alle Hefte aller Schülerinnen und Schüler liegen. Wie viel Liter Wasser waren erforderlich das dazu benötigte Papier herzustellen?

kg je Einwohner pro Jahr

	50
	40
	30
	20
	10

Glas | Papier | Metall

3

Untersuche bei verschiedenen Metalldosen, ob sie von einem Magneten angezogen werden. Welche sind „magnetisch", welche nicht?

4

a) Lies aus dem Streifendiagramm ab, wie viel Kilogramm Glas, Papier und Metall je Einwohner in einem Jahr angefallen sind.

b) Stelle die Daten aus der Tabelle in einem Streifendiagramm dar.

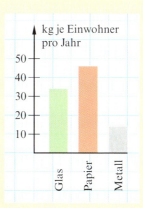

Altpapier	
Regierungs-bezirk	Masse in Tonnen
Chemnitz	80 000
Dresden	66 000
Leipzig	43 000

Schriftliches Multiplizieren

1

a) Berechne schriftlich: 512 · 3; 512 · 5; 512 · 4.
b) Was ergibt 512 · 354? Mache eine Überschlagsrechnung.

Das schriftliche Multiplikationsverfahren nutzt das Distributivgesetz aus.

BEISPIEL
416 · 324 = 416 · (300 + 20 + 4) = 416 · 300 + 416 · 20 + 416 · 4

Ausführlich:

4	1	6	·	3	2	4	
	1	2	4	8	0	0	416 · 300 = 124 800
+			8	3	2	0	416 · 20 = 8 320
+				1	6	6	4	416 · 4 = 1 664
					1	*1*	
	1	3	4	7	8	4	

Verkürzt:

4	1	6	·	3	2	4
	1	2	4	8		
+			8	3	2	
+			1	6	6	4
				1	*1*	
	1	3	4	7	8	4

BEACHTE
Zahlen stellengerecht untereinander schreiben.
Überschlagsrechnung durchführen:
Hier ergibt sich
400 · 300 = 120 000.

2

Überschlage und rechne schriftlich. Überlege vor dem schriftlichen Rechnen, ob es günstig ist, die Faktoren zu vertauschen (Kommutativgesetz!).
a) 308 · 527   b) 211 · 749   c) 2 345 · 39

BEISPIEL
Manchmal ergibt sich durch eine geschickte Vertauschung der Faktoren eine leichtere Rechnung (Anwendung des Kommutativgesetzes).

Statt 508 · 734
rechnet man   oder kurz

734 · 508   734 · 508
3670   36700
000   5872
5872   <u>1</u>
<u>1</u>   372872
372872

Statt 27 · 4 323
rechnet man

4323 · 27
8646
30261
<u>1</u>
116721

Statt 333 · 958
rechnet man

958 · 333
2874
2874
2874
<u>**1121**</u>
319014

TIPP
Als zweiten Faktor sollte man diejenige Zahl wählen, die
– Nullen enthält;
– weniger Stellen hat;
– gleiche Ziffern hat.

3

Berechne schriftlich. Wähle dabei eine geschickte Reihenfolge.

a) 6 436 · 8
501 · 719
31 245 · 9

b) 357 · 209
38 · 5 147
119 · 234

c) 333 · 567
88 · 2 002
88 888 · 8

d) 307 · 467
99 · 1 047
617 · 243

4

Berechne schriftlich und mache einen Überschlag.

a) 16 · 76
576 · 68
699 · 11

b) 89 · 98
634 · 66
569 · 29

c) 77 · 64
944 · 18
804 · 17

d) 4 721 · 83
60 126 · 42
47 742 · 77

e) 74 · 6 332
12 045 · 45
50 144 · 96

f) 22 · 8 536
17 · 54 092
98 765 · 98

g) 25 · 198
88 · 324
256 · 262

h) 39 · 451
97 · 503
189 · 577

5

Berechne schriftlich und mache einen Überschlag.

a) 1 424 · 377
4 422 · 828
21 384 · 325
31 205 · 505

b) 3 209 · 411
1 991 · 991
12 077 · 412
51 245 · 307

c) 4 221 · 801
5 008 · 876
40 307 · 222
44 444 · 333

d) 18 025 · 5 250
222 475 · 3 003
320 407 · 1 112
1 234 567 · 6 011

e) 20 505 · 2 106
123 321 · 2 072
405 504 · 2 323
1 434 423 · 344

f) 44 024 · 5 005
89 704 · 4 079
303 030 · 3 333
1 377 734 · 7 734

6

Aufgaben mit Pfiff

a) Berechne der Reihe nach die Produkte von 142 857 mit 2, 3, …, 6.
Welche Besonderheit lässt sich bei den Ziffern der Produkte feststellen?

b) Berechne mithilfe von a) 142 857 · 132 645.
Welche Merkwürdigkeit entsteht? Kannst du andere Zahlen angeben,
bei denen als 2. Faktor dasselbe passiert?

c) Multipliziere 12 345 679 der Reihe nach mit den Vielfachen von 9 (bis
81 = 9 · 9).

d) Was ergibt 12 345 679 · 8?

e) Berechne 1 371 742 · 9.
Sage damit das Ergebnis von 13 717 421 · 9 voraus.

7

Schreibe die Tabellen in dein Heft und fülle sie aus. Berechne alle Produkte.

a)

·	12	69	307	685
13		897		
31				
189				
702				

b)

·	14	58	207	515
12				
21				
199				
653				

GESCHICHTLICHES

So multiplizierten die alten Ägypter:
17 · 26
Zunächst wird die Zahl 26 verdoppelt, vervierfacht, usw. Aus den Vielfachen wird dann der andere Faktor, hier 17, zusammengesetzt (rot markiert) und die zugehörigen Zahlen werden addiert.

1	**26**
2	52
4	104
8	208
16	**416**
17	442

Ergebnis:
17 · 26 = 442

AUFGABE

Berechne genauso 14 · 17.

8

a) Multipliziere 78 mit 6 239 (87 mit 5 184).

b) Berechne das Produkt der Zahlen 4 402 und 27 (3 608 und 23).

c) Multipliziere die Zahl 364 (412) mit sich selbst (mit ihrem Doppelten; mit ihrem 4. Teil).

d) Multipliziere die Summe von 98 und 347 (die Differenz von 254 und 68) mit 85.

e) Addiere zum Produkt der Zahlen 379 und 81 (278 und 69) das Produkt der Zahlen 244 und 52 (212 und 54).

9

Löse die Gleichungen. Führe die Nebenrechnung schriftlich aus.

a) $x : 12 = 58$ **b)** $x : 77 = 89$ **c)** $x : 123 = 12$ **d)** $x : 315 = 42$

e) $697 = x : 139$ **f)** $2 458 = x : 472$ **g)** $30 015 = x : 2 020$

TIPP
Beachte den Zusammenhang zwischen der Division und der Multiplikation:
$x : 12 = 58$
ist gleichwertig zu
$x = 58 \cdot 12$.

10

Zahlenrätsel

Stelle eine Gleichung mit der Variablen x auf und berechne die Zahl.
Beispielsweise führt „Der 12. Teil einer Zahl ist 15", auf die Gleichung
$x : 12 = 15$ und dann weiter zu $x = 15 \cdot 12 = 180$. Die Zahl lautet also 180.

a) Dividiert man eine Zahl durch 67, so erhält man 875.

b) Der Quotient aus einer Zahl und 276 ist 19.

c) Der 17. Teil einer Zahl ist genauso groß wie die Hälfte von 250.

d) Der 125. Teil einer Zahl ist so groß wie der 25. Teil von 200.

e) Dividiert man eine Zahl durch das Doppelte von 256, so erhält man das 6fache von 32.

11

Wie ändert sich das Produkt zweier Zahlen, wenn man

a) den ersten Faktor verdreifacht und den zweiten Faktor vervierfacht;

b) beide Faktoren verdoppelt;

c) beide Faktoren halbiert;

d) den ersten Faktor durch 4 teilt und den zweiten mit 8 multipliziert?

12

Eine Kassette enthält 120 Goldmünzen, 250 Silbermünzen und 810 Kupfermünzen. Jede Goldmünze wiegt 16 g, eine Silbermünze 21 g und jede Kupfermünze 8 g. Die Kassette wiegt 450 g. Wie schwer ist der gesamte Schatz?

13

In einer Fabrik werden Knödel verpackt und verladen.
Jedes Päckchen enthält 6 Knödel, 12 Päckchen kommen in ein Paket, eine Palette fasst 60 Pakete. Der Lieferwagen wird von einem Gabelstapler mit 25 Paletten beladen. Wie viele Knödel werden ausgeliefert, wie viele Päckchen sind das?

14

Der Schall legt in Luft in jeder Sekunde etwa 333 m zurück.

a) Welche Strecke legt er in 12 Sekunden, in 20 Sekunden, in einer Minute zurück?

b) Bei einem Gewitter entsteht der Donner zur selben Zeit wie der Blitz. Wie weit ist das Gewitter entfernt, wenn du 3 Sekunden, 14 Sekunden, 23 Sekunden nach dem Blitz den Donner hörst?

15

a) Wie viel Sekunden hat ein Tag, ein Jahr (365 Tage)?

b) Wie viel Minuten hat ein Tag, ein Jahr?

c) Das Licht legt in einer Sekunde etwa 300 000 km zurück. Wie viel Kilometer legt es in einer Minute, einem Tag, einem Jahr zurück?

d) Das Licht braucht von der Sonne zur Erde 500 Sekunden. Berechne den Abstand Sonne–Erde in Kilometern.

> **SCHON GEWUSST?**
> Die Strecke, die das Licht in einem Jahr zurücklegt, heißt ein Lichtjahr. Der uns (nach der Sonne) am nächsten liegende Fixstern ist Alpha-Centauri mit 4 Lichtjahren Entfernung. Es gibt Sterne, die sind von der Erde über 1 Milliarde Lichtjahre entfernt.

16

Knobelecke

Berechne die Produkte und ersetze im Ergebnis die Ziffern durch die angegebenen Buchstaben. Es ergeben sich vier Lösungsworte.

1 = A   2 = X   3 = G   4 = F   5 = I   6 = N   7 = T   8 = S   9 = E
0 = R

a) $500\,207 \cdot 7$ **b)** $40\,883 \cdot 12$

c) $9\,587 \cdot 196$ **d)** $7\,591 \cdot 5\,966$

AUFGABEN ZUR WIEDERHOLUNG

1. Rechne im Kopf.
   a) $40 \cdot 50 \cdot 2$ **b)** $25 \cdot 56 \cdot 4$
   c) $15 \cdot 125 \cdot 8$ **d)** $20 \cdot 7 \cdot 50$
   e) $4 \cdot 7 \cdot 50 \cdot 5$ **f)** $18 \cdot 5 \cdot 7$
   g) $25 \cdot 9 \cdot 4$ **h)** $5 \cdot 172 \cdot 20$
   i) $36 \cdot 4 \cdot 2 \cdot 25$ **j)** $11 \cdot 50 \cdot 7 \cdot 2$

2. Rechne im Kopf.
   a) $(4 + 11) \cdot 7$ **b)** $(7 + 6) \cdot 8$
   c) $(12 + 6) \cdot 4$ **d)** $(11 + 8) \cdot 7$
   e) $(8 + 7) \cdot 9$ **f)** $(6 + 8) \cdot 7$
   g) $(4 + 9) \cdot 9$ **h)** $(19 - 4) \cdot 8$
   i) $(27 - 19) \cdot 7$ **j)** $(64 - 53) \cdot 6$

3. Rechne im Kopf.
   a) $143 : (8 + 5)$ **b)** $(105 - 9) : 8$
   c) $119 : 7 + 13$ **d)** $(89 + 28) : 9$
   e) $144 : 8 + 11$ **f)** $45 + 78 : 6$
   g) $128 : (17 - 9)$ **h)** $(78 + 34) : 4$
   i) $35 + 45 : 9$ **j)** $80 - 24 : 8$

4. Hier kann etwas nicht stimmen. Finde es heraus.
   a) In Deutschland leben 800 000 Menschen.
   b) Der Neubau der Stadtvilla „Erika" hat 37 000 DM gekostet.
   c) Bei seiner 14-tägigen Tour quer durch Europa hat der 70-jährige Rentner Eduard Schmidt 12 000 km mit dem Rad zurückgelegt. Er war jeden Tag 6 Stunden auf dem Fahrrad.
   d) Das neuerbaute Kino „Stern" mit seinen 400 Plätzen hatte in der ersten Woche bereits 80 000 Besucher.
   e) 720 Tuben Klebstoff zu je 40 g ergaben ein Gesamtgewicht von 3 kg.
   f) Die Buslinie B 12 ist 7,4 km lang. Laut Fahrplan fahren die Busse auf dieser Linie von 5 Uhr morgens bis 21.30 Uhr abends in einem Abstand von 30 Minuten. Dafür sind 34 Autobusse erforderlich.

Schriftliches Dividieren

1

a) Berechne 1 482 : 6.

b) Ein Lotteriegewinn von 4 554 DM soll auf 23 Personen verteilt werden.

BEISPIEL
6 194 DM sind auf 19 Personen zu verteilen.
Überschlag: 6 000 : 20 = 300

	T	H	Z	E			H	Z	E
	6	1	9	4	:	1 9	= 3	2	6
	5	7							
		4	9						
		3	8						
		1	1	4					
		1	1	4					
				0					

Überlegungen:
Jeder erhält mehr als 300 DM und weniger als 400 DM, also 19 · 300 DM = 5 700 DM, verbleibender Rest: 494 DM.
Jeder erhält vom Rest mehr als 20 DM und weniger als 30 DM, also 19 · 20 DM = 380 DM, verbleibender Rest: 114 DM.
Der Rest ist durch 19 teilbar: 114 DM : 19 = 6 DM.
Also erhält jede Person
300 DM + 20 DM + 6 DM = 326 DM.

Beachte: Auch hier wird das Distributivgesetz benutzt.
6 194 : 19 = (5 700 + 380 + 114) : 19 = 300 + 20 + 6 = 326

2

a) Wie viele Topten-CDs wurden bei einer Werbeaktion für je 26 DM verkauft, wenn 4 030 DM eingenommen wurden?

b) Kann man einen Zuschuss von 185 DM auf 14 Teilnehmer einer Jugendfahrt aufteilen?

BEISPIELE für die Division mit und ohne Rest

Ü : 3 900 : 30 = 130   Ü : 8 000 : 40 = 200   Ü : 900 : 50 = 18

```
3741 : 29 = 129          8112 : 39 = 208          871 : 48 = 18 + 7 : 48
29                       78                       48
 84                       31                       391
 58                        0                       384
261                      312                         7
261                      312
  0                        0                       Kontrolle:
                                                   48 · 18
Kontrolle:               Kontrolle:                  48
129 · 29                 39 · 208                    384
  258                      780                        864
1 161                      312                      +  7
3 741                    8 112                       871
```

HINWEISE
Die Überträge wurden bei den Beispielen im Kopf ausgeführt und deshalb nicht aufgeschrieben.
Das zweite Beispiel kann kürzer geschrieben werden:
```
8 112 : 39 = 208
78
 312
 312
   0
```

3

Überschlage, dividiere (ohne Rest) und kontrolliere.

a) 252 : 7	**b)** 333 : 9	**c)** 784 : 8	**d)** 798 : 6
4 578 : 3	3 948 : 4	2 646 : 6	3 234 : 7
14 780 : 4	34 910 : 5	17 228 : 4	19 663 : 7
167 265 : 5	484 024 : 8	898 992 : 9	120 216 : 6

4

Überschlage, dividiere (ohne Rest) und kontrolliere.

a) 300 : 12	**b)** 540 : 15	**c)** 741 : 19	**d)** 528 : 24
961 : 31	999 : 27	7 308 : 36	9 696 : 48
9 917 : 47	1 856 : 32	3 519 : 51	7 298 : 89

e) 46 944 : 18	**f)** 35 712 : 24	**g)** 45 291 : 31
888 300 : 45	217 776 : 13	864 936 : 72
12 643 : 47	26 659 : 53	15 996 : 62

5

Überschlage, dividiere (mit Rest) und kontrolliere.

a) 67 : 3	**b)** 98 : 4	**c)** 87 : 6	**d)** 79 : 8
113 : 7	257 : 6	483 : 8	811 : 2
1 108 : 3	1 933 : 4	2 474 : 9	3 809 : 6

e) 213 : 11	**f)** 517 : 18	**g)** 704 : 24	**h)** 953 : 38
4 283 : 37	7 305 : 49	8 115 : 63	5 100 : 91
19 516 : 16	36 217 : 24	21 435 : 41	22 884 : 89

6

Berechne den Rest im Kopf. Dividiere dann ausführlich.

a) 513 : 2	**b)** 392 : 3	**c)** 724 : 8	**d)** 364 : 5
670 : 30	1 817 : 60	914 : 60	763 : 25
857 : 50	920 : 75	2 766 : 25	4 099 : 40
1 939 : 19	8 702 : 29	9 450 : 47	10 000 : 99

7

Übertrage die Tabellen ins Heft und vervollständige sie.

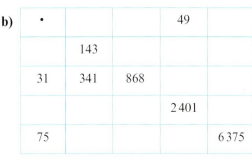

a)

·	12	
		369
18		450	738
	408	
	936	

b)

·			49
	143		
31	341	868	
			2 401
75			6 375

8

a) Dividiere 9 744 durch 87 (6 148 durch 58).
b) Berechne den Quotienten der Zahlen 19 312 und 17 (23 520 und 21).
c) Dividiere die Summe der Zahlen 648 und 120 (672 und 192) durch 24 (48).
d) Was ergibt der Quotient aus 11 625 und der Summe von 41 und 52 (aus 17 375 und der Differenz von 217 und 192)?

9

Löse die Gleichungen. Führe die Nebenrechnung schriftlich aus.
a) $x \cdot 12 = 3\,060$ b) $24 \cdot x = 2\,856$ c) $37 \cdot x = 666$
d) $x \cdot 39 = 819$ e) $17 \cdot x = 3\,026$ f) $25 \cdot x = 36\,750$
g) $x \cdot 57 = 3\,933$ h) $45 \cdot x = 11\,970$ i) $96 \cdot x = 20\,352$

TIPP
Die Division ist die Umkehrung der Multiplikation.
$x \cdot 12 = 3\,060$ ist z. B. gleichwertig zu $x = 3\,060 : 12$.

10

Stelle eine Gleichung mit der Variablen x auf und berechne dann x.
a) Das 9fache einer Zahl ist 5 922.
b) Das 14fache einer Zahl ist 30 268.
c) Multipliziert man eine Zahl mit 52, so erhält man 8 736.
d) Das Produkt einer Zahl mit 13 ergibt das 9fache von 585.
e) Das 6fache einer Zahl ergibt den Quotienten aus 28 080 und 45.

BEISPIEL
Das 27fache einer Zahl ist 324.
Das bedeutet:
$27 \cdot x = 324$, also
$x = 324 : 27 = 12$.
Die Zahl ist 12.

11

Ein Turnverein veranstaltet einen Festumzug. Man will alle Teilnehmer in Reihen anordnen. Ob man sie nun in Reihen zu 2, 3, 4, 5, 6, 7 oder 8 anordnet, stets bleibt genau eine Person übrig. Es sind weniger als 1 000 Turner anwesend. Wie viele sind es?

TIPP
Damit eine Zahl bei der Division durch 2, 3, 4 usw. den Rest 1 lässt, muss sie auf eine durch 2, 3, 4, … teilbare Zahl folgen.

12

Divisionsspiel mit Würfeln für mehrere Personen
Jeder Teilnehmer zeichnet sich die abgebildete Figur auf. Dann würfelt er mit einem Würfel und setzt der Reihe nach die gewürfelten Zahlen für den Dividenden und den Divisor in die Kästchen bei a) ein. Anschließend ist die Division auszuführen und der Rest zu notieren. (Dabei kann der Quotient weniger Stellen haben als Kästchen dargestellt sind.) Wer den kleinsten Rest hat, gewinnt.
In den nächsten Runden wird bei b), dann bei c) und letztlich bei d) eingetragen.
Variante 2: Es gewinnt, wer die kleinste Summe aller Reste von a) bis d) hat.
Noch interessanter wird das Spiel, wenn man bei jeder gewürfelten Zahl selbst entscheiden darf, wo sie hingeschrieben werden soll.

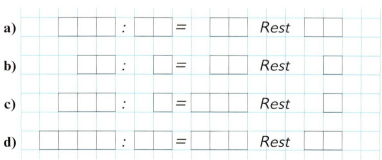

13

In einem Getränkegroßhandel werden 756 Weinflaschen in 12er-Kartons und 294 Saftflaschen in 6er-Pakete sortiert. Wie viele Weinkartons und wie viele Saftpakete ergibt das?

14

Familie Moritz hat in 5 Jahren mit ihrem Auto 59 400 Kilometer zurückgelegt. Wie viele Kilometer sind dies durchschnittlich
a) pro Jahr; **b)** pro Monat; **c)** pro Tag (Rechne 30 Tage pro Monat)?

15

Eine Festhalle ist mit 1 152 Sitzen ausgestattet. Je nach Veranstaltung werden die Reihen entweder zu 48 oder 36 Sitzen aufgestellt.
Wie viele Reihen ergeben sich dann jeweils?

16

Beim Lotto befinden sich im Jackpot 1 241 110 DM. Insgesamt teilen sich 13 Spieler diesen Betrag. Wie viel bekommt jeder?

17

Merkwürdige Zahlen
a) Dividiere die Zahl 234 234 (178 178; 455 455; 981 981) durch 7, den Quotienten durch 11 und das neue Ergebnis durch 13. Was fällt auf?
b) Prüfe an drei selbst gesuchten Beispielen: Bildet man aus einer beliebigen dreistelligen Zahl durch Hintereinanderschreiben eine sechsstellige Zahl, so ist diese immer durch 7, 11 und 13 ohne Rest teilbar. Woran könnte das liegen?
c) Dividiere jeweils die sechsstellige Zahl aus b) durch die zugehörige dreistellige Zahl. Kannst du jetzt die Regel aus b) begründen?
d) Schreibt man beliebige vier Ziffern zweimal nebeneinander, so erhält man eine achtstellige Zahl.
Bestätige Folgendes und versuche es zu begründen: Diese Zahl ist stets ohne Rest durch 137 teilbar, der Quotient dann noch einmal durch 73.

TIPP
Bilde das Produkt
$7 \cdot 11 \cdot 13$.

18

Bei den folgenden Aufgaben sind die fehlenden Zahlen zu ersetzen. (Jeder Buchstabe bei b) bedeutet eine bestimmte Ziffer.)
Wie lauten die vollständigen Aufgaben?

a) 9 ▯▯ : 2 ▯ = 3 ▯

```
  7 ▯
  3 ▯
  9 ▯
  5 ▯
    0
```

b) $a\,c\,d\,c\,a : b\,b\,b = a\,a\,a$

```
  a a a
    a c c
    a a a
      a a a
      a a a
        0
```

AUFGABE MIT PFIFF
Ein Händler bietet auf einem Markt CDs zu 5 DM und zu 7 DM an. Er verkauft 50 CDs und nimmt dafür 286 DM ein. Wie viele CDs für 5 DM und für 7 DM hat er verkauft?

Moderne und historische Rechenhilfsmittel

113 · 25 = CXIII mal XXV

Das Produkt $113 \cdot 25$ auszurechnen, lernt man heutzutage schon in der Grundschule. Doch heute gibt es moderne Hilfsmittel, die das Rechnen stark erleichtern. Am bekanntesten sind hierfür wohl der Computer (mit einem entsprechenden Programm) bzw. der Taschenrechner. Sie haben eine Tastatur zum Eingeben der Aufgaben und eine Anzeige (Display, Bildschirm), auf der die eingegebenen Zahlen (evtl. auch die Verknüpfungszeichen), sowie das Rechenergebnis angezeigt werden.

Die oben angegebene Aufgabe wird, z. B. auf einem Taschenrechner durch Tippen der folgenden Tasten berechnet:

`C` (Clear; löscht alles)   `1` `1` `3` `×` `2` `5` `=`

Als Ergebnis erscheint 2 825. Das ist doch gar nicht schwer! Und für andere Aufgaben gibt es noch weitere Zeichen auf der Tastatur: +, −, ÷.

÷ ist das Divisionszeichen. Daneben sind die Klammertasten `(` und `)`

insbesondere für längere Rechnungen noch gut zu gebrauchen. Weitere Tasten werden in den nächsten Schuljahren benötigt.

Taschenrechner und Computer gibt es noch gar nicht so lange. Die ersten Taschenrechner kamen Anfang der 70er Jahre auf den Markt und waren noch sehr teuer. Der erste Computer wurde 1941 von Konrad Zuse in Berlin konstruiert. Er bestand aus hunderten von Relais und war daher sehr laut. Davor hat man in der Schule mit sogenannten Rechenstäben (Bild 3) gerechnet und im kaufmännischen Bereich mit mechanischen Rechenmaschinen (Bild 4). Eine erste mechanische Rechenmaschine wurde 1623 von dem Tübinger Professor W. Schickard konstruiert (Skizze im Bild 5).

Diese Entwicklungen waren jedoch erst möglich, nachdem die sogenannten Rechenmeister (wie z. B. Adam Ries) im 16. Jahrhundet die Kaufleute davon überzeugen konnten, dass die Verwendung arabischer Ziffern das Rechnen viel schneller machte als die Verwendung römischer Zahlzeichen.

ÜBERIGENS
Man kann mit dem Taschenrechner auch spielen und sogar „schreiben":
Gib in einen Taschenrechner einmal die Zahl 7 353 ein und drehe ihn danach so, dass die Anzeige auf dem Kopf steht. Mit etwas Phantasie kann nun das Wort ESEL gelesen werden.

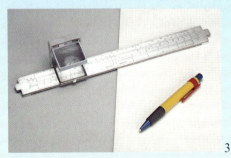

Rechenstab

Rechenmaschine um 1920

Schickards Maschine

Holzschnitt von 1531 (Ausschnitt)

Römischer Hand-Abakus

M	C	X	I
	◉	◉	∘∘∘

CXIII gelegt

3

M	C	X	I
	◉	◉	∘∘∘
◉	◉	◉◉◉	

CXIII mal X

4

M	C	X	I
	◉	◉	∘∘∘
◉	◉	◉◉◉	
◉	◉	◉◉◉	

CXIII mal XX

5

M	C	X	I
		◉	∘∘∘
◉	◉	◉◉◉	
◉	◉	◉◉◉	
	◉	◉	◉◉◉
	◉	◉	◉◉◉
	◉	◉	◉◉◉
	◉	◉	◉◉◉
	◉	◉	◉◉◉

CXIII mal XXV

6

Und wie mögen römische Händler solche Aufgaben gerechnet haben?

Selbstverständlich hatten auch sie ihre Hilfsmittel, die sich in Europa bis ins hohe Mittelalter gehalten haben. Das war das Rechenbrett bzw. Rechentuch (s. das Linienmuster auf dem Tisch im Bild 1). Auf diesem konnten die Zahlen durch Steinchen oder „Rechenpfennige" ausgelegt und dann verknüpft werden. Das soll am Beispiel CXIII mal XXV vorgeführt werden (siehe auch die Randspalte):

Man konnte sich z. B. die Zahl CXIII in das Raster eines Tisches oder Tuches legen (Bild 3).

Den zweiten Faktor denken wir uns in die Summanden X, X und V zerlegt. Dem Multiplizieren mit X entspricht eine einfache Verschiebung der Steinchen nach links, der Multiplikation mit V ein Verfünffachen der einzelnen Steinchen (Bilder 4 bis 6). Am Ende, aber möglicherweise auch schon zwischendurch, wurden jeweils X Steine durch einen im links daneben liegenden Feld ersetzt (Bild 7).

Dass das Addieren zweier Zahlen durch Zusammenlegen und eine Subtraktion durch Wegnehmen von Steinchen zu erledigen war, ist wohl klar?

Wenn zum Wegnehmen nicht genügend Steinchen im Feld sind, kann man auch ein links befindliches Steinchen in 10 der rechten Position „umwandeln".

M	C	X	I
	◉	◉	∘∘∘
◉◉◉	◉◉◉	◉◉	◉◉∘
	◉◉	◉	◉◉
◉◉			

... mit Umwandlung

7

Weil das Rechnen mit den Steinchen auf dem Rechenbrett doch recht aufwändig war, wurde auch ein Handgerät (Abakus) entwickelt (Bild 2). Mit ihm wird heute noch in einigen Ländern Osteuropas und Asiens gern gerechnet. In Westeuropa boten sogenannte Rechenmeister an, das Rechnen „auf der Linie" zu unterrichten. Am berühmtesten wurde Adam Ries (1492–1559), der seine Rechenschule in Annaberg (Erzgebirge) betrieb. Er schrieb zu diesem Thema etliche Bücher, die zahlreiche Auflagen erlebten. Mehr zu Adam Ries findest du auf Seite 22.

Ergebnis (siehe Bild 7):
zweimal M   (MM)
achtmal C   (DCCC)
zweimal X   (XX)
fünfmal I   (V)
_____
MMDCCCXXV

AUFGABEN

1. **a)** Überlege, welche Ziffern der Anzeige eines Taschenrechners auf dem Kopf stehend als Buchstaben gelten können.
    b) Versuche einige Wörter mit dem Taschenrechner zu schreiben.
    Beispiele: 39 315, 730, 38 317, 3 573

2. Zeichne ein Rechenraster in dein Mathematikheft und versuche wie die „alten Römer" zu rechnen. Benutze als Steinchen evtl. kleine Papierschnipsel oder Pfennige.
    a) 345 + 86   **b)** 587 + 154
    c) 824 – 111   **d)** 34 · 11

Nacheinanderausführen verschiedener Rechenoperationen

1

Peters Judogruppe besteht aus 7 Mitgliedern. Zum Abschluss der jährlichen Ausflugsfahrt sind noch 172 DM in der gemeinsamen Kasse. Jedes Kind erhält zur Erinnerung ein T-Shirt. Peter möchte lieber eine Kappe haben. Der Rest des Geldes soll dann in der Gruppe gleichmäßig aufgeteilt werden. Jedes T-Shirt kostet 17 DM, die Kappe kostet nur 14 DM.

Peter, der den Taschenrechner seines Bruders mit hat, tippt schnell seine Rechnung ein: $172 - 6 \times 17 - 14 \div 7$ (× bedeutet mal, ÷ bedeutet durch). Nach Drücken der Ergebnistaste zeigt der Taschenrechner 68 an und Peter meint, dass jeder 68 DM erhält.

Olaf, Peters Freund, zweifelt und rechnet ohne Taschenrechner:
Ausgegeben wurden: $6 \cdot 17 \text{ DM} + 14 \text{ DM} = 102 \text{ DM} + 14 \text{ DM} = 116 \text{ DM}$.
Es bleiben übrig: $172 \text{ DM} - 116 \text{ DM} = 56 \text{ DM}$.
Jeder erhält demnach: $56 \text{ DM} : 7 = 8 \text{ DM}$.

Jörg, der beiden zugesehen hat, meint:
Peter hat auf dem Rechner die Aufgabe $172 - 6 \cdot 17 - 14 : 7$ eingetippt. Er hätte aber $(172 - 6 \cdot 17 - 14) : 7$ rechnen müssen.
Olaf hätte kurz schreiben können: $[172 \text{ DM} - (6 \cdot 17 \text{ DM} + 14 \text{ DM})] : 7$

a) Kontrolliere die Ergebnisse von Peter und Olaf. Hat einer das richtige Ergebnis erhalten?

b) Zeige, dass Jörg mit allen Aussagen Recht hat.

2

Es ist $4 + 6 \cdot 7$ zu berechnen.
Jana rechnet: $6 \cdot 7 = 42$, $42 + 4 = 46$, demnach $4 + 6 \cdot 7 = 46$.
Grit rechnet: $4 + 6 = 10$, $10 \cdot 7 = 70$, also $4 + 6 \cdot 7 = 70$.
Welches Ergebnis ist richtig?
Welche Regel wurde bei der falschen Rechnung nicht beachtet?

Sind verschiedene Rechenoperationen nacheinander auszuführen, so können sich bei unterschiedlicher Reihenfolge ihrer Ausführung auch unterschiedliche Resultate ergeben. Man hat deshalb Regeln vereinbart, in welcher Reihenfolge verschiedene Rechenoperationen nacheinander auszuführen sind. Damit ist gesichert, dass bei ein und derselben Aufgabe alle richtigen Rechnungen immer zum selben Ergebnis führen.

> **MERKE**
> dir folgende Vorrangregeln:
> **Zuerst werden die Ausdrücke in Klammern berechnet.**
> Stehen innerhalb einer Klammer weitere Klammern, so werden erst die Ausdrücke in den inneren Klammern berechnet.
> **Punktrechnung geht vor Strichrechnung.**
> Das heißt, erst wird multipliziert und dividiert, dann addiert und subtrahiert.

INFORMATION
Viele Taschenrechner berücksichtigen automatisch die Vorrangregeln, manche jedoch nicht. Das kann man leicht überprüfen, wenn man z. B. die Aufgabe $1 + 2 \cdot 3$ in dieser Reihenfolge eintippt.
Erhält man nach Drücken der Ergebnistaste **richtig 7**, so beachtet der Taschenrechner die Vorrangregeln. Erhält man **falsch 9**, so beachtet er sie nicht. Bei einem Taschenrechner, der die Vorrangregeln nicht beachtet, müsste man z. B. rechnen: $2 \cdot 3 + 1$ oder $1 + (2 \cdot 3)$.

3

Berechne im Kopf.

a) $5 \cdot 4 + 8$ **b)** $9 \cdot 5 - 4$ **c)** $3 \cdot 11 + 7 \cdot 4$ **d)** $6 \cdot 4 - 2 \cdot 8$
e) $7 \cdot 9 + 3 \cdot 5$ **f)** $10 \cdot 5 - 3 \cdot 7$ **g)** $3 \cdot (8 + 4)$ **h)** $15 + 60 : 2$

4ᴸ

Berechne und vergleiche.

a) $5 \cdot (6 : 2)$ und $(5 \cdot 6) : 2$ **b)** $(40 : 5) \cdot 4$ und $40 : (5 \cdot 4)$
c) $(2 \cdot 8) : (2 \cdot 2)$ und $2 \cdot [8 : (2 \cdot 2)]$ **d)** $100 : (50 : 2)$ und $(100 : 50) : 2$

5

Berechne.

a) $(35 - 3) : (2 + 6)$ **b)** $(47 + 8) : (15 - 4)$
c) $(27 + 13) \cdot (11 - 8)$ **d)** $(96 - 69) \cdot (12 + 8)$
e) $98 : 7 + 78 : 6$ **f)** $5 \cdot 12 - 120 : 15$
g) $9 \cdot 16 + (119 - 31) : 8$ **h)** $(7 + 12) - 45 : (50 - 45)$
i) $[9 \cdot 51 - (18 + 57)] : 12$ **j)** $13 \cdot 25 + 256 : 16$
k) $[120 - (20 + 3)] \cdot 4$ **l)** $(19 \cdot 24 + 18 \cdot 37) : 11$

6ᴸ

Berechne und vergleiche:

a) $(12 + 6 \cdot 2) - 16 : 2$
     $[(12 + 6) \cdot 2 - 16] : 2$
     $12 + (6 \cdot 2 - 16 : 2)$
     $(12 + 6 \cdot 2 - 16) : 2$
     $(12 + 6) \cdot 2 - 16 : 2$

b) $21 \cdot 3 + [35 \cdot 28 - (56 - 21)] : 7$
     $[(21 \cdot 3 + 35 \cdot 28) - (56 - 21)] : 7$
     $21 \cdot [3 + 35 \cdot 28 - (56 - 21) : 7]$
     $21 \cdot 3 + (35 \cdot 28 - 56) - 21 : 7$
     $(21 \cdot 3 + 35 \cdot 28) - (56 - 21) : 7$

7

Schreibe als Rechenaufgabe und berechne.

a) Addiere zum Produkt von 120 und 3 die Zahl 25.
b) Subtrahiere die Zahl 15 vom Quotienten aus 234 und 13.
c) Dividiere die Summe von 123 und 234 durch 3.
d) Multipliziere die Summe von 12 und 16 mit der Differenz von 29 und 5.
e) Dividiere die Differenz von 98 und 46 durch die Summe von 6 und 7.
f) Multipliziere die Summe der Zahlen 25 und 13 mit ihrer Differenz.

8

Schreibe als Rechenaufgabe und berechne.

a) Addiere zur Summe von 37 und 89 die Differenz von 68 und 35.
b) Subtrahiere von der Differenz von 360 und 97 die Summe von 122 und 98.
c) Addiere zum Quotienten von 85 und 5 das Produkt von 9 und 11.
d) Subtrahiere vom Produkt der Zahlen 8 und 15 den Quotienten von 200 und 40.
e) Addiere den Quotienten von 51 und 3 zum Quotienten von 92 und 4.

BEISPIELE

$16 - 3 \cdot 4 = 16 - 12 = 4$
1. Punktrechnung:
$3 \cdot 4 = 12$
2. Strichrechnung:
$16 - 12 = 4$

$27 - 20 : (37 - 33)$
$= 27 - 20 : 4$
$= 27 - 5 = 22$
1. Klammern:
$37 - 33 = 4$
2. Punktrechnung:
$20 : 4 = 5$
3. Strichrechnung:
$27 - 5 = 22$

$[4 \cdot 3 - (8 - 5)] : 3$
$= [12 - 3] : 3$
$= 9 : 3 = 3$
1. innere Klammern:
$8 - 5 = 3$
2. Punktrechnung in der Klammer:
$4 \cdot 3 = 12$
3. äußere Klammern:
$12 - 3 = 9$
4. Dividieren:
$9 : 3 = 3$

BEISPIEL
Multipliziere die Differenz von 144 und 97 mit der Summe von 13 und 7.
$(144 - 97) \cdot (13 + 7)$
$= 47 \cdot 20 = 940$

9

Formuliere die Rechenaufgaben mit eigenen Worten und berechne.
a) $(18 + 37) \cdot 4$ **b)** $(56 - 18) \cdot 7$ **c)** $(126 - 82) : 11$
d) $(256 + 64) : 16$ **e)** $23 \cdot 5 - 25$ **f)** $34 \cdot 3 + 28$
g) $(64 - 17) \cdot (11 + 9)$ **h)** $125 + 12 \cdot 13$ **i)** $354 : 6 - 264 : 12$

10

Die Klassen 5 a und 5 b erhalten neue Mathematik- und Erdkundebücher.
Das Mathematikbuch kostet 28 DM, das Erdkundebuch 23 DM.
a) Wie viel kosten die Bücher für die Klasse 5 a, wenn 26 Schülerinnen und Schüler in der Klasse sind?
b) Die Bücher für die Klasse 5 b kosteten insgesamt 1479 DM. Wie viele Kinder sind in der Klasse 5 b?

11 L

Berechne – falls möglich.
a) $(25 + 45) : (3 \cdot 17 - 51)$ **b)** $(14 - 2 \cdot 7) : (3 \cdot 2 + 1)$
c) $(2 \cdot 14 - 13) : (8 + 7)$ **d)** $(26 + 34) : (3 \cdot 7 - 4 \cdot 5)$
e) $(100 - 4 \cdot 25) : (15 \cdot 8 - 2 \cdot 60)$ **f)** $(12 - 121 : 11) : (13 - 144 : 12)$
g) $(111 - 3 \cdot 37) : (9 \cdot 9 - 80)$ **h)** $(5 \cdot 17 - 84) : (112 : 2 - 8 \cdot 7)$

BEACHTE
Die Division durch 0 ist nicht ausführbar.

12

Löse die Gleichungen. Nutze dabei auch, dass Multiplikation und Division zueinander umgekehrte Rechenarten sind.
a) $x \cdot (84 - 57) = 3\,105$ **b)** $x \cdot (21 + 75) = 10\,080$ **c)** $(50 + 31) : x = 27$
d) $(99 - 27) : x = 12$ **e)** $x : (24 + 51) = 4$ **f)** $x : (176 - 43) = 3$

BEISPIELE
$$x \cdot (18 + 76) = 1\,222$$
$$x \cdot 94 = 1\,222$$
$$x = 1\,222 : 94 = 13$$
$$L = \{13\}$$

$$(113 + 37) : x = 25$$
$$150 : x = 25$$
Wegen $150 : 6 = 25$
ist $x = 6$.
$$L = \{6\}$$

13

Stelle eine Gleichung mit der Variablen x auf und berechne dann x.
a) Welche Zahl muss man durch die Differenz von 86 und 17 dividieren, um 3 zu erhalten?
b) Welche Zahl muss man mit der Summe von 54 und 26 multiplizieren, um 9 680 zu erhalten?
c) Durch welche Zahl muss man die Summe von 172 und 48 dividieren, damit man 55 erhält?
d) Mit welcher Zahl muss man 65 multiplizieren, damit die Differenz von 10 000 und 640 herauskommt?
e) Durch welche Zahl muss man die Summe von 213 und 227 dividieren, damit als Ergebnis die Differenz von 211 und 123 herauskommt?

14

Löse die Gleichungen. Nutze dabei die Umkehrrechenarten.
a) $3 \cdot x + 11 = 224$ **b)** $6 \cdot x - 45 = 387$ **c)** $9 \cdot x + 333 = 747$
d) $20 \cdot x - 15 = 705$ **e)** $50 \cdot x + 75 = 1\,225$ **f)** $80 \cdot x - 100 = 860$
g) $12 \cdot x + 55 = 367$ **h)** $25 \cdot x - 75 = 550$ **i)** $33 \cdot x - 111 = 714$

15

In einer Holzschachtel befinden sich eine unbekannte Anzahl von gleichen Kugeln. Die leere Schachtel wiegt 200 g, jede Kugel 50 g. Die Schachtel wird geschlossen auf eine Waage gelegt.
a) Wie viel wiegt die gesamte Schachtel, wenn sich im Innern 2, 5, 15 oder allgemein x Kugeln befinden?
b) Wie viele Kugeln sind in der Schachtel, wenn die Waage 750 g anzeigt?

16

Zahlenrätsel: Denke dir eine Zahl, addiere dazu 3, multipliziere das Ergebnis mit 2, subtrahiere dann 4, dividiere durch 2 und addiere zum Schluss 5.
a) Beschreibe die Rechnung mithilfe der Variablen x für die gedachte Zahl.
b) Welche Ergebnisse ergeben sich, wenn man für x die Zahlen 1, 2, 3, 4, 5 und 6 wählt?
c) Wie kann man zeigen, dass für x das Ergebnis stets $x + 6$ lautet?
d) Wie heißt die gedachte Zahl x, wenn als Ergebnis 14, 17, 26 oder 50 herauskommt?

17

Aus der Antike zum Knobeln
Ein alter Grieche ging mit einer Anzahl von Goldmünzen zum Zeustempel und bat den Göttervater darum, er möge sein Geld verdoppeln. Dies geschah und er opferte zum Dank 8 Goldstücke. Dann ging er zum Tempel des Apollos und äußerte dieselbe Bitte. Auch diesmal wurde seine Bitte erhört und er opferte wieder 8 Goldstücke. Schließlich passiert am Tempel der Athene dasselbe: sein Geld wurde verdoppelt und er gab 8 Goldstücke ab. Danach besaß er keine einzige Münze mehr.
Wie viele Goldstücke besaß er am Anfang?

AUFGABEN ZUR WIEDERHOLUNG

1. Wer kennt einen solchen Körper?
   a) Er hat 8 Ecken, 12 Kanten und 6 Rechtecke als Begrenzungsflächen.
   b) Er hat 6 Quadrate als Begrenzungsflächen.
   c) Er hat eine Spitze.
   d) Er hat 4 Dreiecke und ein Quadrat als Begrenzungsflächen.
   e) Er hat eine Spitze und einen Kreis als Begrenzungsfläche.
   f) Zwei seiner Begrenzungsflächen sind Kreise.

2. Nenne jeweils zwei Körper, bei denen mindestens eine Begrenzungsfläche die folgende ebene Figur ist.
   a) Rechteck   b) Quadrat
   c) Dreieck   d) Kreis

2. Welche Körper ergeben die Netze?

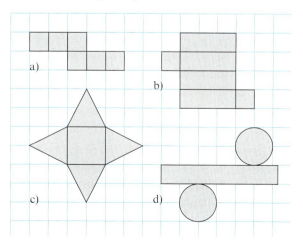

Teiler und Teilbarkeit

1

Aus 24 quadratischen Platten soll eine rechteckige Fläche gelegt werden.

a) Welche Anordnungen der Platten sind möglich?

b) Zeichne zwei verschiedene Anordnungen der Platten ins Heft.
Wähle als Platten Quadrate mit der Seitenlänge 1 cm.

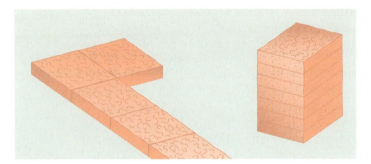

2 L

Die Klasse 5 b besteht aus 32 Schülerinnen und Schülern.

a) Auf wie viele verschiedene Arten lässt sich die Klasse in gleich starke Gruppen aufteilen?

b) Zufällig fehlt heute ein Schüler. Welche Aufteilungen sind nun möglich?

c) Die Parallelklasse besteht nur aus 28 Kindern.
Wie lassen sich hier die Fragen a) und b) beantworten?

d) Teilt eure eigene Klasse auf.

3

In einem Sonderzug sind noch 10 Abteile mit jeweils 6 Sitzplätzen frei. Es werden nur ganze Abteile vergeben.
Wie groß könnten Gruppen sein, wenn sie Karten kaufen wollen, ohne dass in ihrem Abteil Plätze frei bleiben müssen?

4

Ein Kartenspiel hat 52 (36, 110) Karten. Mit wie vielen Personen kann man spielen, wenn jeder die gleiche Anzahl von Karten erhält?

5

In Getränkekästen sind die Flaschen häufig rechteckig angeordnet. Limonadekästen enthalten meist 12 Flaschen, Bierkästen in der Regel 20 Flaschen. Warum wären 11 oder 13 Limoflaschen bzw. 19 oder 21 Bierflaschen nicht so günstig?

6

Aus rechteckigen Plättchen der Größe 2 cm × 3 cm sollen neue Rechtecke zusammengesetzt werden (siehe Beispiel in der Randspalte).

a) Zeichne mindestens vier zusammengesetzte Rechtecke.

b) Welche Seitenlängen sind bei den neuen Rechtecken möglich?

c) Aus wie vielen Plättchen besteht ein 8 cm × 9 cm-Rechteck?

d) Lässt sich ein 9 cm × 15 cm-Rechteck aufbauen?

BEISPIEL

3 cm

2 cm

7

Aus 7 m langen Rohren soll eine Leitung zusammengesetzt werden.
Welche der folgenden Längen sind möglich ohne ein Rohr zu zerschneiden?
a) 28 m, 34 m, 49 m, 57 m, 63 m, 147 m, 231 m
b) 21 m, 35 m, 54 m, 78 m, 111 m, 203 m, 281 m

8

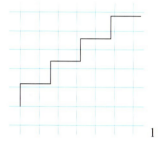

Zeichne ins Heft eine „Treppenlinie", bei der alle Stufenbreiten 8 mm und
alle Stufenhöhen gleich 6 mm sind (s. Bild 1).
a) Wie hoch ist die Treppe bei 3 Stufen (7 Stufen, 12 Stufen)?
b) Wie breit ist die Treppe bei 5 Stufen (9 Stufen, 14 Stufen)?
c) Wie viele Stufen hat eine Treppe mit der Höhe 48 mm (72 mm, 9 cm)?
d) Berechne die Stufenanzahl, wenn die Treppe 32 mm (96 mm, 12 cm) breit ist.
e) Kann eine Treppe 34 mm (58 mm, 88 mm, 24 cm) hoch oder breit sein?

1

9

Welche der Divisionen ist ohne Rest ausführbar?
a) 91 : 13   b) 111 : 11   c) 120 : 13   d) 175 : 7
e) 390 : 15   f) 529 : 23   g) 875 : 75   h) 999 : 99

BEISPIELE

35 lässt sich als Produkt mit dem Faktor 7 schreiben: 35 = 7 · 5.
Die Division 35 : 7 ist daher ohne Rest ausführbar: 35 : 7 = 5.
7 ist der fünfte Teil von 35.   35 ist das Fünffache von 7.
Man sagt dann: **7 ist ein Teiler von 35** oder **7 teilt 35** oder
35 ist ein Vielfaches von 7.
Man schreibt: **7 | 35**

33 lässt sich nicht als Produkt mit dem Faktor 7 schreiben.
Die Division 33 : 7 ist daher nicht ohne Rest ausführbar. Es bleibt der
Rest 5.
33 : 7 = 4 + 5 : 7, denn 4 · 7 + 5 = 28 + 5 = 33.
Man sagt dann: **7 ist kein Teiler von 33** oder **7 teilt nicht 33** oder
33 ist kein Vielfaches von 7.
Man schreibt: **7∤33**

BEACHTE
Aus 35 = 7 · 5 folgt
auch:
5 ist ein Teiler von 35.
35 ist ein Vielfaches
von 5.

**ALLGEMEIN
GILT**
Damit die Division
ohne Rest ausführbar
ist, muss der Divi-
dend ein Vielfaches
vom Divisor sein.
In diesem Fall ist
der Divisor ein Teiler
des Dividenden.

10

Berechne
a) das Fünffache von 3, 5, 16, 45;   b) den sechsten Teil von 24, 42, 78, 102;
c) das Achtfache von 6, 9, 13, 25;   d) den elften Teil von 44, 77, 121, 330.

11

a) Von welchen Zahlen ist 6 ein Teiler: 18, 34, 48, 69, 90, 126, 128, 252?
b) Von welchen Zahlen ist 72 ein Vielfaches: 1, 6, 8, 13, 18, 24, 32, 36, 72?

BEISPIEL

Wir prüfen durch schriftliche Division, ob 17 ein Teiler von 221 bzw. 221 ein Vielfaches von 17 ist.

221 : 17 = 13

17   Es bleibt kein Rest. 221 läßt sich als Produkt
51   mit dem Faktor 17 schreiben: 221 = 17 · 13.
51   17 ist demnach ein Teiler von 221 oder kurz 17 | 221.
0   221 ist ein Vielfaches von 17.

MERKE

Willst du prüfen, ob sich eine Zahl b als Produkt mit dem Faktor a schreiben lässt, so dividiere b durch a und sieh, ob ein Rest bleibt.
Wenn die Rechnung nicht im Kopf zu lösen ist, kann man schriftlich dividieren.

12

Prüfe, ob b ein Vielfaches von a ist. Falls nötig, dividiere schriftlich.

a	2	4	5	6	7	8	9	11	12	13	14	15
b	11	64	20	72	147	110	111	222	132	159	350	900

13

Übertrage ins Heft und setze für ▨ das Zeichen | oder ∤.

a) 4 ▨ 36   b) 6 ▨ 74   c) 7 ▨ 112   d) 11 ▨ 352
e) 13 ▨ 263   f) 24 ▨ 576   g) 31 ▨ 810   h) 49 ▨ 980

BEISPIEL

18 = 1 · 18 = 2 · 9 = 3 · 6
(Hinweis: Außer 1 · 18, 2 · 9 und 3 · 6 gibt es keine weiteren **Zerlegungen** von 18 als Produkt zweier Zahlen.)
18 ist demnach ein Vielfaches von 1, 2, 3, 6, 9 und 18.
Die Teiler von 18 sind 1, 2, 3, 6, 9 und 18.
Die Zahl 18 hat also 6 Teiler.

MERKE

Jede natürliche Zahl ist Vielfaches von 1 und von sich selbst. Jede natürliche Zahl besitzt 1 und sich selbst als Teiler.
Begründung:
Für jede Zahl a gilt $1 · a = a$.

14

Von welchen Zahlen ist dies ein Vielfaches?

a) 12   b) 14   c) 24   d) 25   e) 32   f) 36   g) 40
h) 45   i) 56   j) 76   k) 80   l) 100   m) 120   n) 128

15

Ermittle von der Zahl alle Teiler und gib die Anzahl der Teiler an.
a) 4   b) 8   c) 12   d) 17   e) 32   f) 36   g) 48   h) 100

16

Gib die ersten 6 Vielfachen der Zahlen an (das 1-, 2-, ..., 6fache).
a) 1   b) 3   c) 5   d) 9   e) 12   f) 15   g) 20   h) 25
i) 2   j) 7   k) 11   l) 13   m) 18   n) 24   o) 33   p) 75

17

a) Gib Zahlen mit genau 2 Teilern (3 Teilern, 4 Teilern) an.
b) Gibt es auch eine Zahl mit nur einem Teiler?

18

Begründe mit Hilfe der Gleichung $a \cdot 0 = 0$, die für jede Zahl a gilt:
a) Jede natürliche Zahl ist Teiler von 0. b) Alle Vielfachen von 0 sind 0.

19

a) Zeichne zuerst eine Strecke von 2 cm Länge (kurze Strecke) und eine von 3 cm Länge (lange Strecke).
   Zeichne nun neue Strecken, indem du nur die kurzen (nur die langen) Strecken mehrfach hintereinander setzt.
b) Welche Streckenlängen sind beim Hintereinandersetzen der kurzen (der langen Strecken) möglich?
c) Wie oft enthalten Strecken der folgenden Längen die kurze (die lange) Strecke: 12 cm, 18 cm, 36 cm, 66 cm?
d) Welche der Strecken mit folgenden Längen lassen sich sowohl aus kurzen als auch aus langen Strecken zusammensetzen: 26 cm, 42 cm, 56 cm, 72 cm, 100 cm?

20

a) Zeichne ein Rechteck 1 cm × 9 cm und ein Rechteck 1 cm × 6 cm.
b) Beide Rechtecke sollen mithilfe ein und desselben „Bausteins" aufgebaut werden. Welche Maße (in Zentimeter), kann solch ein gemeinsamer Baustein haben? Welches ist der größte gemeinsame Baustein?

21 L

Eine rechteckige Fläche mit den gegebenen Maßen soll mit möglichst großen Quadraten ausgelegt werden. Zeichne die Rechtecke ins Heft und suche die größten Quadrate, mit denen man die Rechtecke auslegen kann.
a) 4 cm × 6 cm   b) 12 cm × 9 cm   c) 8 cm × 4 cm   d) 7 cm × 3 cm

22

Betrachte die Zahlenfolgen
(1) 2, 4, 6, …   (2) 3, 6, 9, …   (3) 5, 10, 15, …   (4) 12, 24, 36, …
a) Setze die Zahlenfolgen um jeweils drei Zahlen fort.
b) Wie könnte man die Zahlenfolgen durch Worte beschreiben?
c) Welche Zahlen kommen gemeinsam in den Folgen
   (1) und (2),   (2) und (3),   (2) und (4),   (3) und (4) vor?

23 L

Nenne Zahlen mit den Teilern
a) 1, 2 und 3; b) 2, 4 und 6; c) 3, 5 und 12; d) 3, 5 und 7.

KNOBEL-
AUFGABE
Ein Schäfer hat eine Herde mit weniger als 400 Schafen. Er kann sie in Gruppen zu 2, 3, 4, 5 oder 6 auf die Weide führen, stets bleibt ein Tier übrig. Erst wenn er sie in Gruppen zu 7 Schafen aufteilt, geht es auf. Wie viele Schafe hat der Schäfer?
Hilfe:
Die Zahl muss ein Vielfaches von 7 sein und auf ein Vielfaches von 2, 3, 4, 5 und 6 folgen.

Potenzen

1

a) Falte ein großes Blatt Papier mehrmals hintereinander auf die Hälfte zusammen, bis es nicht mehr geht (s. Bild 1).

b) Wie viele Blätter liegen nach der ersten, zweiten, dritten, … Faltung übereinander?

c) Wie viele Blätter würden übereinander liegen, wenn man das Blatt zehnmal falten könnte?

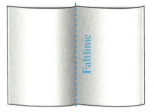

2

Berechne die Produkte.

a) $3 \cdot 3 \cdot 3 \cdot 3 \cdot 3$ **b)** $5 \cdot 5 \cdot 5 \cdot 5$ **c)** $7 \cdot 7 \cdot 7$ **d)** $10 \cdot 10 \cdot 10 \cdot 10 \cdot 10 \cdot 10$

Faltlinie 1

> Ein Produkt aus lauter gleichen Faktoren kann man kürzer als **Potenz** schreiben:
>
> $$2 \cdot 2 \cdot 2 \cdot 2 \cdot 2 = 2^5 \quad \text{Sprich: „2 hoch 5"}$$
>
> Derartiges Multiplizieren nennt man **Potenzieren** und das Ergebnis **Potenzwert**.
>
> Exponent
> $$2^5$$
> Basis   Potenz

BEISPIEL
Berechnen eines Potenzwertes: $2^5 = 2 \cdot 2 \cdot 2 \cdot 2 \cdot 2 = 32$

INFORMATION
Statt Exponent sagt man auch **Hochzahl**. Statt Basis sagt man auch **Grundzahl**. Potenzen mit dem Exponent 2 heißen **Quadratzahlen**. Potenzen mit der Basis 10 heißen **Zehnerpotenzen**.

3

Schreibe die folgenden Produkte als Potenzen und berechne ihren Wert.

a) $4 \cdot 4 \cdot 4$ **d)** $3 \cdot 3 \cdot 3 \cdot 3 \cdot 3$ **g)** $2 \cdot 2 \cdot 2 \cdot 2 \cdot 2 \cdot 2 \cdot 2 \cdot 2 \cdot 2 \cdot 2$

b) $2 \cdot 2 \cdot 2 \cdot 2$ **e)** $7 \cdot 7 \cdot 7 \cdot 7$ **h)** $6 \cdot 6 \cdot 6 \cdot 6 \cdot 6 \cdot 6$

c) $9 \cdot 9$ **f)** $5 \cdot 5 \cdot 5 \cdot 5 \cdot 5$ **i)** $11 \cdot 11 \cdot 11 \cdot 11$

4

Berechne die folgenden Potenzen.

a) 2^2 **b)** 3^5 **c)** 8^3 **d)** 2^9 **e)** 1^5 **f)** 5^4 **g)** 0^7 **h)** 15^3 **i)** 50^2

5

Zerlege die Zahlen in lauter gleiche Faktoren und schreibe als Potenz.

a) 81   **b)** 125   **c)** 64   **d)** 100   **e)** 169   **f)** 144   **g)** 10 000

BEISPIELE

$216 = 6 \cdot 6 \cdot 6 = 6^3$

$4 \cdot 5 \cdot 5 \cdot 4 \cdot 5$
$= 4^2 \cdot 5^3$
$= 16 \cdot 125 = 2\,000$

6

Schreibe als Produkt von Potenzen und berechne den Potenzwert.

a) $2 \cdot 2 \cdot 2 \cdot 3 \cdot 3$ **b)** $10 \cdot 10 \cdot 10 \cdot 2 \cdot 2 \cdot 2 \cdot 2$ **c)** $5 \cdot 5 \cdot 5 \cdot 10 \cdot 10$

d) $5 \cdot 5 \cdot 7 \cdot 7$ **e)** $3 \cdot 4 \cdot 3 \cdot 3 \cdot 4 \cdot 3 \cdot 4$ **f)** $3 \cdot 2 \cdot 3 \cdot 5 \cdot 2 \cdot 2 \cdot 3$

7

a) Berechne und vergleiche.

$(4 \cdot 3)^2$ und $4 \cdot (3^2)$, $\quad 3^4$ und 4^3, $\quad 2^3$ und 3^2, $\quad 2^4$ und 4^2

b) Überlege, ob zum Berechnen von $4 \cdot 3^2$ eine Vorrangregel benötigt wird.

c) Begründe, dass man i. Allg. Basis und Exponent nicht vertauschen darf.

8 L

Übertrage die Aufgaben ins Heft und rechne.

a) $4^2 + 2^3$ **b)** $4 \cdot 3^4$ **c)** $81 - 3^4$ **d)** $5^3 - 5^2 \cdot 5$

$\quad 4^2 \cdot 2^3$ $4^3 \cdot 4$ $19 - 4^2$ $10^3 - 3 \cdot 10 + 10^2$

$\quad 3 \cdot 2^4$ $5^2 \cdot 8$ $3 \cdot 3^3 + 2^9$ $3 \cdot 2^5 + 4^3 \cdot 4$

e) $1^5 \cdot 5^1$ **f)** $6^3 - 6^2$ **g)** $7 \cdot 1^8 + 4^3 \cdot 3$ **h)** $100 - 3 \cdot 2^5 + 4 \cdot 5^2$

$\quad 2 \cdot 5^2$ $2 \cdot (3 \cdot 4)^2$ $4 \cdot (8 + 2^3)$ $1^4 + 7^2 \cdot (3^4 - 3^3)$

$\quad (2 \cdot 5)^2$ $2 \cdot (3 \cdot 4^2)$ $5 \cdot (10 - 2^3)^4$ $0^3 \cdot (100^2 - 2^{10}) + 1$

BEACHTE
die **Vorrangregeln**!
Wir wissen schon:
Zuerst werden die
Ausdrücke in Klammern berechnet.
Punktrechnung geht
vor Strichrechnung.
Hinzu kommt jetzt:
**Erst potenzieren,
dann multiplizieren!**

Beispiele:
$2 \cdot 3^3 = 2 \cdot 27 = 54$

$500 - 2 \cdot 3^4$
$= 500 - 2 \cdot 81$
$= 500 - 162 = 338$

9 L

Ermittle die Zahlen, die man für x einsetzen kann.

a) $4^x = 16$ **b)** $10^x = 1\,000$ **c)** $x^{40} = 1$ **d)** $x^{17} = 0$

e) $x^4 = 16$ **f)** $2^x = 1\,024$ **g)** $12^x = 144$ **h)** $5^x = 625$

10

Setze für ▨ jeweils das passende Zeichen ein: $<$ oder $=$ oder $>$.

a) 3^4 ▨ 3^5 **b)** 4^4 ▨ 16^2 **c)** 7^6 ▨ 7^5 **d)** 3^4 ▨ 4^4

e) 5^4 ▨ 6^4 **f)** 5^3 ▨ 3^5 **g)** 10^6 ▨ $1\,000^2$ **h)** 2^{10} ▨ 4^5

11

Zeichne drei Figuren ähnlich denen im Bild 1 auf ein Stück Pappe. An den eingezeichneten Linien sollen die Figuren gleich breit sein. Zerschneide die Pappen entlang der Linien in jeweils drei Teilstücke.

a) Bilde neue Figuren durch Zusammenlegen eines Kopf-, Bauch- und Beinteils.

b) Wie viele verschiedene Figuren lassen sich insgesamt darstellen?

1

12

Zum 10. Geburtstag schenkte Onkel Gustav seiner Nichte Melanie einen Pfennig. Er versprach, dass dieser Betrag fortlaufend zu jedem Geburtstag verdoppelt würde.
Die Gäste fanden das äußerst dürftig. Nicht so Melanie; sie sagte: „Da werde ich ja später einmal eine reiche Frau sein." Was sagst du dazu?

Stellenwertsysteme

Unser **Zehnersystem** hat sich im Laufe von Jahrhunderten entwickelt. Es stammt aus dem alten Indien und ist vor etwa 500 Jahren durch die Araber nach Europa gekommen. Die Römer hatten ein ganz anderes System.

HINWEIS
Mehr zur Entwicklung unserer Zahlen findest du auf den Seiten 80 und 81.

1

a) Schreibe alle Ziffern (Zahlzeichen) des Zehnersystems auf. Stelle zum Vergleich die römischen Ziffern daneben.

b) Notiere die Zahlen fünf, fünfzig, fünfhundert und fünf Millionen sowohl im Zehnersystem als auch auf römische Weise.

Das Zehnersystem ist dem römischen System überlegen. Mit den Ziffern 0, 1, 2, 3, 4, 5, 6, 7, 8 und 9 können wir im Zehnersystem jede Zahl schreiben – auch, wenn sie noch so groß ist. Die römischen Zahlzeichen reichen dagegen nicht aus, um solch große Zahlen wie fünf Millionen zu schreiben. Auch wenn man sich noch so viele römische Zahlzeichen ausdenken würde, kann man damit doch nicht alle Zahlen schreiben.

Im Gegensatz zum römischen System ist unser System ein **Stellenwertsystem**: Jede Ziffer besitzt außer ihrem Ziffernwert noch einen **Stellenwert**. Das lässt sich mit der Stellentafel verdeutlichen.

BEISPIEL

$\cdot 10 \qquad \cdot 10 \qquad \cdot 10$

10^3 Tausender	10^2 Hunderter	10 Zehner	1 Einer	Die Ziffer 5 bedeutet hier:
		5		5 Zehner, also fünfzig
			5	5 Einer, also fünf
5				5 Tausender, also fünftausend

BEACHTE
Der Wert der durch die Ziffer dargestellten Zahl steigt auf das Zehnfache, wenn man sie um eine Stelle nach links verschiebt.

Will man diese Zahlen ohne Stellentafel notieren, benötigt man die „0" als Zeichen für unbesetzte Stellen: 50, 5 000.

In **5 055** hat jede 5 demnach eine andere Bedeutung:
5 bedeutet $5 \cdot 10^3$, **5** bedeutet $5 \cdot 10$, **5** bedeutet $5 \cdot 1$.
Wir können schreiben: $5\,055 = 5 \cdot 10^3 + 5 \cdot 10 + 5 \cdot 1$.

Die Idee des Stellenwertes, zusammen mit der Erfindung der Null, ermöglichen uns erst die Darstellung beliebig großer Zahlen.

> Unser Zehnersystem ist ein Stellenwertsystem.
> Das Zehnersystem verwendet 10 Ziffern: 0, 1, 2, 3, 4, 5, 6, 7, 8, 9.
>
> Jede Ziffer kann den Stellenwert 1, 10, 10^2, 10^3 usw. haben.
> Im Zehnersystem kann jede natürliche Zahl geschrieben werden.

2

Die in Bild 1 abgebildete Schaltung besteht aus acht elektrischen Glühbirnchen, die alle einzeln an- und ausgeschaltet werden können.
Schalter in Stellung **1 : Licht an.**
Schalter in Stellung **0 : Licht aus.**
Im Moment erkennt man das Schaltmuster 01000110.

a) Zeichne die Glühbirnchenreihe für das Schaltmuster 10011101.
b) Wie viele verschiedene Muster kann man insgesamt einstellen?
Anleitung: Löse die Frage schrittweise, indem du zunächst nur die beiden letzten Birnchen betrachtest, dann das drittletzte hinzu nimmst usw.

Mit der Schaltung im Bild kann man auch Zahlen darstellen. Allerdings hat man nur zwei Ziffern zur Verfügung: 1 – Licht an und 0 – Licht aus.

Ein Zahlsystem, das nur mit den Ziffern 0 und 1 auskommt, ist das **Zweiersystem**. Die möglichen **Stellenwerte** sind, wie aus der folgenden Stellentafel ersichtlich ist: $1, 2, 2^2 = 4, 2^3 = 8, 2^4 = 16$ usw.

BEISPIEL

$2^7 = 128$	$2^6 = 64$	$2^5 = 32$	$2^4 = 16$	$2^3 = 8$	$2^2 = 4$	2	1
	1				1	1	
1			1	1	1		1
1	1	1	1	1	1	1	1

$\cdot 2$ $\cdot 2$ $\cdot 2$ $\cdot 2$ $\cdot 2$ $\cdot 2$ $\cdot 2$

BEACHTE
Der Stellenwert steigt auf das Doppelte, wenn man die Ziffer um eine Stelle nach links verschiebt.

Die erste Zahl in der Stellentafel entspricht dem Schaltmuster im Bild 1. Rechnen wir diese Zahl ins Zehnersystem um, so ergibt sich die Zahl 70:
$1 \cdot 2^6 + 1 \cdot 2^2 + 1 \cdot 2 = 64 + 4 + 2 = 70$

Ohne Stellentafel schreibt man die erste Zahl **[1000110]₂** und spricht sie **„eins, null, null, null, eins, eins, null, Basis zwei"** aus.

3

Wandle die restlichen Zahlen aus der Stellentafel ins Zehnersystem um.

4

Verwandle aus dem Zweiersystem ins Zehnersystem.
a) $[101]_2$ **b)** $[11011]_2$ **c)** $[10010]_2$ **d)** $[110100]_2$ **e)** $[101010110]_2$
$[100]_2$ $[11001]_2$ $[10110]_2$ $[111101]_2$ $[101110111]_2$
$[111]_2$ $[10011]_2$ $[10101]_2$ $[111000]_2$ $[101111110]_2$

HINWEIS
Durch die Schreibweise $[1011010]_2$ vermeidet man eine Verwechslung mit den Zahlen des Zehnersystems. Zugleich wird deutlich, dass es sich um eine Zahl im Zweiersystem handelt.

5

a) Rechne die im Zweiersystem gegebene Zahlenfolge ins Zehnersystem um.
$[1]_2$, $[10]_2$, $[11]_2$, $[100]_2$, $[101]_2$, $[110]_2$, $[111]_2$, $[1\,000]_2$, …

b) Versuche die nächsten drei Zahlen im Zweiersystem aufzuschreiben und prüfe dann durch Umrechnen ins Zehnersystem.

INFORMATION
Das Zweiersystem ist auch unter den Namen **Dualsystem** bzw. **Binärsystem** bekannt. Es ist wichtig für den Computer.

BEISPIEL
Die Zahl 53 soll ins Zweiersystem übersetzt werden. Man geht so vor:
1. Schritt: Suche die höchste Zweierpotenz, die in 53 passt. $2^5 = 32$
2. Schritt: Berechne den Rest. $53 - 32 = 21$

Nun wiederholt man die beiden Schritte mit dem jeweiligen Rest anstelle der ursprünglichen Zahl so lange, bis der Rest 0 oder 1 ist.
1. Wiederholung: $2^4 = 16$; $21 - 16 = 5$
2. Wiederholung: $2^2 = 4$; $5 - 4 = 1$

Ergebnis: $53 = 1 \cdot 32 + 1 \cdot 16 + 0 \cdot 8 + 1 \cdot 4 + 0 \cdot 2 + 1 \cdot 1 = [110101]_2$

6^L

Verwandle die folgenden Zahlen ins Zweiersystem.

a) 3	b) 7	c) 15	d) 31	e) 63	f) 127	g) 255	h) 511
9	11	33	187	90	257	500	1 000

INFORMATION
Das Sechzehnersystem ist auch unter dem Namen **Hexadezimalsystem** bekannt und spielt beim Computer eine Rolle. Bei Computern kennzeichnet man Zahlen im Sechzehnersystem meist durch ein Dollarzeichen (z. B. $ 2C4 = 708$).

Es gibt auch Zahlensysteme mit mehr als zehn Ziffern, z. B. das **Sechzehnersystem**. Als Ziffern dienen 0, 1, 2, 3, 4, 5, 6, 7, 8, 9, A, B, C, D, E, F (A – zehn, B – elf, C – zwölf, D – dreizehn, E – vierzehn, F – fünfzehn). Die einzelnen Stellenwerte sind 1, 16, $16^2 = 256$, $16^3 = 4\,096$ usw. $[1AF]_{16}$ bedeutet z. B. im Zehnersystem: $1 \cdot 16^2 + 10 \cdot 16 + 15 = 431$.

7

Verwandle ins Zehnersystem: $[F8]_{16}$, $[DB]_{16}$, $[1234]_{16}$, $[AFFE]_{16}$.

AUFGABEN ZUR WIEDERHOLUNG

1. a) Ein Heft kostet 79 Pf. Wie viel D-Mark kosten sechs Hefte?
    b) Eine Kiwi kostet 49 Pf. Wie viel D-Mark kosten acht Kiwi?
    c) Zwölf Brötchen kosten 2,76 DM. Wie viel Pfennig kostet ein Brötchen?
    d) Drei Eintrittskarten kosten 13,50 DM. Wie viel kosten sechs Eintrittskarten?

2. Ein Radfahrer fährt in drei Stunden 48 km. Welche Strecke legt er bei gleichem Tempo in a) 6 Stunden, b) einer halben Stunde, c) ein und einer halben Stunde zurück?

3. Vier Äpfel wiegen 600 g. Wie viel Gramm wiegen a) 2 Äpfel, b) 6 Äpfel, c) 9 Äpfel, d) ein halber Apfel?

4. Ein Zug fährt 80 km pro Stunde. Welche Strecke legt er zurück in
    a) 2 Stunden, b) 6 Stunden, c) 5 Stunden,
    d) einer halben Stunde, e) einer Viertelstunde,
    f) einer Dreiviertelstunde?

5. Sechs Bestecke kosten 93 DM. Wie viel D-Mark kosten a) 18, b) 2 Bestecke?
    c) Was kostet ein Besteck?

Negative Zahlen (Ausblick)

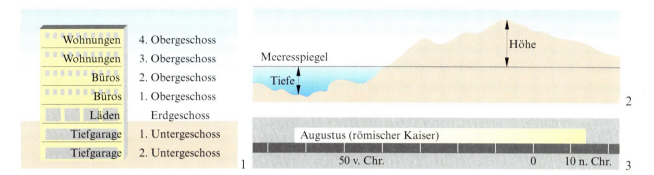

Wohnungen	4. Obergeschoss
Wohnungen	3. Obergeschoss
Büros	2. Obergeschoss
Büros	1. Obergeschoss
Läden	Erdgeschoss
Tiefgarage	1. Untergeschoss
Tiefgarage	2. Untergeschoss

1

Meeresspiegel — Tiefe — Höhe

2

Augustus (römischer Kaiser)

50 v. Chr.   0   10 n. Chr.

3

Manchmal ist es sinnvoll, beim Zählen oder Messen zwei entgegengesetzte Richtungen zu unterscheiden. So zählen wir die Geschosse eines Hauses über und unter dem Erdgeschoss. Man misst die Höhe eines Berges über dem Meeresspiegel (ü. d. M.) und der Tiefe des Meeresbodens unter dem Meeresspiegel (u. d. M.). Wir unterscheiden die Jahre vor Christus (v. Chr.) und nach Christus (n. Chr.).

1

Gib weitere Beispiele an, bei denen es sinnvoll ist, zwei entgegengesetzte Richtungen beim Messen oder Zählen zu unterscheiden.

Auch bei der Temperaturmessung unterscheiden wir zwei Richtungen: Temperaturen über null Grad (genauer: null Grad Celsius; 0 °C) und Temperaturen unter null Grad. Am Thermometer und auf Wetterkarten kennzeichnet man die Temperaturen unter null Grad mit einem Minuszeichen (z. B. – 7 Grad; sprich „minus 7 Grad"). Die Temperaturen über null Grad werden manchmal mit einem Pluszeichen gekennzeichnet (z. B. +11 Grad; „plus 11 Grad").
Wie beim Thermometer verlängern wir den Zahlenstrahl über 0 hinaus.

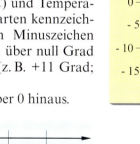

4

Zahlen wie – 1, – 2, – 3, – 4, … nennt man **negative Zahlen**. Die natürlichen Zahlen 1, 2, 3, 4, … nennt man auch **positive Zahlen** und schreibt manchmal zur Unterscheidung von negativen Zahlen +1, +2, +3, +4, …

Start einer Rakete

– 15 s	Entfernen der Zuleitungen
– 10 s	Öffnen der Treibstoffventile
– 5 s	Zünden der Antriebsdüsen
0 s	Abheben
4 s	Verlassen der Startrampe

2

Was bedeutet das Minuszeichen in folgenden Angaben?
a) Auf einer Landkarte ist im Ozean „– 9 219 m" eingetragen.
b) Der Kontostand wird mit „– 234,23 DM" angegeben.
c) „– 15 s" „– 10 s" und „– 5 s" beim Start einer Rakete (s. Randspalte).
d) Während es für ein gewonnenes Spiel 18 Punkte gibt, werden dem Spieler „– 36 Punkte" angeschrieben, wenn er verliert.

Die Entwicklung unserer Zahlen

Die Ägypter

Die ältesten mathematischen Texte, die wir kennen, stammen aus Ägypten und sind fast 4 000 Jahre alt. Wahrscheinlich handelt es sich um ein „Lehrbuch" für Beamte, Baumeister und Landvermesser. Die alljährlichen Überschwemmungen des Nils machten nämlich neue Vermessungen und Aufteilungen der Felder nötig.

Ägyptische Landvermesser

Die Ägypter hatten eine Bilderschrift, die Hieroglyphen. Das Zahlensystem war einfach: Wie später die Römer hatten die Ägypter ein Additionssystem mit 7 Zeichen.

1	Strich	1 000	Lotosblüte	1 000 000	
10	Bügel	10 000	gekrümmter Finger		
100	Messschnur	100 000	Kaulquappe	Gott der Unendlichkeit	

Die Zahlen wurden von rechts nach links geschrieben.

1 347

1 420 400

BEISPIEL

37

+ 114

151

Beim Addieren wurden gleiche Zeichen zusammengefasst. Dabei ersetzte man 10 gleiche Zeichen durch das nächstgrößere Zeichen. Das nebenstehende Beispiel demonstriert die Addition 37 + 114.

Die Ägypter kannten und brauchten wie später die Römer keine Null.

AUFGABEN

1. **a)** Stelle mit ägyptischen Zahlzeichen dar: 82, 528, 14 136

   b) Welche Zahlen werden dargestellt?

2. **a)** Addiere 90 + 412 sowie 259 + 964 mit ägyptischen Zeichen.

   b) Addiere die beiden Zahlen.

(1)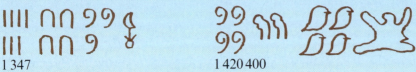

(2)

Die Babylonier

Das Land zwischen Euphrat und Tigris, das Zweistromland (Mesopotamien), ist die Heimat der sumerisch-babylonischen Kultur. Man hat etwa 500 000 um die 3 000 Jahre alte Keilschriften gefunden (Tontäfelchen, in die mit einem Keil Zeichen gedrückt sind). 150 Täfelchen enthielten Aufgabentexte und Lösungen. Auch diese alten mathematischen Texte waren Lehrwerke für Schüler der Schreibschulen.

Das sumerisch-babylonische Zahlensystem hat zwei Zeichen:

 spitzer Keil für 1   stumpfer Keil für 10

Mit diesen zwei Zeichen wurden zunächst die Zahlen bis 59 dargestellt (s. Beispiele in der Randspalte).

Babylonische Tafel mit mathematischem Text in Keilschrift

Zur Darstellung größerer Zahlen benutzten die Babylonier ein Stellenwertsystem mit der Basis 60 (Sexagesimalsystem): Zahlen über 59 wurden zu 60er-Bündeln zusammengefasst, wie es die folgende Stellentafel zeigen.

| Zerlegung | 60er-System | | | Babylonisches |
	$60^2 = 3\,600$	60	1	Zeichen
$72 = 1 \cdot 60 + 12$		1	12	
$201 = 3 \cdot 60 + 21$		3	21	
$70 = 1 \cdot 60 + 10$		1	10	
$3\,610 = 1 \cdot 3\,600 + 0 \cdot 60 + 10$	1		10	
$8\,000 = 2 \cdot 3\,600 + 13 \cdot 60 + 20$	2	13	20	

BEISPIELE

12

35

59

INFORMATION
Das 60er-System liegt unseren Zeiteinheiten zugrunde.

Zunächst gab es noch kein Zeichen für die Null. So konnte man z. B. die Zeichen für 70 und 3 610 verwechseln. Manchmal ließ man deshalb bei 3 610 eine etwas größere Lücke (s. Stellentafel).

Als Erfinder der Null und unseres heutigen Zehnersystems gelten die Inder (ab dem 6. Jahrhundert n. Chr.). Über die Araber kam die Zahldarstellung nach Mitteleuropa. Wir sprechen deshalb heute von arabischen Ziffern.

Indisch (Gwalior) 9. Jh. n. Chr.
Westarabisch (Gobâr) 11. Jh.
Europäisch 15. Jh.
Europäisch (Dürer) 16. Jh.

WEITERE AUFGABEN

3. **a)** Stelle 663 und 4 201 mit babylonischen Zahlzeichen dar.
   b) Schreibe die Zahl 1|23|19 mit babylonischen Zeichen und berechne sie im Zehnersystem.

4. Möchtest du mehr wissen, wie man früher rechnete? Sieh dich einmal in einer Bibliothek oder Buchhandlung um, ob du ein Buch darüber findest. Lies und berichte evtl. in der Klasse darüber.

Sammeln und Auswerten von Daten

Viele Kinder der Klasse 5 a haben Tiere zu Hause: Hunde, Katzen, weiße Mäuse, Fische, Vögel, Meerschweinchen, Hamster und sogar eine Schildkröte. Sie wollen auf einer Pinnwand ihre Tiere vorstellen und auch darüber informieren, wie viele Tiere sich jeweils in den einzelnen Haushalten befinden. Eine Umfrage erbrachte folgendes Ergebnis: 1, 0, 0, 8, 2, 1, 2, 0, 11, 1, 2, 0, 1, 6, 3, 0, 1, 2, 1, 1, 2, 0, 2, 0, 1, 1

Aus der **Urliste** ermitteln sie mithilfe einer **Strichliste** wie viele Kinder kein, ein, zwei, drei usw. Tiere zu Hause haben. Das Ergebnis tragen sie in eine **Häufigkeitstabelle** ein.

Anzahl der Tiere	0	1	2	3	6	8	11
Häufigkeit	ⅧⅡ	ⅧⅢⅢ	ⅧI	I	I	I	I

Anzahl der Tiere	0	1	2	3	6	8	11
Häufigkeit	7	9	6	1	1	1	1

Anke sagt: „Es ist uninteressant, dass je ein Kind 3, 6, 8 bzw. 11 Tiere hat. Wir sollten sie alle in *einer* Spalte „3 und mehr Tiere" zusammenfassen. So geschieht es. Dazu wird noch ein Streifendiagramm erstellt.

Anzahl der Tiere	0	1	2	3 und mehr
Häufigkeit	7	9	6	4

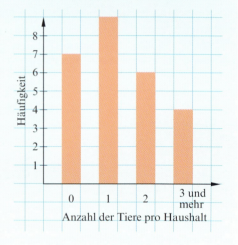

1

a) Führt dieselbe Befragung wie im Beispiel in eurer Klasse durch und wertet sie genauso aus.

b) Fragt auch nach der Anzahl der Stunden, die am Wochenende (Sonnabend und Sonntag zusammen) durchschnittlich vor dem Fernseher verbracht werden und wertet das wie im Beispiel aus.

BEACHTE
Oft ist es sinnvoll, mehrere Ergebnisse in einer sogenannten **Klasse** zusammenzufassen. Oben wurde die Klasse „3 und mehr Tiere" gebildet, in Aufgabe 2 sind die Klassen „5 bis 9", „10 bis 14" usw. bereits vorgegeben.

2

Eine Befragung nach der Dauer des Schulweges ergab in Klasse 5 b folgende Urliste (Angaben in Minuten):
7, 5, 6, 10, 12, 8, 13, 12, 9, 8, 21, 24, 10, 12, 5, 18, 14, 7, 9, 15, 6, 20, 11

a) Übertrage die Tabelle ins Heft und fülle sie aus. Nutze eine Strichliste.

b) Veranschauliche das Ergebnis durch ein Streifendiagramm.

Länge des Schulweges (in min)	5 bis 9	10 bis 14	15 bis 19	20 bis 24
Häufigkeit				

3

In Sabines Klasse wurden sämtliche Schultaschen gewogen und die Mess-ergebnisse notiert. Hier die Urliste (Angaben in Kilogramm):
2,8; 4,5; 3,2; 5,1; 4,3; 2,9; 4,8; 4,9; 3,9; 4,1; 3,7; 4,3; 4,6; 3,8; 3,4; 2,4; 2,9; 4,2; 2,5; 3,1; 4,0; 4,7

a) Ordne die Werte mithilfe einer Strichliste den folgenden Gewichtsklas-sen zu: „unter 2,5 kg", „2,5 bis 2,9 kg", „3,0 kg bis 3,4 kg", „3,5 kg bis 3,9 kg", „4,0 kg bis 4,4 kg", „4,5 kg bis 4,9 kg", „5,0 kg und mehr".
b) Erstelle ein Streifendiagramm. Nimm für 1 kg zwei Kästchen.
c) Welcher Gewichtsunterschied besteht zwischen der schwersten und der leichtesten Schultasche?
d) Wie viele Schüler haben zu schwere Taschen (siehe Randspalte)?

4

Ermittle die Spannweite bei der Anzahl der Tiere im Haushalt (siehe Bei-spiel auf der linke Seite) und bei der Zeit für den Schulweg (siehe Auf-gabe 2). Ermittle auch bei den Befragungen aus Aufgabe 1 die Spannweiten.

5

Uli hat einen Zollstock mit in die Klasse gebracht. Alle Schüler der 5c haben gegenseitig ihre Körpergröße damit gemessen. Bianca hat die Werte in der folgenden Urliste zusammengestellt (alle Angaben in Zentimeter).
138, 145, 150, 121, 130, 134, 152, 148, 130, 134, 140, 151, 125, 147, 133, 142, 144, 129, 155, 142, 139, 146, 139, 153, 149, 137, 135, 147

a) Berechne die Spannweite der Körpergrößen.
b) Zerlege den Bereich 121 cm bis 160 cm in vier gleich breite Klassen und ordne die Urlistenwerte in die Klassen ein (Strichliste!).
c) Stelle eine Häufigkeitstabelle auf und zeichne das zugehörige Streifen-diagramm. Nimm 1 Kästchen für 10 cm.

6

Anja hat herumgefragt, wie viel Taschengeld ihre Freundinnen und Freun-de monatlich erhalten:
25 DM, 50 DM, 60 DM, 18 DM, 44 DM, 40 DM, 18 DM, 18 DM, 15 DM, 30 DM, 20 DM, 32 DM, 16 DM, 30 DM, 36 DM.

a) Berechne die Spannweite des Taschengeldes, das die Kinder erhalten.
b) Bilde selbst geeignete Klassen für die Höhe des Taschengeldes. Fertige eine Häufigkeitstabelle und ein Streifendiagramm zum Taschengeld an.

7

a) Gehe in möglichst viele verschiedene Lebensmittelläden und notiere je-weils den Preis für 250 g Butter, 1 Dose Erbsen, 1 Flasche deiner Lieb-lingslimonade oder von anderen Dingen, die ihr häufig kauft.
b) Ermittle für jedes Produkt die Spannweite der Preise.
c) Bilde für jedes Produkt „Preisklassen". Erfasse dann deren Häufigkeit in Tabellen und zeichne Streifendiagramme.

Zufallsexperimente

1

Baue dir ein Glücksrad, wie es im Bild 1 zu sehen ist.

Drehe das Glücksrad 50-mal und notiere dabei in einer Strichliste das jeweilige Ergebnis. Dazu musst du nur feststellen, welche Zahl in dem Sektor steht, der an der Bleistiftspitze stehen bleibt.

Kontrolliere, ob du insgesamt 50 Striche gezeichnet hast. (Die Striche können bei dir anders als in der folgenden Beispiel-Strichliste verteilt sein!)

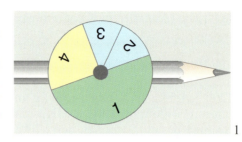

1

Ergebnis	Sektor 1	Sektor 2	Sektor 3	Sektor 4
Häufigkeit	卌 卌 卌 卌 ‖	卌 ‖‖‖	卌 ‖	卌 卌 ‖

> Das Drehen eines Glücksrades ist ein Beispiel für einen **Zufallsversuch**, auch **Zufallsexperiment** genannt.
> Zu jedem Zufallsversuch gehört ein bestimmtes **Ergebnis**.
> Beim Drehen eines Glücksrades ist das Ergebnis der Sektor, auf dem das Rad stehen bleibt, z. B. der Sektor 2.
> Die Zusammenstellung aller möglichen Ergebnisse heißt **Ergebnismenge**. Beim Glücksrad im Bild 1 sind die möglichen Ergebnisse: Sektor 1, Sektor 2, Sektor 3, Sektor 4.
> Wir schreiben für die Ergebnismenge kurz **{1; 2; 3; 4}**.

2

a) Wenn das Rad im Bild 1 ein „Glücksrad" sein soll, muss man damit auch etwas gewinnen können. So sagte sich jedenfalls Jonny Clever.
Er schlug seiner Banknachbarin Bianca vor: Bleibt das Rad auf Sektor 1 oder 4 stehen, so gewinnt er, bleibt es hingegen auf 2 oder 3 stehen, gewinnt Bianca. Soll sich Bianca darauf einlassen?

b) Sonja ist zufrieden, wenn sie beim Ergebnis 1 gewinnt und überlässt ihrem Spielpartner die Zahlen 2, 3 und 4. Würdest du mit Sonja spielen?

> Bei einem Zufallsversuch weiß man nie im Voraus, welches Ergebnis herauskommen wird. Man kann aber sagen, dass ein bestimmtes Ergebnis im Vergleich zu einem anderen Ergebnis **mit größerer Wahrscheinlichkeit** herauskommen wird.
> Das Glücksrad im Bild 1 hält z. B. mit größerer Wahrscheinlichkeit auf einem grünen Sektor als auf einem blauen Sektor. (Der grüne Sektor ist größer als der blaue.) Hingegen bleibt es **mit gleicher Wahrscheinlichkeit** auf einem gelben oder auf einem blauen Sektor stehen (da beide gleich groß sind).

3

a) Drehe dein Glücksrad erneut 50-mal und stelle mithilfe einer Strichliste fest, wie oft die folgenden Ergebnisse auftreten: grün, gelb, blau.

b) Fertige ein Streifendiagramm an.

4L

Das Bild 1 zeigt ein weiteres Glücksrad.

1

a) Gib die Ergebnismenge bei Betrachtung der Zahlen (der Farben) an.

b) Gib für die Gewinnmöglichkeit (1) bis (6) jeweils die Zahlen der Sektoren an, auf denen das Rad stehen bleiben könnte um zu gewinnen.

(1) ungerade Zahl gewinnt   (2) Quadratzahl gewinnt

(3) grün gewinnt   (4) blau und rot gewinnen

(5) jede Ampelfarbe gewinnt   (6) durch 3 teilbare Zahl gewinnt

c) Das Rad bleibt auf dem Sektor 5 stehen. Welche der Fälle (1) bis (6) passen dazu?

5

Welches sind die „Gewinnzahlen" bei den folgenden Vereinbarungen? Man gewinnt, wenn das Rad **a)** *nicht* auf 1 stehen bleibt, **b)** *nicht* auf blau stehen bleibt, **c)** *nicht* auf blau oder rot stehen bleibt. (Siehe Bild 1.)

6L

Stell dir vor, du könntest beim Glücksrad im Bild 1 jeweils zwischen zwei Gewinnmöglichkeiten (1) und (2) wählen. Welche ist für dich günstiger? Das heißt, was wird mit höherer Wahrscheinlichkeit eintreten?

a) (1) rot   (2) blau   **b)** (1) 7   (2) 3

c) (1) gelb   (2) grün   **d)** (1) rot   (2) 4 oder 5

e) (1) blau   (2) 4, 5, 6 oder 7   **f)** (1) 3 oder 7 (2) 4 oder 5

g) (1) Ampelfarbe (2) *nicht* blau   **h)** (1) *nicht* blau (2) *nicht* 1 oder 7

HINWEIS
zu Aufgaben 5 und 6:
Bei *„nicht* auf blau"
gewinnt man, wenn
das Rad auf irgend-
einem Sektor stehen
bleibt, der nicht blau
ist.
„4, 5, 6 oder 7" be-
deutet, man gewinnt,
wenn das Rad auf 4,
5, 6 oder 7 stehen
bleibt.

7

a) Zufallsergebnisse liefert auch das Würfeln. Gib die Ergebnismenge an.

b) Würfle 100-mal und notiere, wie häufig die einzelnen Ergebnisse auftreten. Fertige ein Streifendiagramm an.

c) Glaubst du, dass die Wahrscheinlichkeit für eine „6" geringer ist als die für eine „1"? Sagt das Diagramm von b) etwas darüber aus?

d) Gib für die folgenden Fälle die möglichen (Würfel-)Ergebnisse an.

(1) Die Zahl ist kleiner als 4.   (2) Die Zahl ist größer als 4.

(3) Die Zahl ist größer als 0.   (4) Die Zahl ist kleiner als 1.

e) Ordne die Fälle (1) bis (4) nach wachsender Wahrscheinlichkeit.

> Beachte die beiden **Grenzfälle der Wahrscheinlichkeit**:
> Es gibt Fälle, die können **unmöglich** eintreten – z. B. das Würfeln einer Zahl kleiner als 1. Andere Fälle treten dagegen **ganz sicher** ein – z. B. das Würfeln einer Zahl größer als 0.

8

Leo würfelt 18-mal. Er erhielt unter anderem zweimal die „6" und viermal die „1". Nun bezweifelt er, dass alle Würfelergebnisse gleichwahrscheinlich sind. Was sagst du?

9

Auch beim Mensch-ärgere-dich-nicht-Spiel wird gewürfelt. Im Bild 1 ist Blau gerade am Zug.

a) Stelle die für ihn günstigen Würfelergebnisse zusammen.
b) Gib die für „Blau schlägt Rot" und die für „Blau kommt ins Ziel" möglichen Ergebnisse an.
c) Was ist wahrscheinlicher: „Blau schlägt Rot" oder „Blau kommt ins Ziel"?
d) Löse die Aufgabenteile b) und c) unter der Voraussetzung, dass sich auch auf den Feldern ⓐ und ⓑ bereits blaue Steine befinden.

1

10

Wirf diesmal mit zwei Würfeln zugleich. Ermittle jeweils die Augensumme.
a) Gib die Ergebnismenge für die möglichen Augensummen an.
b) Würfle 100-mal und notiere die Augensummen in einer Strichliste.
c) Fertige ein Streifendiagramm für die Augensummen-Häufigkeiten an. (Streifenbreite 1 Kästchen, Häufigkeit gleich Anzahl der Kästchen)
d) Welche Augensumme tritt am häufigsten auf? Wie erklärst du dir das?

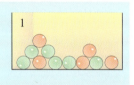

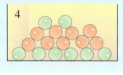

2

11

Im Bild 2 sieht man vier Schachteln, in denen sich grüne und rote Kugeln befinden. Eine Schachtel darf man sich aussuchen. Die darin befindlichen Kugeln werden gründlich durcheinander gebracht. Anschließend zieht man mit verbundenen Augen eine Kugel. Ist die Kugel grün, so hat man gewonnen, sonst verloren.
a) Welche Schachtel würdest du wählen? Begründe deine Wahl.
b) Ordne die Schachteln nach abnehmender Gewinnwahrscheinlichkeit (die günstigste zuerst und die ungünstigste zuletzt).

12

Die Ziehung der Lottozahlen bei „6 aus 49" ist mit der Entnahme von Kugeln aus einer Schachtel vergleichbar.
Ulli hat auf seinem Tippschein die Zahlen 7, 13, 25, 38, 43, 49 angekreuzt, Anke die Zahlen 1, 2, 3, 4, 5, 6.
Als Ulli Ankes Schein sieht, lacht er ganz laut. Zu Recht?

EXPERIMENT
Wirf ein Reißzwecke 100-mal und notiere, wie oft sie auf der Spitze und wie oft sie auf der Platte liegen bleibt.
(Du kannst auch 10-mal gleichzeitig 10 Reißzwecken werfen.)
Ist eines von beiden, also „Spitze" oder „Platte" zu werfen, wahrscheinlicher?

Brüche

Bäume in Sachsen

Anteile der verschiedenen Baumarten

4 von 5 Bäumen $\left(\frac{4}{5}\right)$ sind Nadelbäume

Ein Fünftel der Bäume sind Laubbäume

Auffallend ist der sehr geringe Buchen- und Eichenanteil $\left(\frac{3}{40}\right)$

Waldgebiete in Sachsen

vorwiegend Kiefer

vorwiegend Fichte

vorwiegend Laubbaumarten

waldarmes bis waldfreies Gebiet

Brüche – Teile von Ganzen

Große Teile des Waldes sind durch Umwelteinflüsse geschädigt.
In Sachsen sind z. B. nur zwei Fünftel der Bäume gesund. Dagegen ist ein Viertel der Bäume stark geschädigt. Der Rest ist leicht bis mittelschwer geschädigt.
In der folgenden Abbildung werden diese Anteile grafisch dargestellt.
Kannst du erkennen, welcher Anteil leicht bis mittelschwer geschädigt ist?

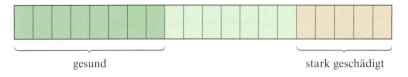

gesund   stark geschädigt

1

Tamara teilt sich mit ihren drei Freundinnen eine Tafel Schokolade. Sie will die Tafel in vier gleich große Teile teilen. Jeder bekommt ein Viertel der Tafel. Wie viele Stücke erhält jedes Mädchen?

2

Bäcker Lange hat kurz vor Ladenschluss von drei Torten noch einige Reste.

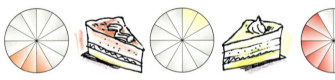

Erdbeertorte   Zitronentorte   Kirschtorte

a) In wie viele Teile wurden die einzelnen Torten geteilt?
b) Welcher Anteil der Erdbeertorte ist noch übrig?
c) Welcher Anteil der Zitronentorte wurde verkauft?
d) Frau Lehmann kauft noch zwei Stücke Kirschtorte. Welcher Anteil der Kirschtorte bleibt übrig?

Teile vom Ganzen werden durch **Brüche** bezeichnet.

BEISPIEL
Eine ganze Pizza wird in 6 gleich große Teile geteilt.

Wir veranschaulichen
Teile der Pizza: ein Sechstel   zwei Sechstel   fünf Sechstel

Dafür
schreiben wir
Brüche: $\frac{1}{6}$ $\frac{2}{6}$ $\frac{5}{6}$

3

Zeichne vier Kreise mit einer Zirkelspanne von 2 cm.
Teile jeden Kreis in 8 gleiche Teile und färbe die folgenden Anteile.

a) $\frac{1}{8}$ **b)** $\frac{3}{8}$ **c)** $\frac{6}{8}$ **d)** $\frac{7}{8}$ **e)** $\frac{4}{8}$

Zirkelspanne

4

Zeichne vier Quadrate mit einer Seitenlänge von 4 cm.
Teile jedes Quadrat in 16 gleiche Teile und färbe die folgenden Anteile.

a) $\frac{1}{16}$ **b)** $\frac{5}{16}$ **c)** $\frac{8}{16}$ **d)** $\frac{11}{16}$ **e)** $\frac{15}{16}$

5

Eine Pizza soll gleichmäßig an einige Kinder verteilt werden.
Welchen Anteil erhält jedes Kind bei folgender Anzahl von Kindern?
Schreibe den Anteil als Bruch.

a) 3   **b)** 4   **c)** 5   **d)** 6   **e)** 10

6

Eine Tafel Schokolade mit 18 Stücken soll gleichmäßig verteilt werden.
Welchen Anteil erhält jeder bei folgender Anzahl von Kindern?
Wie viele Stücke sind das jeweils?

a) 3   **b)** 6   **c)** 9   **d)** 2   **e)** 4

7

Matthias will für seine Geburtstagsfeier bunte Luftballons aufhängen (vgl.
Randspalte). Schreibe die folgenden Anteile als Brüche.
a) Welcher Anteil der Luftballons ist rot?
b) Welcher Anteil ist gelb?
c) Welcher Anteil ist grün beziehungsweise rot?

8

In wie viele Teile wurde das Ganze jeweils geteilt?
Gib den gefärbten Anteil als Bruch an.

a)   **b)**   **c)**   **d)**   **e)**

BEISPIEL
Ein Ganzes ist in
vier Teile geteilt.

Ein Teil davon ist $\frac{1}{4}$.
Vier Teile
davon sind $\frac{4}{4}$.
4 Viertel sind
ein Ganzes: $\frac{4}{4} = 1$.

Zu einem Bruch gehören:

Zähler	2
Bruchstrich	—
Nenner	9

Der **Nenner** sagt:
Teile ein Ganzes in 9 gleich große Teile.
Der **Zähler** sagt:
Nimm 2 von diesen 9 Teilen.

9

Früher wurden Brüche im Alltag häufig verwendet, zum Beispiel findet man sie auf alten Münzen und Briefmarken. Aber auch heute spielen Brüche eine große Rolle.

a) Wie viele Briefmarken wie im Bild konnte man für zwei Groschen kaufen?

b) Suche möglichst viele Beispiele dafür, wo heute im Alltag Brüche verwendet werden.

Briefmarke von 1868

BEACHTE
Häufig schreibt man Brüche auch mit einem schrägen Bruchstrich. Dabei bedeutet z. B. ¼ das Gleiche wie $\frac{1}{4}$.

10

Welche Brüche sind dargestellt? Welcher Teil fehlt noch bis zum Ganzen?

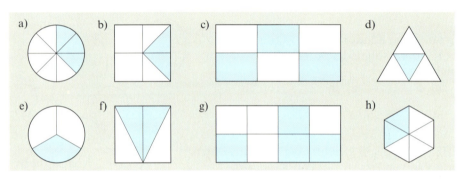

$3\frac{1}{2}$-Zoll-Diskette

11

Familie Müller will in den Urlaub fahren. Der Vater bepackt das Auto. Nach einer Weile (siehe Bild) ruft der Vater: „Drei Fünftel der Sachen sind schon eingepackt!" Stimmt das?

12

Die Flaggen von vielen Ländern bestehen aus verschiedenen Farbstreifen.

a) Welcher Bruchteil ist bei den folgenden Flaggen rot gefärbt?

b) Welcher Bruchteil ist jeweils weiß gefärbt?

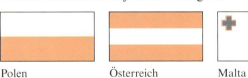
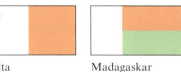

| Polen | Österreich | Malta | Madagaskar |

c) Beantworte die Fragen a) und b) auch für die Flaggen von Peru, Bulgarien, Costa Rica und Luxemburg.

HINWEIS
In der Schulbibliothek findest du sicher ein Lexikon, in dem du nachschlagen kannst.

13

Nimm ein Blatt aus deinem Notizblock.
Falte es so, dass die folgende Anzahl von gleich großen Teilen entsteht.

a) 4   b) 8   c) 3   d) 6

Welchen Bruchteil bilden jeweils zwei Teile? Färbe sie.

14

Steffen wollte verschiedene geometrische Figuren halbieren und jeweils eine Hälfte färben. Prüfe Steffens Lösungen. Wenn du Fehler findest, zeichne die Figuren in dein Heft und färbe jeweils eine Hälfte richtig.

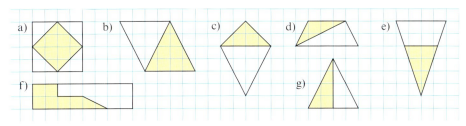

15

Welche Rechtecke lassen sich gut in 12 Teile teilen?
a) 3 cm lang, 4 cm breit   **b)** 3 cm lang, 3 cm breit
c) 4 cm lang, 6 cm breit   **d)** 2 cm lang, 6 cm breit

16

Wähle selbst geeignete Rechtecke aus, zeichne sie und färbe folgende Anteile.

a) $\frac{7}{12}$ **b)** $\frac{9}{12}$ **c)** $\frac{1}{3}$ **d)** $\frac{3}{12}$ **e)** $\frac{5}{12}$ **f)** $\frac{3}{5}$

17

Ein Dominospiel:
Übertrage die Bilder der Randspalte auf kariertes Papier und schneide sie aus.
Bilder, die gleiche Bruchteile veranschaulichen, werden aneinander gelegt.
Bei richtiger Lösung ergibt sich ein Satz.

18

In den folgenden Abbildungen sind Teile von Ganzen gegeben.
Überlege, wie das Ganze aussehen kann und zeichne es in dein Heft.

a) $\frac{1}{4}$ **b)** $\frac{2}{6}$ **c)**  $\frac{3}{8}$ **d)** $\frac{1}{8}$

e)  $\frac{1}{2}$ **f)** $\frac{2}{8}$ **g)** $\frac{1}{4}$ **h)** $\frac{2}{6}$

19

Wie viel fehlt noch an einem Ganzen?

a) $\frac{1}{3}$ **b)** $\frac{2}{5}$ **c)** $\frac{4}{4}$ **d)** $\frac{60}{130}$ **e)** $\frac{97}{100}$ **f)** $\frac{5}{63}$

g) $\frac{1}{4}$ **h)** $\frac{5}{7}$ **i)** $\frac{50}{200}$ **j)** $\frac{7}{7}$ **k)** $\frac{43}{50}$ **l)** $\frac{7}{42}$

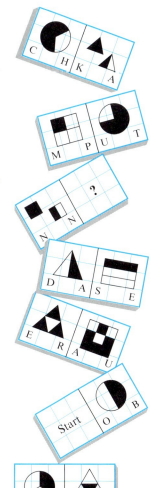

20

Felix und Sandra überlegen, welcher Anteil der Kreise gefärbt ist.
Wer hat jeweils Recht? Was wurde falsch gemacht?

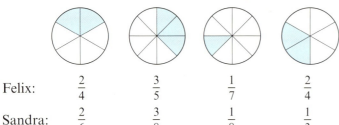

Felix: $\frac{2}{4}$ $\frac{3}{5}$ $\frac{1}{7}$ $\frac{2}{4}$

Sandra: $\frac{2}{6}$ $\frac{3}{8}$ $\frac{1}{8}$ $\frac{1}{3}$

21

Stelle dir aus Pappe 4 Halbe, 8 Viertel und 16 Achtel von Kreisen mit 6 cm Durchmesser her. (Hebe sie gut auf, du kannst sie noch gebrauchen.)

a) Lege mit den Kreisteilen $\frac{3}{8}$, $\frac{3}{4}$, $\frac{5}{8}$, $\frac{1}{2}$, $\frac{7}{8}$ und 1 Ganzes.

Gibt es verschiedene Möglichkeiten?

b) Lege die Hälfte von $\frac{1}{2}$, die Hälfte von $\frac{1}{4}$ und die Hälfte von $\frac{3}{4}$.

c) Lege eine ganze Kreisfläche aus 2, 3, 4, 5, 6, 7 Teilen.

BEISPIEL
Peter hat zu seinem Geburtstag Waffeln gebacken. Er will sich die 6 restlichen Waffeln gerecht mit seinen 4 Freunde teilen. Darum teilt er jede Waffel in 5 gleich große Teile.

Jedes Kind bekommt also $\frac{1}{5}$ von jeder der sechs Waffeln.

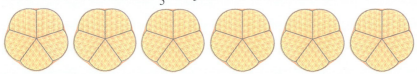

Max überlegt:
„Du hättest doch auch erstmal jedem eine ganze Waffel geben können. Von der letzten Waffel hättest du dann jedem noch $\frac{1}{5}$ gegeben. Sechs Fünftel sind ein Ganzes und ein Fünftel."

ANLEITUNG
zu Aufgabe 21:
• Zeichne 6 Kreise ($r = 3$ cm).
• Schneide sie aus.
• Falte alle Kreise zur Hälfte, davon 4 wieder zur Hälfte. und davon 2 wieder zur Hälfte.
• Schneide entlang der Faltlinien.

$\frac{1}{5}$ von 6 Waffeln
sind $\frac{6}{5}$ Waffeln.

Das entspricht einer ganzen und einer fünftel Waffel.

22

Veranschauliche mit den Kreisteilen aus Aufgabe 21 die folgenden Brüche.

a) $\frac{3}{2}$ **b)** $\frac{7}{4}$ **c)** $\frac{4}{2}$ **d)** $\frac{3}{4}$ **e)** $\frac{13}{8}$ **f)** $\frac{9}{4}$

g) $\frac{5}{4}$ **h)** $\frac{12}{8}$ **i)** $\frac{3}{8}$ **j)** $\frac{16}{8}$ **k)** $\frac{6}{4}$ **l)** $\frac{5}{2}$

> Brüche wie $\frac{4}{3}$, $\frac{3}{2}$ und $\frac{7}{4}$, die mehr als ein Ganzes sind, nennt man **unechte Brüche**.

BEISPIEL

Das sind $\frac{4}{3}$.

Claudia hat eine Idee: „Ich kann zur Veranschaulichung von Bruchteilen ein Geobrett verwenden. Um das Ganze habe ich einen blauen Gummi gezogen, um den Bruchteil einen roten." Hier sind einige Beispiele:

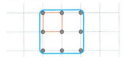 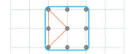 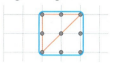 

Das ist ein Viertel.   Das ist auch ein Viertel.   Das ist die Hälfte.

23

Tanja versucht ebenfalls Brüche am Geobrett zu veranschaulichen.

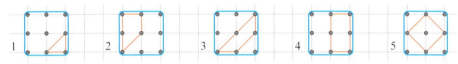

a) Welche Bruchteile hat Tanja dargestellt?
b) Welcher Bruchteil fehlt jeweils bis zu einem Ganzen?

24

a) Stelle die Bruchteile $\frac{1}{2}$, $\frac{1}{4}$, $\frac{1}{8}$, $\frac{3}{8}$ und $\frac{6}{8}$ am Geobrett dar. Versuche verschiedene Möglichkeiten zu finden. Halte deine Ideen in einer Zeichnung fest.

b) Schreibe auf, welcher Bruchteil bei den Bildern in der Randspalte jeweils noch bis zu einem Ganzen fehlt.

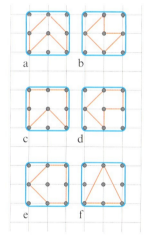

25

Spanne auf deinem Geobrett mit einem blauen Gummi ein Ganzes.
Spanne nun mit einem roten Gummi alle möglichen Figuren der folgenden Art, die du finden kannst, und skizziere sie in deinem Heft.
Welchen Bruchteil stellen sie jeweils dar?
a) Quadrate   b) Rechtecke   c) Dreiecke

26

Ein rechteckiges Stück Land wird für den Eigenheimbau aufgeteilt. Familie Lehmann erwirbt $\frac{1}{3}$ der Fläche, Familie Müller $\frac{1}{4}$, Familie Meyer $\frac{1}{6}$ und Familie Schulz den Rest.
a) Ermittle zeichnerisch den Anteil, den Familie Schulz erhält.
b) Welchen Kaufpreis muss jede Familie bezahlen, wenn der Preis des Gesamtgrundstücks 480 000 DM beträgt?

27

Petra verteilt Nüsse. Ulrike erhält die Hälfte der Nüsse, Matthias die Hälfte des Rests und Andreas die Hälfte des neuen Rests. Zum Schluss hat Petra noch vier Nüsse. Wie viele Nüsse hatte Petra am Anfang?

Teile von Größen

Modernes Rotkäppchen

Es war einmal an einem Samstag. Anne fuhr mit dem Mountainbike die 15 km lange Strecke von Jägerstadt nach B-Dorf, um der Omi das neueste Sonderangebot, eine Kaffeemaschine für 19 DM, aus dem Supermarkt zu bringen. Als sie zwei Drittel des Weges zurückgelegt hatte, pflückte sie noch Gras für Omas Meerschweinchen. Danach legte sie sich kräftig in die Pedale, pfiff ihren Lieblingssong vor sich hin. Da passierte es! Hinter der nächsten Wegbiegung, am Kilometerstein 12 stand er vor ihr! – „Ach du bist es, Bello", sagte Anne. „Komm, Oma erwartet uns bereits in einer viertel Stunde."

a) Nach welcher Wegstrecke pflückte Anne Gras für das Meerschweinchen?

b) Den wievielten Teil der Gesamtstrecke hatte Anne zurückgelegt, bis sie auf Bello traf?

c) In wie viel Minuten erwartet die Oma ihre Enkelin?

d) Wie viel kostete die Kaffeemaschine für die Oma vor der Preissenkung?

2

Annes Großmutter hat für ihre Enkelin einen Kuchen gebacken. Dazu benötigte sie $\frac{1}{2}$ Stück Butter (250 g) und $\frac{3}{8}$ l Milch.

Wie viel Gramm Butter und wie viel Milliliter Milch sind das?

BEISPIELE

Im täglichen Leben stößt man immer wieder auf Anteile von Größen.

a) $\frac{1}{5}$ von 350 g Käse

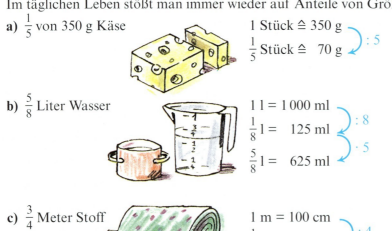

1 Stück $\cong$ 350 g	
$\frac{1}{5}$ Stück $\cong$ 70 g	$\Big\} : 5$

b) $\frac{5}{8}$ Liter Wasser

1 l = 1 000 ml	
$\frac{1}{8}$ l = 125 ml	$\Big\} : 8$
$\frac{5}{8}$ l = 625 ml	$\Big\} \cdot 5$

c) $\frac{3}{4}$ Meter Stoff

1 m = 100 cm	
$\frac{1}{4}$ m = 25 cm	$\Big\} : 4$
$\frac{3}{4}$ m = 75 cm	$\Big\} \cdot 3$

HINWEIS

Das Zeichen „$\cong$" bedeutet so viel wie „sind" oder „entspricht".
1 Stück $\cong$ 350 g bedeutet also:
1 Stück entspricht 350 g.

AUFGABE

Finde selbst interessante Beispiele für Bruchteile von Größen.
Formuliere eine Aufgabe und löse sie.

3

Berechne nacheinander die Hälfte, ein Viertel, drei Viertel, ein Zehntel und sieben Zehntel von den angegebenen Größen.

a) 60 kg   **d)** 1 000 g   **g)** 240 l   **j)** 3 000 t

b) 200 cm   **e)** 280 t   **h)** 100 mm   **k)** 150 DM

c) 4 h   **f)** 2 l   **i)** 3 h   **l)** 3 kg

BEISPIEL

Wie viel sind $\frac{3}{4}$ von 12 Flaschen?

Das Ganze

$\hat{=}$ 12 Flaschen

$\frac{1}{4} \hat{=}$ 3 Flaschen $: 4$

$\frac{3}{4} \hat{=}$ 9 Flaschen $\cdot 3$

4

Berechne den jeweils angegebenen Bruchteil.

a) $\frac{2}{7}$ von 77 Gläsern   **d)** $\frac{5}{6}$ von 72 DM   **g)** $\frac{3}{7}$ von 28 DM

b) $\frac{1}{4}$ von 108 kg   **e)** $\frac{7}{2}$ von 20 l   **h)** $\frac{1}{3}$ von 99 t

c) $\frac{1}{3}$ von 930 m   **f)** $\frac{4}{5}$ von 95 Tagen   **i)** $\frac{5}{12}$ von 1 Jahr

5

Gib in Monaten an.   Gib in Tagen an.

a) $\frac{1}{4}$ Jahr   **c)** $\frac{5}{12}$ eines Jahres   **e)** $\frac{1}{2}$ Monat   **g)** $\frac{5}{9}$ eines Jahres

b) $\frac{1}{2}$ Jahr   **d)** $\frac{5}{6}$ eines Jahres   **f)** $\frac{3}{4}$ Monat   **h)** $\frac{23}{60}$ eines Jahres

ERINNERE DICH

1 Jahr $\approx$ 360 Tage
1 Monat $\approx$ 30 Tage
1 Quartal $= \frac{1}{4}$ Jahr

1 Tag   = 24 Stunden
1 Stunde = 60 Minuten
1 Minute = 60 Sekunden

1 km   = 1 000 m
1 m   =   10 dm
1 dm   =   10 cm
1 cm   =   10 mm

1 t   = 1 000 kg
1 kg   = 1 000 g
1 g   = 1 000 mg

6

Gib die Größe in der nächstkleineren Einheit an.

a) $\frac{1}{4}$ t   **c)** $\frac{1}{3}$ dm   **e)** $\frac{1}{3}$ l   **g)** $\frac{5}{8}$ t

b) $\frac{3}{5}$ g   **d)** $\frac{3}{10}$ km   **f)** $\frac{2}{3}$ min   **h)** $\frac{7}{4}$ m

7

Nimm eine 60 cm lange Schnur. Teile diese Schnur ohne zu messen in

a) 2   **b)** 3   **c)** 4   **d)** 6   **e)** 8

gleich große Teile.
Wie lang ist jedes Teil?
Rechne erst und prüfe dann durch Messen.

8

a) Verteile 1 l Wasser gleichmäßig auf 2, 4, 5, 6 bzw. 8 Gefäße.
 Wie viel Wasser ist jeweils in den Gefäßen?

b) Wie viel Wasser wurde verteilt?

– In zwei Gefäßen ist je ein viertel Liter.

– In drei Gefäßen ist je ein halber Liter.

– In zwei Gefäßen sind je drei viertel Liter.

Überprüfe deine Ergebnisse mit einem Messgefäß.

BEISPIEL

Ronny hilft seiner Klassenleiterin beim Einsammeln der Anzahlung
für die Landschulheimwoche der Klasse 5 d. Heute werden 52 DM von
jedem Schüler kassiert. Das sind zwei Drittel der Gesamtkosten.
Wie viel kostet der Aufenthalt im Landschulheim pro Schüler?

Was ist zu tun, wenn ein Bruchteil gegeben und das Ganze gesucht ist?

Wir wissen: $\frac{2}{3}$ des Ganzen sind 52 DM. $\qquad \frac{2}{3} \triangleq 52$ DM

Dann sind $\frac{1}{3}$ des Ganzen 26 DM. $\qquad \frac{1}{3} \triangleq 26$ DM $\Big\} \begin{array}{l}: 2 \\ \cdot 3\end{array}$

Und das Ganze sind 3 · 26 DM = 78 DM. $\qquad 1 \triangleq 78$ DM

9

Gib jeweils das Ganze an.

a) $\frac{1}{6}$ sind 15 DM   **d)** $\frac{1}{5}$ sind 10 min   **g)** $\frac{1}{4}$ sind 115 t

b) $\frac{2}{3}$ sind 48 cm   **e)** $\frac{3}{4}$ sind 18 cm   **h)** $\frac{6}{5}$ sind 120 l

c) $\frac{1}{3}$ sind 99 kg   **f)** $\frac{1}{15}$ sind 21 s   **i)** $\frac{7}{8}$ sind 84 ha

BEISPIEL

Der Freistaat Sachsen hat eine Fläche von ungefähr
1 800 000 ha. Davon sind etwa 450 000 ha Waldgebiet.
Welcher Anteil der Fläche Sachsens ist Wald?

Ganze Fläche $\triangleq$ 1 800 000 ha $\Big\rangle : \boxed{?}$

Waldfläche $\triangleq$ 450 000 ha
1 800 000 : 450 000 = 4, also gilt auch
1 800 000 : $\boxed{4}$ = 450 000

Also: Ein Viertel der Fläche Sachsens ist Waldfläche.

KNOBELEI
Welcher Bruchteil
von 1 m ist jeweils
gegeben?
50 cm, 25 cm, 7 dm,
250 mm, 13 dm,
7 500 cm

10

Stelle die folgenden Angaben als Bruchteil dar.
a) 13 Gewinne auf 130 000 Lose   **b)** 85 von 1 020 Schülern
c) 1,20 DM von 10,80 DM   **d)** 40 s von einer Minute
e) 42 g von 546 g   **f)** 750 Treffer auf 2 250 Würfe
g) 120 s von einer Stunde   **h)** 2 dm von 1 m

11

Bei der letzten Mathematikarbeit hat $\frac{1}{7}$ der 28 Schüler der Klasse 5 d eine 1

geschrieben, $\frac{1}{4}$ eine 2, $\frac{1}{4}$ eine 3 und $\frac{3}{14}$ eine 4.

Gibt es Schüler, die eine schlechtere Note bekamen?

HINWEIS
Sind mit diesen An-
gaben alle Schüler
erfasst?

12

Jeanettes Freund hat sich vor einem halben Jahr einen Computer für 4 500 DM gekauft. Da er aus beruflichen Gründen ins Ausland geht, will er den Computer an Jeanette für $\frac{2}{3}$ des Neupreises verkaufen.

Wie viel muss Jeanette bezahlen?

13

Herr Steffen verkauft seinen Gebrauchtwagen für 5 200 DM. Das ist $\frac{1}{4}$ des Neuwertes. Wie viel hat das neue Auto gekostet?

14

Die Waldschule in Burgenhausen hat 630 Schülerinnen und Schüler, $\frac{4}{7}$ davon sind Mädchen, $\frac{5}{9}$ der Mädchen fahren gern Rollschuh bzw. Skateboard.

a) Wie viele Mädchen hat die Schule?
b) Wie viele der Mädchen fahren gern Rollschuh bzw. Skateboard?

15

Eine Kleingartenanlage hat eine Gesamtfläche von 3 600 m². Ein Zehntel der Gesamtfläche nimmt ein Parkplatz ein. Ein Achtel der Gesamtfläche sind Wege.
a) Wie groß ist der Parkplatz?
b) Wie viele Quadratmeter beanspruchen die Wege?
c) Wie groß ist die für die Gärten verbleibende Fläche?

16

Für eine Schulstatistik erfasst die Sekretärin in Peters Klasse die nebenstehenden Angaben.
Die Sekretärin stellt fest, dass sie für ein Drittel aller Schüler dieser Klasse Trinkmilch bestellen muss.
a) Wie viele Schüler hat diese Klasse?
b) Gib den Anteil der Schüler für die anderen Angaben durch einen Bruch an.

10
Milchtrinker
20
Essenteilnehmer
5
Busfahrschüler
15
Fahrradfahrer

17

Michael, Torsten und Annegret sind beim Talentefest der Schule die Gewinner eines Wissenstotos. Der Schulförderverein hat 60 DM für die besten Knobeler gespendet. Michael erhält ein Fünftel vom Gewinn, Torsten drei Zehntel und Annegret den Rest.
Wie viel Geld gewinnt jedes Kind?

18

Drei Viertel der Mitglieder einer Sportgruppe spielen Fußball. Ein Drittel der Fußballspieler spielen auch Volleyball, das sind 10 Personen.
Wie viele Mitglieder hat die Sportgruppe?

19

In einer 5. Klasse trainieren ein Drittel aller Schüler in einer Sportgemein-schaft. Die Hälfte davon sind Leichtathleten, drei Schüler spielen in einer Fußballmannschaft und zwei Schüler turnen.
a) Wie viele Schüler hat diese 5. Klasse?
b) Sammle in deiner Klasse andere statistische Angaben, formuliere damit ähnliche Aufgaben und löse diese.

20

Gegeben ist eine Strecke $\overline{AB}$.

a) Schätze, welchen Bruchteil der Strecke $\overline{AB}$ die Strecken $\overline{CD}, \overline{EF}, \overline{GH}, \overline{IK}$ darstellen.

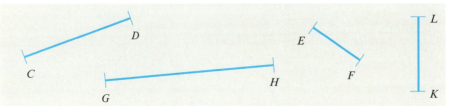

b) Wie kann man kontrollieren, ob der Schätzwert richtig war?
c) Berechne nacheinander die Hälfte, ein Viertel, drei Viertel, zwei Drittel, fünf Achtel und dreizehn Zehntel von 360 km.

21

Was ist mehr?
a) $\frac{1}{4}$ von 72 DM oder $\frac{3}{4}$ von 72 DM   e) $\frac{6}{7}$ von 105 DM oder $\frac{3}{4}$ von 64 DM

b) $\frac{2}{5}$ von 135 l oder $\frac{3}{5}$ von 85 l   f) $\frac{4}{9}$ von 108 kg oder $\frac{7}{11}$ von 121 kg

c) $\frac{2}{3}$ von 660 kg oder $\frac{4}{3}$ von 330 kg   g) $\frac{5}{6}$ von 1 h oder $\frac{5}{4}$ von 40 min

d) $\frac{1}{2}$ von 56 m oder $\frac{1}{4}$ von 108 m   h) $\frac{1}{2}$ l von 7 l oder $\frac{1}{2}$ l von 9 l

22

Lorry driver Larry is driving through the town.
At his first stop he has to load 15 tons of coal.
For the next stops he has the following delivery order:
1st stop: unload one third
2nd stop: unload one fifth of what is left
3rd stop: unload half of what is left
4th stop: unload one fourth of what is left.
How much coal does Larry have to unload at his last stop?

AUFGEPASST
Welche Strecke ist länger?

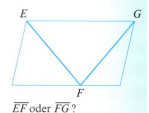

$\overline{AB}$ oder $\overline{CD}$?

$\overline{EF}$ oder $\overline{FG}$?

VOKABELN

lorry: Lkw
to drive: fahren
to load: laden
to unload: entladen
coal: Kohle
the following: die folgende
to deliver: liefern

one third: $\frac{1}{3}$

one fifth: $\frac{1}{5}$

of what is left: was übrig war

one fourth: $\frac{1}{4}$

23

Wirf 100-mal einen Spielwürfel. Halte in einer Strichliste fest, wie oft die einzelnen Augenzahlen auftreten. Gib für jede mögliche Augenzahl den Anteil an der Gesamtzahl der Würfe als Bruch an.

24

Rita hat mit einem schwarzen und einem weißen Würfel gewürfelt und die Augenzahlen in einer Tabelle festgehalten.

schwarz	2	1	4	5	2	4	3	6	2	2	3	1	5	5	6
weiß	6	2	3	1	5	4	2	4	2	4	5	3	4	6	6

schwarz	1	3	6	6	3	4	5	2	1	5	5	2	4	6	3
weiß	1	4	5	2	6	3	5	6	3	3	3	2	6	1	1

a) Gib den Anteil der Würfe an, bei denen auf beiden Würfeln die gleiche Augenzahl zu sehen war.

b) Gib den Anteil der Würfe an, bei denen auf beiden Würfeln ungerade Zahlen auftraten.

c) Wie groß ist der Anteil der Würfe, bei denen die Augenzahl des weißen Würfels kleiner als die des schwarzen Würfels war?

d) Stelle deinem Nachbarn weitere Fragen.

KNOBEL-EI
Eine Bäuerin verkauft an eine Nachbarin von den vorrätigen Eiern die Hälfte und ein halbes Ei. Vom Rest verkauft sie an die andere Nachbarin wieder die Hälfte und ein halbes Ei. Ein Ei blieb dann übrig. Wie viele Eier hatte die Bäuerin am Anfang?
Tipp: Natürlich werden nur ganze Eier verkauft.

AUFGABEN ZUR WIEDERHOLUNG

1. Rechne im Kopf.
   a) $5\,628 + 1$ b) $1 + 345$ c) $5\,860 - 1$
   d) $1 - 1$ e) $1 \cdot 4\,729$ f) $4\,002 \cdot 1$
   g) $1 : 1$ h) $456 : 1$ i) $1 \cdot 1$

2. Rechne im Kopf.
   a) $1\,713 + 0$ b) $0 + 491$ c) $6\,321 - 0$
   d) $0 - 172$ e) $647 \cdot 0$ f) $0 \cdot 2\,381$
   g) $0 \cdot 0$ h) $0 : 4$ i) $0 : 7\,439$
   j) $8 : 0$ k) $0 : 0$ l) $0 : 1$
   m) $(681 + 474) \cdot 0$ n) $0 \cdot (3\,754 - 101)$

3. Rechne schriftlich.
   a) $40\,702 + 3\,609$ b) $50\,309 - 20\,820$
   c) $102\,067 + 30\,893$ d) $107\,003 - 19\,406$
   e) $3\,006 \cdot 702$ f) $10\,001 \cdot 2\,004$
   g) $5\,050 : 50$ h) $30\,045 : 5$
   i) $363\,636 : 6$ j) $140\,021 : 7$

4. Löse das Kreuzzahlrätsel im Heft.

A		B	
C		D	E
	F		
G		H	
I		K	

Waagerecht: A Differenz der Zahlen 901 und 799; **C** die Hälfte von 74; **D** ein Vielfaches von 11; **G** die größte dreistellige Zahl; **I** das Produkt der Zahlen 12 und 6; **K** der Quotient der Zahlen 84 und 6.
Senkrecht: A der fünfte Teil von 85; **B** das Quadrat von 5; **C** das Doppelte von 18; **E** eine zweistellige Zahl, die durch 7 und durch 8 geteilt werden kann; **F** die Hälfte von 38; **G** das Vierfache von 23; **H** ein Vielfaches von 13.

Brüche am Zahlenstrahl

1

Du kannst natürliche Zahlen am Zahlenstrahl darstellen und vergleichen.
Kannst du auch Brüche am Zahlenstrahl darstellen?

a) Übertrage den in Bild 1 dargestellten Zahlenstrahl ins Heft.
Vervollständige den Zahlenstrahl mit den natürlichen Zahlen bis 10.

b) Wo liegen die Brüche $\frac{1}{2}$, $\frac{1}{4}$, $\frac{5}{2}$ und $\frac{6}{4}$?

| 0 | 1 | 2 | | | | | | 1 |

2

Auf dem folgenden Zahlenstrahl ist der Abstand zwischen 0 und 1 in 10 gleiche Teile geteilt, jedes Teilstück stellt demzufolge $\frac{1}{10}$ der Strecke $\overline{AB}$ dar.

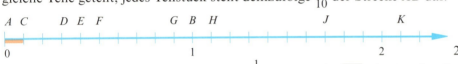

Die rot gekennzeichnete Strecke ist also $\frac{1}{10}$ der Strecke $\overline{AB}$, der Punkt C markiert deswegen den Bruch $\frac{1}{10}$ auf dem Zahlenstrahl. Die Strecke $\overline{AD}$ stellt 3-mal $\frac{1}{10}$, also $\frac{3}{10}$ der Strecke $\overline{AB}$ dar, der Punkt D markiert deswegen den Bruch $\frac{3}{10}$ auf dem Zahlenstrahl.

Welche Brüche gehören an die durch E, F und G markierten Punkte?

3

Peter überlegt: „Jeder Teilstrich markiert ein Vielfaches von $\frac{1}{10}$, z. B. markiert C den Bruch $\frac{1}{10}$ und D den Bruch $\frac{3}{10}$. Der Punkt B markiert $\frac{10}{10}$, also 1 und der Punkt H muss dann $\frac{11}{10}$ markieren."
Welche Brüche markieren dann die Punkte J und K?

4

Zeichne einen Zahlenstrahl. Markiere darauf die Punkte 0, 1 und 2. Der Abstand zwischen 0 und 1 soll 6 cm betragen. Teile den Abstand zwischen 0 und 1 in 6 gleich große Teile. Markiere die Punkte, die zu den folgenden Brüchen gehören.

a) $\frac{1}{6}$, $\frac{4}{6}$, $\frac{6}{6}$, $\frac{5}{6}$, $\frac{2}{6}$, $\frac{11}{6}$, $\frac{12}{6}$

b) $\frac{1}{3}$, $\frac{3}{3}$, $\frac{5}{3}$, $\frac{1}{2}$, $\frac{2}{3}$, $\frac{4}{3}$

5

Zeichne wieder einen Zahlenstrahl wie in Aufgabe 4. Teile nun aber den Abstand zwischen 0 und 1 in 12 gleiche Teile. Wohin gehören folgende Brüche?

a) $\frac{1}{12}$, $\frac{7}{12}$, $\frac{24}{12}$, $\frac{11}{12}$, $\frac{4}{12}$, $\frac{13}{12}$, $\frac{15}{12}$, $\frac{18}{12}$

b) $\frac{1}{4}$, $\frac{1}{3}$, $\frac{7}{4}$, $\frac{1}{2}$, $\frac{2}{3}$, $\frac{4}{3}$

Brüche, bei denen der Zähler kleiner ist als der Nenner, z. B. $\frac{3}{4}$, liegen auf dem Zahlenstrahl links von 1. | Sie sind kleiner als 1. | Man nennt sie **echte Brüche.**

Brüche, bei denen Zähler und Nenner gleich groß sind, z. B. $\frac{4}{4}$, markieren die 1. | Sie stellen ein Ganzes dar.

Brüche, bei denen der Zähler größer ist als der Nenner, z. B. $\frac{5}{4}$, liegen auf dem Zahlenstrahl rechts von 1. | Sie sind größer als 1.

Man nennt sie **unechte Brüche.**

WUSSTEST DU SCHON, was das Wort „Bruch" alles bedeuten kann?

Geologie: vertikale Verschiebung

Jagd: gebrochener Zweig, der für den Jäger eine bestimmte Bedeutung hat

Landschaftskunde: ursprünglich mit Erlen und Weiden bewachsenes Sumpfgebiet (Beispiel: Oderbruch)

Medizin: Knochenbruch, Gewebebruch

Werkstoffkunde: Zerstörung eines Werkstoffs durch Überschreitung seiner Festigkeit durch Zug- oder Schubbelastung z. B. Glasbruch

Brockhaus-Lexikon von 1898: Kleidungsstück; eine kurze, nur den Unterleib und einen Teil der Oberschenkel bedeckende Hose; meist ein Unterkleid, das mit Schnürriemen mit den die Beine bedeckenden Strümpfen verbunden ist

6

a) Schreibe alle echten Brüche mit dem Nenner 5; 9; 12 auf.
b) Schreibe alle unechten Brüche mit dem Zähler 4; 7; 11 auf.

BEISPIEL
Unechte Brüche kann man auch als **gemischte Zahlen** schreiben.

a) $\frac{5}{4}$

$\frac{4}{4}$ sind ein Ganzes.

$\frac{5}{4}$ sind 1 Ganzes und $\frac{1}{4}$.

Dafür schreibt man:
$\frac{5}{4} = 1\frac{1}{4}$

b) $\frac{17}{6}$

$\frac{6}{6}$ sind ein Ganzes.

$\frac{12}{6}$ sind 2 Ganze.

$\frac{17}{6}$ sind 2 Ganze und $\frac{5}{6}$.

Dafür schreibt man:
$\frac{17}{6} = 2\frac{5}{6}$

7

Schreibe als gemischte Zahl.

a) $\frac{8}{5}$ c) $\frac{28}{3}$ e) $\frac{10}{7}$ g) $\frac{70}{11}$ i) $\frac{0}{10}$ k) $\frac{36}{5}$

b) $\frac{17}{10}$ d) $\frac{41}{12}$ f) $\frac{21}{10}$ h) $\frac{99}{25}$ j) $\frac{12}{6}$ l) $\frac{3}{77}$

8

Schreibe als Bruch.

a) $2\frac{3}{4}$ c) $12\frac{1}{2}$ e) $5\frac{1}{7}$ g) $33\frac{2}{3}$ i) $1\frac{3}{5}$ k) $3\frac{5}{6}$

b) $3\frac{4}{15}$ d) $4\frac{7}{25}$ f) $3\frac{87}{100}$ h) $9\frac{12}{13}$ j) $7\frac{2}{16}$ l) $10\frac{10}{10}$

Verschiedene Brüche sind manchmal gleich groß

Kommt ein Vogel ge- flogen, setzt sich nieder auf mein' Fuß, hat ein'

Zettel im Schnabel von der Mutter ein Gruß.

1

Wie viele Achtelnoten können zu einem $\frac{3}{4}$-Takt gehören?

2

Lege mit deinen Kreisteilen aus Aufgabe 21 von Seite 92 folgende Brüche und vergleiche sie miteinander.

a) $\frac{1}{2}$; $\frac{2}{4}$ und $\frac{4}{8}$ **b)** $\frac{3}{4}$ und $\frac{6}{8}$ **c)** $\frac{2}{2}$; $\frac{4}{4}$ und $\frac{8}{8}$

BEISPIEL

Im Bild ist der gleiche Bruchteil eines Rechtecks auf zwei Arten dargestellt, erst als $\frac{3}{4}$ und dann als $\frac{6}{8}$.

$\frac{3}{4}$ wird in $\frac{6}{8}$ umgewandelt, indem Zähler und Nenner jeweils mit 2 multipliziert werden.

$3 \cdot 2 = 6$
$4 \cdot 2 = 8$ also $\frac{3}{4} = \frac{6}{8}$

Man sagt: Der Bruch $\frac{3}{4}$ wurde mit 2 **erweitert**.

BEACHTE
- Die Einteilung des Rechtecks wurde verfeinert.
- Der dargestellte Bruch wurde dadurch erweitert.

Einen Bruch erweitern heißt, Zähler und Nenner mit der gleichen Zahl zu multiplizieren. Der neue Bruch ist dann genau so groß wie der alte.

ACHTUNG
Man kann nicht mit Null erweitern.

3

Zeichne 6-mal ein Rechteck mit den Seitenlängen 15 und 20 mm.
Kennzeichne jeweils den angegebenen Bruchteil farbig.
Überlege anschließend, wie viele Zwölftel du jeweils ausgemalt hast.

a) $\frac{1}{3} = \frac{\blacksquare}{12}$ **b)** $\frac{1}{4} = \frac{\blacksquare}{12}$ **c)** $\frac{1}{6} = \frac{\blacksquare}{12}$ **d)** $\frac{3}{4} = \frac{\blacksquare}{12}$ **e)** $\frac{2}{3} = \frac{\blacksquare}{12}$ **f)** $\frac{5}{6} = \frac{\blacksquare}{12}$

BEISPIEL

$\frac{1}{2} = \frac{6}{12}$

4

Gehe vor wie in Aufgabe 3 und ergänze die fehlenden Zahlen.
Welche Seitenlängen sollten jetzt die Rechtecke haben?

a) $\frac{1}{3} = \frac{}{15}$ **b)** $\frac{1}{5} = \frac{}{15}$ **c)** $\frac{2}{3} = \frac{}{15}$ **d)** $\frac{3}{5} = \frac{}{15}$ **e)** $\frac{4}{5} = \frac{}{15}$ **f)** $\frac{3}{3} = \frac{}{15}$

5

Mit welcher Zahl wurde erweitert?

a) $\frac{1}{7} = \frac{4}{28}$ **d)** $\frac{2}{6} = \frac{12}{36}$ **g)** $\frac{1}{9} = \frac{7}{63}$ **i)** $\frac{6}{7} = \frac{48}{56}$

b) $\frac{3}{5} = \frac{15}{25}$ **e)** $\frac{3}{8} = \frac{9}{24}$ **h)** $\frac{4}{5} = \frac{28}{35}$ **k)** $\frac{13}{15} = \frac{65}{75}$

c) $\frac{4}{9} = \frac{20}{45}$ **f)** $\frac{2}{3} = \frac{12}{18}$ **i)** $\frac{8}{7} = \frac{24}{21}$ **l)** $\frac{7}{8} = \frac{35}{56}$

6

Übertrage in dein Heft und setze die fehlenden Zahlen ein.

a) $\frac{4}{3} = \frac{}{15}$ **c)** $\frac{11}{9} = \frac{44}{}$ **e)** $\frac{6}{5} = \frac{24}{}$ **g)** $\frac{7}{12} = \frac{48}{}$

b) $\frac{7}{8} = \frac{56}{}$ **d)** $\frac{7}{25} = \frac{}{150}$ **f)** $\frac{8}{7} = \frac{}{21}$ **h)** $\frac{20}{125} - \frac{}{125}$

7

a) Erweitere die Brüche $\frac{7}{2}, \frac{2}{5}, \frac{1}{4}, \frac{7}{10}, \frac{4}{15}$ und $\frac{3}{20}$ so, dass der Nenner 20 (100, 30, 40, 50, 120, 150) wird.

b) Erweitere die Brüche $\frac{3}{2}, \frac{4}{3}, \frac{3}{4}, \frac{5}{6}, \frac{7}{9}$ und $\frac{7}{12}$ so, dass der Nenner 18 (27, 108, 72, 120, 144, 153) wird.

8

Von $\frac{3}{4}$ gelangt man zu $\frac{6}{8}$ durch Erweitern mit 2.

Und wie gelangt man von $\frac{6}{8}$ zu $\frac{3}{4}$?

> Beim **Erweitern** werden Zähler und Nenner mit der gleichen Zahl multipliziert.
> Beim **Kürzen** werden Zähler und Nenner durch die gleiche Zahl geteilt.

HINWEIS
Denke noch einmal an die Rechtecke:

BEISPIEL

$\frac{3}{4} \overset{:2}{\underset{:2}{=}} \frac{6}{8}$ $\frac{6}{8} \overset{:2}{\underset{:2}{=}} \frac{3}{4}$

9

a) Kürze mit 4: $\frac{12}{16}, \frac{7}{8}, \frac{4}{92}, \frac{32}{58}, \frac{44}{96}, \frac{52}{30}, \frac{28}{36}, \frac{20}{4}, \frac{48}{56}, \frac{72}{16}, \frac{64}{108}, \frac{128}{68}$

b) Kürze mit 5: $\frac{15}{20}, \frac{60}{65}, \frac{35}{27}, \frac{75}{125}, \frac{115}{1\,000}, \frac{1}{5}, \frac{55}{45}, \frac{125}{30}, \frac{105}{70}, \frac{39}{40}, \frac{93}{120}, \frac{720}{360}$

10

Gib die im Bild 1 dargestellten Anteile mit möglichst einfachen Brüchen an.

11

Kürze so, dass ein Bruch mit möglichst kleinem Nenner entsteht.

a) $\dfrac{8}{24}$ **c)** $\dfrac{35}{70}$ **e)** $\dfrac{12}{16}$ **g)** $\dfrac{6}{18}$ **i)** $\dfrac{14}{18}$ **k)** $\dfrac{28}{32}$

b) $\dfrac{28}{56}$ **d)** $\dfrac{24}{36}$ **f)** $\dfrac{42}{54}$ **h)** $\dfrac{30}{45}$ **j)** $\dfrac{33}{99}$ **l)** $\dfrac{25}{100}$

BEISPIEL

$\dfrac{24}{36}$ soll so weit wie möglich gekürzt werden.

1. Weg: Wir können schrittweise vorgehen. $\dfrac{24}{36} = \dfrac{12}{18} = \dfrac{6}{9} = \dfrac{2}{3}$

2. Weg: Wir suchen der Reihe nach alle von 1 verschiedenen Teiler von 24 und 36.

Teiler von 24	2	3	4	6	8	12	24
Teiler von 36	2	3	4	6	9	12	18	36

Wir erkennen: 12 ist die größte Zahl, durch die 24 und 36 teilbar sind.
Deshalb kürzen wir gleich mit 12: $\dfrac{24}{36} = \dfrac{2}{3}$

12

Kürze so weit wie möglich.

a) $\dfrac{12}{48}$ **d)** $\dfrac{48}{56}$ **g)** $\dfrac{80}{100}$ **j)** $\dfrac{14}{77}$ **m)** $\dfrac{75}{225}$

b) $\dfrac{25}{100}$ **e)** $\dfrac{90}{54}$ **h)** $\dfrac{102}{136}$ **k)** $\dfrac{350}{1\,000}$ **n)** $\dfrac{312}{56}$

c) $\dfrac{15}{45}$ **f)** $\dfrac{72}{60}$ **i)** $\dfrac{64}{80}$ **l)** $\dfrac{56}{96}$ **o)** $\dfrac{51}{154}$

13

a) Erweitere die folgenden Brüche so, dass im Nenner 10, 100 oder 1 000 steht.

$\dfrac{3}{50}, \dfrac{17}{20}, \dfrac{3}{8}, \dfrac{6}{125}, \dfrac{15}{4}, \dfrac{1}{25}, \dfrac{76}{40}, \dfrac{7}{5}.$

b) Kürze oder erweitere die folgenden Brüche so, dass Zehnerbrüche entstehen.

$\dfrac{1}{2}, \dfrac{30}{50}, \dfrac{20}{25}, \dfrac{3}{4}, \dfrac{6}{3\,000}, \dfrac{7}{8}, \dfrac{3}{6}, \dfrac{5}{125}.$

c) Welche der Brüche lassen sich nicht in Zehnerbrüche umwandeln?

$\dfrac{6}{3}, \dfrac{15}{4}, \dfrac{4}{3}, \dfrac{5}{6}, \dfrac{11}{7}, \dfrac{35}{7}, \dfrac{124}{125}, \dfrac{3}{333}.$

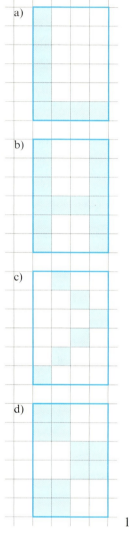

a)

b)

c)

d)

1

MERKE
Brüche, die im Nenner eine Zehnerpotenz (10, 100, 1 000 …) haben, heißen **Zehnerbrüche**.

Mehr, weniger oder gleich viel

1

Um Geld für einen Landschulheimaufenthalt zu sammeln, will die Klasse 5 d an ihrem Gymnasium einen Kuchenbasar veranstalten. Dazu soll jeder einen Kuchen mitbringen. Auch Matthias und Lukas backen mit ihren Müttern.
a) Welcher Junge benötigt mehr Milch?
Welcher Junge verwendet mehr Sahne?
b) Eine Tüte Mehl enthält 1 kg Mehl.
Reicht es, wenn Matthias und Lukas je eine Tüte kaufen?
c) Wessen Kuchen muss länger im Ofen bleiben?

Zur Aufgabe 1:
In Lukas' Rezept steht:
$\frac{1}{4}$ l Milch, $\frac{3}{8}$ l Sahne, $\frac{3}{4}$ kg Mehl, $\frac{1}{2}$ Stück Butter, 3 Eier.

Lukas' Kuchen ist nach 30 min fertig.

Matthias benötigt:
$\frac{1}{2}$ l Milch, $\frac{1}{3}$ Stück Butter, $1\frac{1}{4}$ kg Mehl, $\frac{1}{4}$ l Sahne, 2 Eier.

Matthias' Kuchen muss eine $\frac{3}{4}$ h im Ofen bleiben.

2

Lukas' Torte teilen die Kinder in 12 Stücke. Susi kauft 3 Stücke, Holger isst 2 Stücke und Herr Keil, der Hausmeister, nimmt vier Stücke für den Nachmittagskaffee mit nach Hause. Gib jeweils den Bruchteil der Tortenstücke an und vergleiche.

3

Matthias' Kuchen ist ein Blechkuchen. Frau Hanke, die Klassenlehrerin teilt den Kuchen in Einzelstücke.
Frau Lehmann, die Sekretärin, kauft ein Viertel, Hannes und Rita aus der 10. Klasse ein Drittel und der Sportlehrer Herr Junge ein Sechstel des Kuchens. Wer kauft den größten Teil des Kuchens?

4

Gib zu jedem der gegebenen Brüche fünf weitere Brüche an, die den gleichen Bruchteil bezeichnen.

a) $\frac{3}{7}$ **c)** $\frac{9}{6}$ **e)** $1\frac{1}{2}$ **g)** $\frac{2}{3}$ **i)** $2\frac{3}{5}$ **k)** $\frac{21}{28}$

b) $\frac{2}{10}$ **d)** $\frac{18}{20}$ **f)** $5\frac{3}{4}$ **h)** $\frac{15}{12}$ **j)** $\frac{19}{18}$ **l)** $\frac{75}{100}$

5

Gleich viel oder nicht? Entscheide, indem du die Brüche erweiterst oder kürzt.

a) $\frac{80}{100}$ und $\frac{4}{5}$ **d)** $\frac{6}{4}$ und $\frac{9}{6}$ **g)** $\frac{60}{100}$ und $\frac{3}{5}$ **j)** $\frac{35}{56}$ und $\frac{24}{64}$

b) $\frac{7}{14}$ und $\frac{1}{2}$ **e)** $\frac{8}{16}$ und $\frac{12}{24}$ **h)** $\frac{1}{3}$ und $\frac{5}{15}$ **k)** $\frac{15}{45}$ und $\frac{2}{6}$

c) $\frac{15}{35}$ und $\frac{28}{49}$ **f)** $\frac{18}{27}$ und $\frac{4}{6}$ **i)** $\frac{6}{8}$ und $\frac{9}{12}$ **l)** $\frac{14}{8}$ und $\frac{35}{20}$

6

Welche Anteile sind im Bild 1 jeweils durch die markierten Flächen veranschaulicht? Vergleiche sie der Reihe nach miteinander.

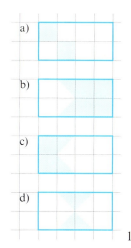

1

7

Vergleiche die Brüche miteinander.

a) $\frac{1}{8}; \frac{4}{8}$ und $\frac{7}{8}$

c) $\frac{3}{4}; \frac{4}{4}$ und $\frac{1}{2}$

b) $\frac{5}{8}; \frac{3}{8}; \frac{9}{8}$ und $1\frac{5}{8}$

d) $\frac{3}{2}; 1\frac{3}{8}$ und $\frac{5}{4}$

TIPP
Verwende die Kreis-teile aus Aufgabe 21, Seite 92.

> Besonders gut lassen sich Brüche mit gleichem Nenner vergleichen, z. B. $\frac{2}{7} < \frac{5}{7}, \frac{8}{9} > \frac{7}{9}$.
>
> Brüche mit gleichem Nenner heißen **gleichnamige** Brüche.
> Brüche mit unterschiedlichen Nennern heißen **ungleichnamige** Brüche.

BEISPIEL

$\frac{2}{7} < \frac{5}{7}$, denn

$\frac{2}{7}$ liegt weiter links.

8

Gib zu den folgenden Brüchen jeweils einen Bruch an, der kleiner ist und einen Bruch, der größer ist als der gegebene Bruch.

a) $\frac{2}{5}$ **c)** $\frac{9}{10}$ **e)** $1\frac{1}{2}$ **g)** $\frac{4}{7}$ **i)** $\frac{13}{9}$ **k)** $\frac{1}{5}$

b) $\frac{5}{8}$ **d)** $\frac{13}{12}$ **f)** $\frac{1}{6}$ **h)** $\frac{10}{11}$ **j)** $\frac{0}{3}$ **l)** $2\frac{1}{3}$

9

Vergleiche die Brüche miteinander. Übertrage sie in dein Heft und setze das richtige Zeichen (<, = oder >) ein.

TIPP
Veranschauliche die Brüche grafisch.

a) $\frac{3}{4}$ ▨ $\frac{1}{4}$ **f)** $\frac{13}{7}$ ▨ 2 **k)** $\frac{2}{7}$ ▨ $\frac{4}{7}$ **p)** 5 ▨ $\frac{20}{4}$

b) $\frac{14}{3}$ ▨ $\frac{13}{3}$ **g)** $2\frac{1}{6}$ ▨ $2\frac{5}{6}$ **l)** $\frac{9}{8}$ ▨ $\frac{8}{8}$ **q)** $\frac{3}{4}$ ▨ $\frac{7}{7}$

c) $\frac{7}{9}$ ▨ $\frac{7}{9}$ **h)** $\frac{1}{3}$ ▨ $\frac{1}{4}$ **m)** $\frac{401}{10}$ ▨ $\frac{399}{10}$ **r)** $\frac{3}{5}$ ▨ $\frac{3}{10}$

d) $\frac{9}{7}$ ▨ 1 **i)** $\frac{3}{4}$ ▨ $\frac{4}{3}$ **n)** $\frac{5}{4}$ ▨ $1\frac{1}{4}$ **s)** $\frac{7}{6}$ ▨ $\frac{6}{7}$

e) $\frac{9}{100}$ ▨ $\frac{99}{100}$ **j)** $\frac{1}{2}$ ▨ $\frac{3}{4}$ **o)** $2\frac{1}{7}$ ▨ $\frac{13}{7}$ **t)** $\frac{1}{3}$ ▨ $\frac{3}{6}$

10

Ordne die Brüche der Größe nach. Beginne mit dem kleinsten Bruch.

a) $\frac{5}{11}; \frac{17}{11}; \frac{1}{11}; 1; \frac{10}{11}$

d) $\frac{3}{12}; 1; \frac{5}{12}; \frac{17}{12}; \frac{11}{12}$

b) $\frac{5}{7}; \frac{16}{7}; \frac{3}{7}; \frac{7}{7}; 2\frac{1}{7}$

e) $\frac{8}{3}; 1\frac{1}{3}; \frac{6}{3}; \frac{2}{3}; \frac{11}{3}$

c) $\frac{3}{10}; \frac{20}{10}; \frac{1}{2}; \frac{8}{10}; \frac{3}{5}$

f) $\frac{3}{4}; \frac{1}{2}; \frac{7}{4}; \frac{9}{8}; 1\frac{1}{4}$

Kontrolliere deine Lösung, indem du die Brüche auf dem Zahlenstrahl darstellst.

11 L

Folgende Brüche sind nicht gleichnamig. Trotzdem kann man sie leicht miteinander vergleichen.
Vergleiche die Brüche miteinander und begründe deine Antwort.

a) $\frac{1}{3}$ und $\frac{1}{5}$ **c)** $\frac{3}{5}$ und $\frac{3}{7}$ **e)** $\frac{1}{4}$ und $\frac{1}{8}$ **g)** $\frac{2}{3}$ und $\frac{2}{7}$

b) $\frac{11}{9}$ und $\frac{11}{8}$ **d)** $\frac{5}{6}$ und $\frac{7}{7}$ **f)** $\frac{6}{10}$ und $\frac{6}{12}$ **h)** $\frac{5}{5}$ und $\frac{9}{7}$

HINWEIS
Durch Erweitern oder Kürzen kann man ungleichnamige Brüche gleichnamig machen, beispielsweise:

$\frac{3}{2}$ und $\frac{5}{4}$ sind ungleichnamig,

$\frac{3}{2}$ erweitert mit 2 ist $\frac{6}{4}$,

$\frac{6}{4}$ und $\frac{5}{4}$ sind gleichnamig.

12

Mache die Brüche zunächst gleichnamig. Vergleiche sie dann miteinander.

a) $\frac{1}{3}$ und $\frac{4}{9}$ **c)** $\frac{5}{8}$ und $\frac{1}{2}$ **e)** $\frac{1}{5}$ und $\frac{4}{15}$ **g)** $\frac{1}{2}$ und $\frac{3}{6}$

b) $\frac{3}{4}$ und $\frac{5}{8}$ **d)** $\frac{2}{3}$ und $\frac{5}{6}$ **f)** $\frac{7}{10}$ und $\frac{3}{5}$ **h)** $\frac{4}{9}$ und $\frac{7}{18}$

13

Übertrage in dein Heft. Setze das richtige Zeichen (<, >, =) ein.

a) $\frac{6}{4}$ ▨ $\frac{18}{12}$ **c)** $\frac{3}{4}$ ▨ $\frac{12}{17}$ **e)** $\frac{13}{10}$ ▨ $\frac{99}{100}$ **g)** $\frac{17}{19}$ ▨ $\frac{41}{43}$

b) $\frac{2}{5}$ ▨ $\frac{3}{15}$ **d)** $2\frac{3}{5}$ ▨ $\frac{80}{25}$ **f)** $\frac{28}{91}$ ▨ $\frac{4}{43}$ **h)** $\frac{19}{17}$ ▨ $\frac{43}{41}$

14 L

Übertrage in dein Heft und setze passende Zahlen ein.

a) $\frac{8}{5} > \frac{}{6} > \frac{5}{} > \frac{5}{8}$ **b)** $\frac{7}{10} < \frac{7}{} < \frac{}{7} < \frac{13}{11}$ **c)** $\frac{1}{2} < \frac{}{6} < \frac{6}{} < 2$

15 L

Auf einem Glücksrad mit 8 gleich großen Feldern sind die Zahlen 12, 15, 25, 42, 45, 60, 75 und 100 eingetragen.
Beschreibe die Chance für die folgenden Stellungen des Glücksrades jeweils durch einen Bruch und vergleiche sie miteinander.
a) Die Zahl ist gerade oder durch 3 teilbar.
b) Die Zahl ist nicht durch 5 teilbar.
c) Die Quersumme der Zahl ist kleiner als 7.

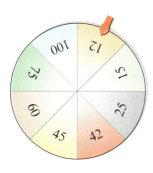

16 L

Ein Zauberer benötigt für einen Trick weiße, schwarze und rote Kugeln. In der undurchsichtigen Kiste befinden sich 70 Kugeln. $\frac{4}{7}$ davon sind weiße Kugel, $\frac{3}{10}$ davon schwarze.

a) Sind mehr weiße oder mehr schwarze Kugeln in der Kiste?
b) Peter sagt: „Der siebente Teil der Kugeln ist von roter Farbe."
    Hat er Recht? Was meinst du?

Addition und Subtraktion von Brüchen

1

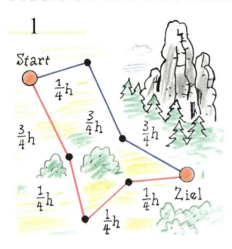

Steffens Klasse ist zur Exkursion in die Sächsische Schweiz gefahren. In zwei Gruppen wandern sie auf verschiedenen Wegen zu einem Felsen, um Bergsteiger beim Klettern zu beobachten. Die erste Gruppe läuft entlang der blau markierten Strecke und die zweite Gruppe wählt die rot markierte Wanderung.

a) Welche Gruppe ist eher da?
b) Wie lange muss sie auf die andere warten?

2

Familie Meier hat sich zum Abendbrot eine Riesenpizza gekauft. Sie ist in 12 gleich große Teile geteilt. Der Vater isst $\frac{3}{12}$, Mutter $\frac{2}{12}$, Sabine und Daniela je $\frac{2}{12}$.

Zum Schluss teilen sich Sabine und Daniela noch ein Stück Pizza.
a) Welchen Anteil haben Sabine und Daniela insgesamt gegessen?
b) Welcher Anteil der Pizza bleibt übrig?

Addition und **Subtraktion** gleichnamiger Brüche:

↓ ⟶

- Zähler addieren
- Nenner beibehalten

- Zähler subtrahieren
- Nenner beibehalten

Zum Beispiel:

$$\frac{5}{11} + \frac{4}{11} = \frac{5+4}{11} = \frac{9}{11}$$

Zum Beispiel:

$$\frac{11}{14} - \frac{3}{14} = \frac{11-3}{14} = \frac{8}{14} = \frac{4}{7}$$

3

a) $\frac{2}{6} + \frac{3}{6}$

b) $\frac{7}{9} - \frac{5}{9}$

c) $\frac{3}{10} + \frac{8}{10}$

d) $\frac{4}{11} + \frac{6}{11}$

e) $\frac{3}{13} - \frac{5}{13}$

f) $\frac{8}{7} + \frac{0}{7}$

g) $\frac{1}{5} + \frac{3}{5}$

h) $\frac{14}{15} - \frac{7}{15}$

i) $\frac{14}{20} + \frac{7}{20}$

j) $\frac{5}{8} + \frac{3}{8}$

k) $\frac{193}{100} - \frac{97}{100}$

l) $\frac{0}{5} - \frac{1}{5}$

4

a) $3 + \frac{2}{3}$ d) $7\frac{5}{7} - 3\frac{4}{7}$ g) $1 + \frac{5}{7}$ j) $5\frac{2}{7} - 2\frac{6}{7}$

b) $2\frac{1}{2} + 1\frac{1}{2}$ e) $5\frac{1}{4} - 2\frac{3}{4}$ h) $1\frac{1}{3} + 2\frac{2}{3}$ k) $10\frac{1}{10} - 10\frac{3}{10}$

c) $4\frac{1}{5} + 5$ f) $13 - 1\frac{3}{8}$ i) $\frac{9}{4} - 2\frac{1}{4}$ l) $3\frac{3}{4} + 9\frac{1}{2}$

5

a) $\frac{4}{5} + \frac{8}{5} + \frac{3}{5}$ c) $1\frac{5}{7} - \left(\frac{6}{7} + \frac{3}{7}\right)$ e) $\frac{13}{4} - \frac{5}{4} + 1\frac{1}{4}$ g) $\frac{15}{4} - \left(\frac{3}{4} + 1\frac{3}{4}\right)$

b) $\left(\frac{5}{3} - \frac{1}{3}\right) + \frac{7}{3}$ d) $3\frac{1}{2} + 4\frac{1}{4} - \frac{3}{2}$ f) $\frac{8}{19} - \frac{5}{19} - \frac{3}{19}$ h) $2\frac{2}{3} + \frac{5}{6} - 1\frac{1}{3}$

6

Zeichne drei Rechtecke (2 cm mal 3 cm) und teile jedes in 12 gleich große Teile.

a) Färbe $\frac{1}{3}$ des ersten Rechtecks grün und $\frac{1}{3}$ gelb.

b) Färbe $\frac{1}{4}$ des zweiten Rechtecks grün und $\frac{1}{2}$ gelb.

c) Färbe $\frac{1}{2}$ des dritten Rechtecks rot und $\frac{1}{3}$ blau.

Welcher Anteil wurde jeweils gefärbt? Welcher Anteil bleibt ungefärbt? Schreibe jeweils Additions- und Subtraktionsaufgaben zu deinen Zeichnungen auf.

7

Suche selbst Additionsaufgaben mit dem Ergebnis:

a) $\frac{1}{2}$ b) 1 c) $\frac{3}{4}$ d) $\frac{7}{4}$ e) $\frac{5}{8}$ f) $\frac{10}{8}$

Als Summanden dürfen die Brüche $\frac{1}{8}$, $\frac{1}{4}$ und $\frac{1}{2}$ (auch mehrfach) verwendet werden.

8

Schreibe für jede Bespannung des Geobretts und jede Frage jeweils eine Additionsaufgabe auf.
a) Welcher Anteil des Geobretts ist jeweils insgesamt umspannt?
b) Welcher Teil fehlt jeweils noch bis zum Ganzen?
c) Welcher Teil des Geobretts fehlt jeweils noch, damit $\frac{3}{4}$ des Geobretts umspannt sind?

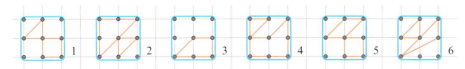

HINWEIS
Man kann auch ungleichnamige Brüche addieren oder subtrahieren, wenn man sie zuerst durch geschicktes Erweitern oder Kürzen gleichnamig macht.

BEISPIEL
$\frac{1}{2} + \frac{1}{4} = ?$
Wir überlegen:
$\frac{1}{2}$ ist das Gleiche wie $\frac{2}{4}$.
Wir rechnen:
$\frac{2}{4} + \frac{1}{4} = \frac{3}{4}$

HINWEIS
Verwende zur Kontrolle die Kreisteile aus Aufgabe 21, S. 92.

BEISPIEL

a) $\frac{1}{8} + \frac{1}{4} = \frac{3}{8}$

b) $\frac{3}{8} + \boxed{\frac{5}{8}} = 1 \left(= \frac{8}{8}\right)$

c) $\frac{3}{8} + \boxed{\frac{3}{8}} = \frac{3}{4} \left(= \frac{6}{8}\right)$

9

Welcher Bruchteil muss noch gefärbt werden, damit jeweils
a) das ganze Rechteck,   **b)** das halbe Rechteck,   **c)** $\frac{3}{4}$ des Rechtecks
gefärbt sind? Schreibe jeweils eine Rechenaufgabe.

10

Michael möchte seiner Mutter zum Geburtstag einen Kuchen backen. In dem Rezept steht, dass er $\frac{3}{8}$ l Milch benötigt. Der Messbecher, den Michael verwenden kann, hat Markierungen für $\frac{1}{8}$ l, $\frac{1}{4}$ l, $\frac{1}{2}$ l, $\frac{3}{4}$ l und 1 l. Michael überlegt, wie er $\frac{3}{8}$ l Milch abmessen kann.

Kannst du ihm helfen?

11

Bei dem nebenstehenden Glücksrad ist jede durch 3 teilbare Zahl ein kleiner Gewinn. Die roten Felder sind ein großer Gewinn. Wie groß ist der Anteil der Gewinnfelder?

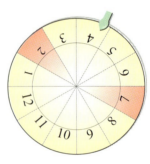

12

Berechne die Summen und Differenzen. Ordne sie jeweils der Größe nach.

a) $\frac{8}{6} - \frac{5}{6}$; $\frac{4}{6} + \frac{1}{6}$; $\frac{7}{12} - \frac{5}{12}$; $\left(\frac{17}{12} - \frac{9}{12}\right) + \frac{1}{6}$

b) $2\frac{1}{4} - \frac{5}{4}$; $2\frac{1}{3} - \frac{5}{3} + \frac{1}{3}$; $\left(\frac{11}{4} - 1\frac{3}{4}\right) - \frac{1}{4}$; $\frac{7}{2} - 3\frac{1}{2}$

13

Subtrahiere jeweils den kleineren Bruch vom größeren.

a) $\frac{43}{60}$; $\frac{61}{60}$ **b)** $\frac{41}{35}$; $\frac{39}{35}$ **c)** $\frac{13}{4}$; $\frac{7}{4}$ **d)** $\frac{5}{6}$; $\frac{9}{12}$

14

Berechne.

a) $\frac{1}{2}$ m $+ \frac{1}{4}$ m   **c)** $\frac{3}{4}$ kg $+ 2$ kg   **e)** $2\frac{1}{2}$ kg $+ 1\frac{1}{2}$ kg   **g)** $3\frac{1}{4}$ kg $- 750$ g

b) $\frac{3}{8}$ l $+ \frac{1}{8}$ l   **d)** $\frac{3}{4}$ h $+ \frac{1}{2}$ h   **f)** $\frac{5}{8}$ l $- \frac{1}{4}$ l   **h)** $\frac{3}{4}$ h $- 15$ min

TIPP
Überlege:
Wie viele Viertel
sind $\frac{1}{2}$?

Wie viele Achtel
sind $\frac{1}{4}$?

Wie viele Zwölftel
sind $\frac{1}{6}$?

15

Schau dir die Uhren auf der Randspalte an.
a) Wie spät ist es jeweils in einer Viertelstunde, einer halben Stunde, einer Dreiviertelstunde?
b) Wie spät war es jeweils vor einer Viertelstunde, einer halben Stunde, einer Dreiviertelstunde?

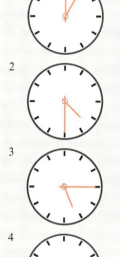

16

Übertrage in dein Heft und setze die fehlenden Brüche ein.
a) $\frac{11}{12} + \square = \frac{17}{12}$ **b)** $\frac{2}{3} + \square = \frac{4}{4}$ **c)** $\square - \frac{4}{7} = \frac{6}{7}$ **d)** $\frac{4}{5} + \square = \frac{17}{5} - \frac{9}{5}$

e) $\square + \frac{15}{24} = \frac{23}{24}$ **f)** $\frac{10}{3} - \square = \frac{2}{3}$ **g)** $\frac{1}{4} - \square = \frac{1}{2}$ **h)** $\frac{3}{4} - \square = \frac{1}{2}$

17

Übertrage die Tabelle in dein Heft und fülle sie aus.

a	b	c	$a + b$	$b + c$	$c - a$	$a - b + c$
$\frac{3}{8}$	$\frac{1}{8}$	$\frac{7}{8}$				
$\frac{9}{20}$	$\frac{7}{20}$	$\frac{3}{20}$				
$\frac{4}{15}$	$\frac{2}{15}$	$1\frac{6}{15}$				
$\frac{3}{4}$	$\frac{1}{2}$	$\frac{7}{4}$				

18

Sven übt für eine Mathearbeit.
Überprüfe, ob er die Aufgaben richtig gerechnet hat.
a) $\frac{9}{8} - \frac{7}{8} = \frac{1}{4}$ **c)** $\frac{19}{10}$ ist um $\frac{9}{10}$ größer als $\frac{8}{10}$

b) $\frac{9}{4} - 1 + \frac{3}{4} = 2$ **d)** $1\frac{1}{2}$ kg $+ \frac{3}{4}$ kg $+ \frac{1}{2}$ kg $+ 300$ g $= 2\frac{1}{4}$ kg

19

Übertrage die Rechenmauern in dein Heft. Die Summe der Brüche auf zwei nebeneinander liegenden Steinen kommt auf den darüber liegenden Stein.

a)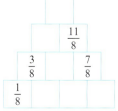

b)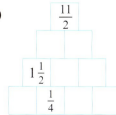

20

In jeder Zeile, Spalte und Diagonale soll die gleiche Summe stehen.

a) immer 3

$\frac{6}{5}$		
	1	
$\frac{8}{5}$		

b) immer 5

$\frac{4}{3}$		$\frac{2}{3}$
		2

c) immer 1

		$\frac{1}{5}$
	$\frac{1}{2}$	
	$\frac{1}{10}$	

21

In einer 6. Klasse lernen 30 Schüler. Davon wollen $\frac{2}{3}$ ab Klasse 7 als zweite Fremdsprache Französisch und $\frac{1}{5}$ Russisch lernen. Die übrigen Schüler dieser Klasse wünschen sich Latein.
a) Der wievielte Teil aller Schüler wählt Latein?
b) Wie viele Schüler erlernen dann eine der Fremdsprachen Französisch oder Latein?

22

Robert freut sich riesig auf die sechswöchigen Sommerferien. Er plant schon lange vorher. Ein Drittel der schulfreien Zeit will er für eine Ferienreise mit den Eltern und die Hälfte für eine Radtour und den Besuch bei der Oma auf der Insel Rügen verwenden.
Verbleibt Robert noch Zeit, um in seiner Heimatstadt mit Freunden ins Freibad zu gehen?

WUSSTEST DU SCHON?
Rügen ist die größte deutsche Insel (ca. 926 km²).
Rügen war bereits während der Steinzeit von Menschen besiedelt.
Davon künden noch heute die zahlreichen Hünengräber.

23

Der Schülerrat macht der Schulleitung einen Vorschlag zur Neugestaltung des Schulhofes. Die Bäume, die auf $\frac{3}{8}$ des Schulhofes stehen, sollen erhalten bleiben. Auf einem Viertel der Fläche sollen Bänke aufgestellt und neue Sträucher gepflanzt werden.
Welcher Teil des Schulhofes bleibt noch für Spiel- und Sportanlagen?

24

Auf dem Markt verkauft ein Händler frisches Obst und Gemüse. Petra und ihr Vater kaufen für das Wochenende ein. Sie holen

$2\frac{1}{2}$ kg Kartoffeln, $\frac{3}{4}$ kg Chicorée,

$\frac{1}{2}$ kg Tomaten, 750 g Kirschen und

125 g Heidelbeeren.
Wie schwer ist der Inhalt ihres Einkaufsbeutels?

25^L

An einem Glücksrad steht: Jede gerade Zahl gewinnt einen 2. Preis, jede durch 3 teilbare Zahl gewinnt einen 1. Preis.

Tobias meint: „Da sind ja $\frac{6}{12} + \frac{4}{12} = \frac{10}{12}$ aller Felder Gewinnfelder."
Was meinst du dazu?

26

A big truck can carry $8\frac{1}{2}$ tons. The driver has to deliver the following:

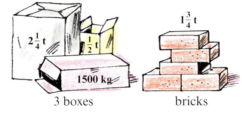

1 sack   2 barrels   3 boxes   bricks

Can the driver load all these things on his truck?

VOKABELN

to carry: tragen
to deliver: liefern
the following:
Folgendes
barrels: Fässer
bricks: Ziegelsteine

27

Jenny is mixing banana milk shakes for herself and her friends Katie and Jill. She takes:
$\frac{3}{8}$ l of banana juice and $\frac{9}{8}$ l of milk.

How many litres of milk shake is Jenny mixing? How much does each girl get?

for herself:
für sich selbst
each: jedes
to get: bekommen

AUFGABEN ZUR WIEDERHOLUNG

1. 12 kann man auf verschiedene Weise als Produkt schreiben:
$12 = 3 \cdot 4$ oder $12 = 2 \cdot 6$ oder $12 = 1 \cdot 12$.
Schreibe folgende Zahlen auf verschiedene Weise als Produkt.
a) 24   **b)** 18   **c)** 15   **d)** 36
e) 20   **f)** 16   **g)** 48   **h)** 64

2. Welche der folgenden Zahlen sind gerade?
17, 48, 1 421, 9 800, 7 225,
1 199, 4 236, 12 363

3. Begründe die folgenden Aussagen, ohne zu rechnen.
a) $17\,694 + 3\,422 = 3\,422 + 17\,694$.
b) $(1\,364 + 36) + 200 = 1\,364 + (36 + 200)$
c) $19\,716 \cdot (17 - 17) = 0$
d) $846 \cdot 928 = 928 \cdot 846$
e) $(381 \cdot 25) \cdot 36 = 381 \cdot (25 \cdot 36)$

4. Welche der folgenden Aussagen sind wahr? Begründe deine Antwort.
a) Jede gerade Zahl hat als letzte Ziffer eine 0, 2, 4, 6 oder 8.
b) Es gibt mindestens eine natürliche Zahl zwischen 20 und 30, die auf 5 endet.
c) Es gibt höchstens eine natürliche Zahl zwischen 20 und 30, die auf 5 endet.
d) Es gibt mindestens eine natürliche Zahl zwischen 20 und 30, die ein Vielfaches von 7 ist.
e) Es gibt eine natürliche Zahl, die zwischen 40 und 50 liegt und ein Vielfaches von 5 ist und nicht auf 5 endet.
f) Es gibt keine einstellige natürliche Zahl, die durch 5 und durch 6 ohne Rest geteilt werden kann.

5. Ergänze.
13, 15, 18, 22, 27, __, 40, 48, __, 67, 78, 90

Dezimalbrüche

1

Jeden zweiten Dienstag fährt Familie Petermann zum Großeinkauf in den Supermarkt. Hendrik begleitet seine Eltern gern, denn er darf die mit Obst und Gemüse gefüllten Einkaufsbeutel auf die Waage legen und Quittungsaufkleber anheften.

a) Was bedeuten die Angaben auf dem Aufkleber?
b) Die Zahlenangaben enthalten ein Komma. Lies diese Zahlen vor.
c) Könnte der Preis 2,47 DM auch anders geschrieben werden?
d) Was bedeutet bei der Gewichtsangabe 0,620 kg die Null vor dem Komma?

> Zahlen mit einem Komma heißen **Dezimalbrüche**.

HINWEIS
Warum heißen Zahlen mit Komma Dezimalbrüche?
1) decem (lat.) = zehn
2) Sie lassen sich gut in Zehnerbrüche umwandeln.

Bsp.: $0{,}2 = \frac{2}{10}$

$5{,}43 = \frac{543}{100}$

$0{,}005 = \frac{5}{1\,000}$

2

a) Wie viele Dezimalbrüche findest du auf dieser Seite?
b) Schreibe alle diese Dezimalbrüche als Zehnerbrüche.
   Vergleiche dazu die Beispiele in der Randspalte.

3

Schreibe folgende Zehnerbrüche als Dezimalbrüche.

a) $\frac{3}{10}$ **b)** $\frac{27}{100}$ **c)** $\frac{5}{100}$ **d)** $\frac{270}{1\,000}$ **e)** $\frac{3}{1\,000}$ **f)** $\frac{35}{10}$

ACHTUNG
5,43 spricht man so:
Fünf   Komma
Vier   Drei

Dezimalbrüche lassen sich wie natürliche Zahlen in einer Stellentafel darstellen. Wir erweitern dazu die uns bekannte Stellentafel nach rechts. In der ersten Spalte sollen die Zehntel (z) stehen, in der zweiten die Hundertstel (h), in der dritten die Tausendstel (t) usw.

T	H	Z	E	z	h	t
			0	1		
			0	0	5	
			1	3		
			0	0	0	7

In dieser Stellentafel sind folgende Dezimalbrüche dargestellt:

$0{,}1 = \frac{1}{10}$ $1{,}3 = \frac{13}{10}$

$0{,}05 = \frac{5}{100}$ $0{,}007 = \frac{7}{1\,000}$

Die fette Linie in der Stellentafel zeigt das Komma an.

4

T	H	Z	E	z	h	t
		1	0	0	0	1
			0	5	0	5
2	3	4	0	1		
			0	0	2	1

Welche Zahlen sind in dieser Stellentafel dargestellt? Gib die Zahlen jeweils als Dezimalbruch und als Zehnerbruch an.

ERINNERE DICH
Zehnerbrüche sind Brüche, die im Nenner eine Zehnerpotenz haben.

5

Trage die folgenden Dezimalbrüche in eine Stellentafel ein.
a) 0,07 **b)** 0,006 **c)** 3,5 **d)** 1,01 **e)** 15,007 **f)** 2,0 **g)** 20,20 **h)** 70,1 **i)** 0,505

6

Fertige eine Stellentafel an und trage folgende Zehnerbrüche ein.
a) $\dfrac{3}{10}$ **b)** $\dfrac{1}{1\,000}$ **c)** $\dfrac{3}{100}$ **d)** $\dfrac{7}{10}$ **e)** $\dfrac{45}{100}$ **f)** $\dfrac{11}{10}$ **g)** $\dfrac{203}{100}$

7

Schreibe die Dezimalbrüche als Zehnerbrüche.

a) 0,29	**e)** 0,078	**i)** 10,13	**m)** 132,095
b) 3,001	**f)** 3,030	**j)** 1,013	**n)** 1,400
c) 123	**g)** 0,700	**k)** 47,11	**o)** 1,010
d) 61,01	**h)** 0,0202	**l)** 0,031	**p)** 0,9999

NACHGEDACHT
Hätte man beim Schreiben der nebenstehenden Dezimalbrüche auch Nullen „einsparen" können?

> Man darf nur am Ende von Dezimalbrüchen Nullen anhängen oder streichen, auf keinen Fall dürfen zwischendrin Nullen weggelassen werden.
> Zum Beispiel ist 0,4 = 0,40 = 0,400 … und   0,800 = 0,80 = 0,8
>   aber: 1,05 ≠ 1,5   sowie 20,3 ≠ 2,3

8

Welche Dezimalbrüche kann man kürzer schreiben?

a) 0,04	**c)** 240,0	**e)** 107,007000	**g)** 2,0001
b) 2,040	**d)** 17,08305	**f)** 75,07	**h)** 35,000

9

Jan hat eine Mark und 5 Pfennig in der Tasche. Er behauptet, dass er 1,5 DM hat. Was sagst du dazu?

10

Schreibe den Geldbetrag als Dezimalbruch.
a) 5 DM 21 Pf   **b)** 2 DM 3 Pf   **c)** 6 Pf   **d)** 333 Pf   **e)** 20 DM 6 Pf

11

Schreibe die Summen als Dezimalbrüche. Trage sie in eine Stellentafel ein.

a) $2 + \dfrac{3}{10} + \dfrac{3}{100} + \dfrac{7}{1\,000}$

b) $17 + \dfrac{2}{100}$

c) $8 \cdot 10^3 + 4 \cdot 10 + \dfrac{5}{10}$

d) $\dfrac{4}{10} + \dfrac{9}{100} + \dfrac{1}{1\,000}$

e) $5 + \dfrac{3}{10} + \dfrac{9}{1\,000}$

f) $6 \cdot 10^2 + 7 \cdot 1 + \dfrac{3}{100} + \dfrac{8}{1\,000}$

Wie wir wissen, lassen sich Zehnerbrüche gut als Dezimalbrüche schreiben.

Lassen sich auch Brüche wie $\frac{1}{2}$, $\frac{3}{4}$ oder $\frac{6}{30}$ als Dezimalbrüche schreiben?

Wir erweitern oder kürzen den Bruch bis ein Zehnerbruch entsteht.

$$\frac{1}{2} = \frac{5}{10} = 0{,}5 \qquad\qquad \frac{6}{30} = \frac{2}{10} = 0{,}2$$

ACHTUNG: Nicht alle Brüche lassen sich in Zehnerbrüche umwandeln. Man kann z. B. $\frac{1}{3}$, $\frac{1}{6}$ und $\frac{2}{7}$ nicht als Dezimalbruch schreiben.

FÜR HELLE KÖPFE

Finde weitere Brüche, die nicht als Dezimalbrüche geschrieben werden können.

12

Schreibe als Dezimalbruch.

a) $\frac{5}{2}$ c) $\frac{5}{50}$ e) $\frac{5}{6}$ g) $\frac{17}{2}$ i) $\frac{15}{25}$ k) $\frac{3}{25}$

b) $\frac{4}{5}$ d) $\frac{3}{8}$ f) $\frac{6}{5}$ h) $\frac{12}{15}$ j) $\frac{1}{7}$ l) $\frac{90}{450}$

13

Gib an, welche Dezimalbrüche an dem Geobrett dargestellt sind.
Stelle deinem Nachbarn weitere Aufgaben.

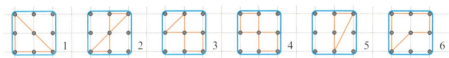

14

Veranschauliche die Dezimalbrüche 1,5; 1,75; 0,75; 0,125; 0,375 und 1,125 mit den Kreisteilen aus Aufgabe 21 von Seite 92.

15

Übertrage die Aufgaben in dein Heft und fülle die Lücken aus.

a) $0{,}5 = \frac{1}{\square} = \frac{\square}{8} = \frac{\square}{1\,000} = \frac{1\,500}{\square}$ c) $0{,}25 = \frac{5}{\square} = \frac{\square}{56} = \frac{70}{\square}$

b) $\frac{3}{4} = 0{,}\square = \frac{\square}{\square} = \frac{\square}{1\,000} = \frac{30}{\square}$ d) $\frac{1}{5} + \frac{1}{2} - \frac{1}{10} = \frac{\square}{10} = 0{,}\square = \frac{3}{\square}$

16

Schreibe erst als Zehnerbruch und dann als Dezimalbruch.

a) $1\frac{1}{2}$ c) $\frac{5}{6}$ e) $\frac{125}{25}$ g) $\frac{100}{8}$ i) $\frac{11}{2}$ l) $\frac{12}{11}$

b) $3\frac{3}{4}$ d) $\frac{17}{20}$ f) $3\frac{3}{50}$ h) $2\frac{1}{4}$ k) $10\frac{2}{5}$ m) $\frac{5}{25}$

17

Peter war krank und fehlte an mehreren Unterrichtstagen. Vor der Mathe-
stunde schaut der flüchtig in den Hefter seiner Banknachbarin und glaubt,
bereits mit Dezimalbrüchen rechnen zu können.
Hat Peter richtig gerechnet?

a) $1,7 = \frac{1}{7}$ **c)** $17\frac{9}{100} = 17,9$ **e)** $\frac{14}{10} = 14,0$

b) $5\frac{2}{5} = 7,5$ **d)** $304,007 = \frac{3\,047}{1\,000}$ **f)** $2 + \frac{170}{10} + \frac{3}{100} = 2,173$

Unser Waldi
hat sich für
diese Tapete
ganz spontan
entschieden!

18

Familie Petermann ist im Supermarkt.
Hendriks Vater entdeckt in der Heim-
werkerabteilung preisgünstige Tapeten
für die Renovierung der Gartenlaube.
Gib alle Größenangaben ohne Komma an.

Acryl-
Strukturtapete
Eurorolle
10,05 × 0,53 m
4,99

> Die Maßzahl einer Größe wird oft als Dezimalzahl geschrieben.
> Für 12 m 54 cm schreibt man z. B. 12,54 m.

19

Schreibe die Maßzahlen der Größen als Dezimalbrüche.

a) $\frac{7}{10}$ kg   **d)** $4\frac{3}{4}$ h   **g)** $\frac{13}{100}$ cm   **k)** $5\frac{25}{100}$ m

b) $\frac{1}{5}$ m   **e)** $2\frac{1}{4}$ t   **h)** $\frac{3}{4}$ h   **l)** $\frac{1}{8}$ g

c) $\frac{137}{100}$ dm   **f)** $\frac{5}{8}$ l   **i)** $\frac{49}{100}$ DM   **m)** $\frac{2}{5}$ l

WICHTIG
Beachte stets die
Umrechnungszahlen
der verschiedenen
Einheiten.
1 DM = 100 Pf
1 Pf = $\frac{1}{100}$ DM
1 kg = 1 000 g
1 g = $\frac{1}{1\,000}$ kg

20

Gib die Maßzahlen der Größen als Brüche an und kürze.

a) 0,03 m   **c)** 0,25 h   **e)** 1,207 km   **g)** 1,75 h
b) 1,20 l   **d)** 7,125 kg   **f)** 30,25 t   **h)** 0,875 l

21

Gib in der nächstgrößeren Einheit an und schreibe als Dezimalbruch.

a) 498 Pf   **c)** 150 min   **e)** 112 mm   **g)** 3 700 cm
b) 45 cm   **d)** 27 500 m   **f)** 53 g   **h)** 270 s

22

Schreibe die Größe in der in Klammern angegebenen Einheit.

a) 0,83 m (cm)   **c)** 0,001 kg (g)   **e)** 270,20 DM (Pf)   **g)** 3,2 dm (mm)
b) 19,01 DM (Pf)   **d)** 18,250 l (ml)   **f)** 0,251 g (mg)   **h)** 3,5 h (min)

Ohne Sonnenenergie
gibt es kein Leben auf unserer Erde.
Jeder Baum unserer Wälder
nutzt die Sonnenenergie
und speichert sie für uns.

Unser Wald

1

Die Wälder auf unserer Erde nehmen eine Fläche von 3 411 Millionen Hektar ein. Das sind $\frac{13}{50}$ der gesamten Landfläche. Auf jeden Einwohner unserer Erde kommen 1993 0,644 ha Wald.

a) In Deutschland verteilt sich der Wald auf $\frac{3}{10}$ der Landfläche, das entspricht ungefähr 10 Millionen Hektar.
   Wie groß ist etwa die Landfläche Deutschlands?

b) Rund 80 Millionen Einwohner leben in Deutschland.
   Wie viel Hektar Wald kommen auf jeden Bürger?

c) Der Freistaat Sachsen hat eine Waldfläche von 0,5 Millionen Hektar. Berechne den Anteil der sächsischen Wälder an der Gesamtfläche Deutschlands.

2

Entnimm der Übersicht, welchen Flächenanteil der Wald in den aufgeführten Bundesländern hat, übertrage das Diagramm in dein Heft und vervollständige es.

Bäume können sehr alt werden, oftmals mehrere hundert Jahre.
Eine Kiefer z. B. kann 600 Jahre alt werden, eine Eiche 700 Jahre.

Bayern	$\frac{9}{25}$	Sachsen	$\frac{27}{100}$
Brandenburg	$\frac{37}{100}$	Sachsen-Anhalt	$\frac{23}{100}$
Nordrhein-Westfalen	$\frac{13}{50}$	Schleswig-Holstein	$\frac{1}{10}$
Saarland	$\frac{7}{20}$	Thüringen	$\frac{1}{3}$

Waldanteil an der Gesamtfläche des Bundeslandes

$\frac{1}{2}$ $\frac{1}{4}$

3

Baumartenverteilung in Sachsen-Anhalt
Etwa die Hälfte des gesamten Waldbestandes sind Kiefern. Ermittle den Gesamtanteil der restlichen Nadelbaumarten und den der Laubbäume.

Kiefer	$\frac{1}{2}$	Fichte	$\frac{3}{20}$	Eiche	$\frac{1}{10}$	Buche	$\frac{2}{25}$
sonstige Nadelhölzer	$\frac{3}{100}$			sonstige Laubhölzer	$\frac{7}{50}$		

Unser Wald wird durch verschiedene Schadfaktoren beeinflusst.
Da Deutschland ein dicht besiedeltes Industrieland ist, ist die Luftver-
schmutzung der ärgste Feind des Waldes. Industriebetriebe, Kraftwerke,
Autos und Heizungsanlagen setzen giftige Abgase frei. Der Wind trägt diese Schadstoffe über weite Strecken in unsere Wälder, sie setzen sich an Na-
deln, Blättern und Wurzeln der Bäume ab.
Es gibt auch witterungsbedingte Schäden durch Sturm oder Schnee. Wald-
brände vernichten so manches Waldstück.
Zu den natürlichen Feinden der Wälder gehören Nadel- und Stammschäd-
linge, der Pilzbefall und das im Wald lebende Wild.

Ein schlimmes Beispiel ist
der Erzgebirgswald.
1996 musste festgestellt
werden, dass mindestens
20 000 ha in den Kamm-
lagen schwer geschädigt
sind und 3 000 ha kom-
plett abgestorben sind.

4

In Brandenburg brachte eine Waldschadenserhebung im Jahr 1995 folgendes Ergebnis:

$\frac{7}{50}$ der Bäume zeigten deutliche Schäden (bis zu $\frac{1}{4}$ Nadel- und Blattver-

lust gegenüber nicht geschädigten Baumkronen).

$\frac{2}{5}$ der Bäume mussten als schwach geschädigt erfasst werden (Warnstufe!).

Berechne, welcher Anteil der Bäume ohne sichtbare Schäden war.

Da es sehr lange dauert, bevor aus einem kleinen Samenkorn ein großer,
starker Baum wird, ist es die Aufgabe der Forstwirtschaft, unsere Wälder
geplant und sinnvoll zu bewirtschaften. Es darf nicht mehr Holz eingeschla-
gen werden, als wieder nachwachsen kann.

5

Die Vorräte an Nutzholz in deutschen Wäldern betragen etwa 2,8 Mrd.
Kubikmeter.
Pro Jahr wachsen 58 Mio. Kubikmeter Holz nach, etwa 40 Mio. werden zur
Holzgewinnung entnommen.
Welcher Anteil des jährlichen Holzzuwachses wird etwa genutzt?

Holz ist ein wichtiger
Energieträger. Ein Raum-
meter luftgetrocknetes
Laubholz (ca. 450 kg)
entspricht beim Heizen
210 Litern Heizöl oder
385 kg Braunkohlen-
briketts.

Könnt ihr euch an einen schönen Sonntagsspazier-
gang durch den Wald erinnern? Sammelt ihr gern mit
Opa Pilze? Ist ein Strauß bunter Herbstblätter nicht
wunderschön? Bastle doch einmal ein Eichelmänn-
chen als Geschenk für deine Mutti.
Denkt einmal darüber nach, wie jeder von uns mit
dazu beitragen könnte, unsere Wälder zu erhalten und
zu schützen.
In der näheren Umgebung deines Heimatortes gibt es
bestimmt einen Natur- und Waldlehrpfad. Wie wäre
es, wenn deine Klasse gemeinsam mit dem Förster
UNSEREN WALD erforschen geht?
Vor der Exkursion sind sicher noch viele Fragen zu
klären. Befragt eure Fachlehrer. Nutzt die Literatur
der Schul- oder Stadtbibliothek!

Vergleichen und Ordnen von Dezimalbrüchen

1

Die Schülerinnen und Schüler der Klasse 5 c sollen Kurzvorträge über ihre Lieblingstiere vorbereiten.
Susis Lieblingstiere sind Kängurus. Als sie sich in ihrem Tierlexikon über diese Tierart informiert, fällt ihr auf, dass es Kängurus in den unterschiedlichsten Arten und Größen gibt. Sie findet folgende Maße:

Art .... Größe (vom Kopf bis zum Schwanz gemessen)	
Bergkänguru............................ 2,00 m	Rattenkänguru .... 0,70 m
Graues Riesenkänguru .... 2,45 m	Rotes Baumkänguru .... 1,40 m
Nagelschwanzkänguru............... 1,00 m	Rotes Riesenkänguru .... 2,60 m

Rotes Riesenkänguru

a) Welches ist die größte, welches die kleinste Känguruart?
b) Susi möchte ihren Mitschülern auf einer Folie die verschiedenen Arten nach ihrer Größe geordnet vorstellen. Hilf ihr dabei. Übertrage folgende Tabelle in dein Heft und fülle sie aus.

Känguruarten		
bis 1,00 m Größe	über 1,00 bis 2,00 m Größe	über 2,00 m Größe

2

Maik stellt in seinem Kurzvortrag ebenfalls eine interessante Tierart vor. Er berichtet über die verschiedenen Arten von Pinguinen.
Er erstellt folgende Größentabelle:

Königspinguin ...... 0,95 m   Eselspinguin .... 0,75 m
Brillenpinguin .... 0,65 m   Felsenpinguin .... 0,65 m
Kaiserpinguin .... 1,20 m   Haubenpinguin..... 0,80 m

Wie lautet die Reihenfolge in der Größentabelle, wenn mit der größten Pinguinart begonnen wird?

> Besonders gut lassen sich Dezimalbrüche vergleichen, wenn man von links beginnend einander entsprechende Stellen vergleicht.
> Dabei kann eine Stellentafel helfen.

BEISPIEL
21,374 und 20,84 sollen verglichen werden.
Trage beide Zahlen zunächst in eine Stellentafel ein:
Suche nun von links die erste Spalte, in der sich die Ziffern unterscheiden.
Die größere Ziffer gehört zum größeren Dezimalbruch, alle Ziffern weiter rechts interessieren dann nicht.

Z	E	z	h	t
2	1	3	7	4
2	0	8	4	

⇑
1 > 0, also
21,374 > 20,84

3

Vergleiche die Dezimalbrüche miteinander.

a) 12,03 und 0,21   d) 0,021 und 0,201   g) 0,7 und 0,69
b) 5,23 und 5,33   e) 47,334 und 46,334 h) 0,70 und 0,07
c) 2,349 und 2,35   f) 5,1 und 5,10   i) 1,32 und 1,321

4

Übertrage ins Heft und setze das richtige Zeichen (<, =, >) ein.

a) 1,203 ▮ 1,204   b) 37,098 ▮ 47,089   c) $\frac{1}{4}$ ▮ 0,24

d) 5,445 ▮ 5,44   e) 0,625 ▮ $\frac{3}{8}$ f) 9,621 ▮ 9,6209

g) 1,16 ▮ 1,106   h) $\frac{1}{5}$ ▮ 0,19   i) 6,502 ▮ 6,052

k) 0,220 ▮ $\frac{22}{100}$ l) 0,12 ▮ 0,122   m) 11,242 ▮ 12,2420

5

Heute ist nicht Brittas Tag. Sie kann sich einfach nicht konzentrieren. Nun gibt der Mathelehrer ihr auch noch den Auftrag, die Dezimalbrüche 0,721 und 0,93 zu vergleichen.
Schnell antwortet Britta: „Null Komma siebenhunderteinundzwanzig ist größer als Null Komma dreiundneunzig, denn siebenhunderteinundzwanzig ist größer als dreiundneunzig."
Banknachbar Peter stößt Britta an: „He, Britta, wach auf!" Warum?

6

Vergleiche. Setze das richtige Relationszeichen.

a) 1,10 und 1,1   d) 0,4 und 0,40   g) 0,350 und 3,500
b) 1,2 und 1,02   e) 2,700 und 2,070 h) 11,100 und 11,1
c) 3,01 und 3,10   f) 5,0 und 5,000   i) 4,37 und 4,037

HINWEIS
Erinnere dich an den „Erweiterungstrick mit der Null":
$\frac{3}{10} = \frac{30}{100} = \frac{300}{1\,000}$
0,3 = 0,30 = 0,300

7

Ordne die Zahlen der Größe nach. Beginne mit der kleinsten Zahl.
a) 15,03; 15,3; 15,35; 14,98; 14,89   b) 1,999; 2,001; 1,989; 2,000; 1,899
c) 0,754; $\frac{3}{4}$; 0,705; 0,750; 0,745; 0,74 d) 2,531; 2,351; $2\frac{1}{2}$; 2,053; 2,315; 2,553

8

Schreibe zunächst alle Brüche dezimal. Ordne sie dann der Größe nach. Beginne mit dem kleinsten Dezimalbruch.

a) $\frac{2}{5}$; 0,39; $\frac{1}{2}$; 0,41; $\frac{420}{1\,000}$; $\frac{4}{10}$

b) $\frac{112}{10}$; $11\frac{1}{4}$; 11,23; 11,32; $\frac{55}{5}$; $\frac{123}{100}$

KNOBELEI
Finde mithilfe des Zahlenstrahls 3 Dezimalbrüche die zwischen $\frac{1}{4}$ und $\frac{3}{4}$ liegen.

9

Gegeben ist folgender Zahlenstrahl:

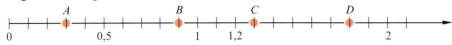

a) Welche Dezimalbrüche gehören zu den Punkten *A*, *B*, *C* und *D*?
b) Nenne drei Dezimalbrüche, die zwischen den Punkten *C* und *D* liegen.
c) Welcher Dezimalbruch liegt in der Mitte zwischen *B* und 1?

> Dezimalbrüche können am Zahlenstrahl dargestellt werden.
>
>
>
> Von zwei Dezimalbrüchen ist derjenige kleiner, der auf dem Zahlenstrahl weiter links liegt, z. B. 0,1 < 0,5.

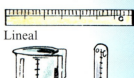

10

Stelle folgende Zahlen am Zahlenstrahl dar. Schreibe sie dann in geordneter Reihenfolge auf. Beginne mit der kleinsten Zahl.
a) 1,5; 0,5; 0,75; 1,25; 0,1; 1,3   b) 0,1; 0,05; 0,15; 0,4; 0,09; 0,02
c) $1\frac{1}{10}$; $\frac{3}{10}$; $\frac{3}{4}$; 0,65; $\frac{6}{5}$; 1,00   d) $\frac{1}{10}$; $\frac{1}{5}$; 0,12; $\frac{4}{10}$; $\frac{11}{100}$; $\frac{1}{2}$

11

Welcher Dezimalbruch liegt genau in der Mitte zwischen den vorgegebenen Brüchen? Überprüfe die Lösungen durch eine grafische Darstellung am Zahlenstrahl.
a) 0,2 und 0,4   b) 0,2 und 0,3   c) 0,2 und 0,22   d) 0,2 und 0,21
e) 0,22 und 0,24   f) 0,22 und 0,25   g) 0,202 und 0,204   h) 0,202 und 0,203

12

Nenne alle Dezimalbrüche, die zwischen den gegebenen Dezimalbrüchen liegen und genauso viele Stellen nach dem Komma haben.
a) 0,995 und 1,002   b) 8,07 und 8,22   c) 1,02 und 1,03
d) 13,124 und 13,131   e) 0,99 und 1,01   f) 4,5099 und 4,5100

13

Setze geeignete natürliche Zahlen ein.
In welchen Fällen findet man mehr als eine Lösung?

a) $0{,}2 = \frac{\blacksquare}{5} < 0{,}3 < \frac{\blacksquare}{10} = \frac{20}{50} < 0{,}\blacksquare$

b) $0{,}\blacksquare < 0{,}1 = 0{,}1\blacksquare < \frac{\blacksquare}{100} = 0{,}20 < 0{,}2\blacksquare 0$

14

Ordne der Größe nach. Gib zunächst alle Größen in derselben Maßeinheit an.

a) $1\frac{4}{5}$ kg; 1,850 kg 80 010 mg; 1 800 g; $1\frac{7}{10}$ kg

b) 37,3 cm; 37 dm; 0,372 9 m; 0,000 27 km, $\frac{2}{5}$ m

15

Für die Selbstbedienungstruhe in der Kaufhalle wurde Käse in Portionen geschnitten und gewogen. Welches Preisschild gehört zu welcher Portion?

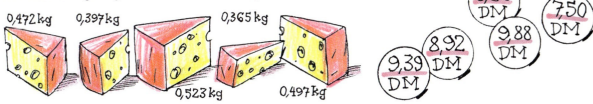

16

Bilde aus den Ziffern 1, 3 und 5 alle möglichen Dezimalbrüche, wobei die Ziffern an der Einer-, Zehntel- und Hundertstelstelle stehen dürfen.
a) Wie viele verschiedene Dezimalbrüche erhält man, wenn keine Ziffer mehrfach auftreten darf?
b) Die Anzahl der voneinander verschiedenen Dezimalbrüche erhöht sich, wenn jede Ziffer zweimal oder sogar dreimal auftreten darf. Wie viele Dezimalbrüche kommen dann noch dazu?
c) Ordne die unter a) gefundenen Dezimalbrüche der Größe nach. Beginne mit der größten Zahl.

AUFGABEN ZUR WIEDERHOLUNG

1. Rechne im Kopf.
   a) 60 : (55 − 35)   **b)** 4 · (17 + 8)
   c) 350 : (37 + 33)   **d)** 9 · (43 + 17)
   e) 400 : (38 + 42)   **f)** 8 · (65 − 25)
   g) (180 + 270) : 9   **h)** 7 · (43 − 18)

2. a) (320 − 80) : 16   **b)** 144 : (44 − 26)
   c) (175 − 79) : 12   **d)** 78 : (62 − 49)
   e) (340 − 232) : 12   **f)** 85 : (51 − 34)
   g) (196 − 60) : 17   **h)** 96 : (52 − 36)

3. Vergleiche.
   a) 7 · 13 und 8 · 12   **b)** 3 · 16 und 4 · 12
   c) 7 · 12 und 6 · 13   **d)** 8 · 13 und 9 · 12
   e) 4 · 13 und 5 · 12   **f)** 7 · 40 und 8 · 35
   g) 7 · 50 und 9 · 40   **h)** 8 · 32 und 5 · 50

4. a) 320 − 80 : 16   **b)** 87 + 104 : 13
   c) 172 − 96 : 8   **d)** 78 + 117 : 13
   e) 144 − 36 : 12   **f)** 191 + 65 : 13
   g) 99 − 108 : 12   **h)** 91 + 52 : 13

5. Ulrike und ihr Bruder Sebastian sind zusammen 18 Jahre alt. Ulrike ist 4 Jahre älter als Sebastian.
   Wie alt sind die Geschwister?

6. Klaus hat zwei Geschwister. Seine Schwester ist zwei Jahre jünger als er, und sein Bruder Markus ist drei Jahre jünger als seine Schwester. Zusammen sind die drei Geschwister 26 Jahre alt.
   Wie alt ist jedes der drei Kinder?

Runden von Dezimalbrüchen

1

Wolfram wurde von seinen Großeltern zum Mittagessen in ein griechisches Restaurant eingeladen.
Bevor der Kellner die Rechnung bringt, schaut Wolfram nochmals in die Speisenkarte, um zu überschlagen, welchen Preis Opa für die Speisen und Getränke zahlen muss. Dazu rundet Wolfram die Preise für 1 Mineralwasser, 2 Cola, 2 Gyros nach Art des Hauses, 1 Gyrosteller und 1 Zaziki so, dass er leicht im Kopf addieren kann. Wie geht Wolfram vor und zu welchem Ergebnis kommt er dabei?

Mineralwasser 2,30 DM
Cola 2,50 DM
Gyros des Hauses 14,75 DM
Gyrosteller 16,20 DM
Zaziki 4,45 DM

RESTAURANT ◆ ATHEN ◆ GRIECHISCHE Spezialitäten

2

Herr Neumann wertet die letzte Mathe-Kontrollarbeit aus. An der Tafel steht eine Übersicht der in der Klasse erreichten Noten. Mit dem Taschenrechner hat er als Durchschnittsnote 2,8333333 ermittelt.

Note	1	2	3	4	5	6
Anzahl	3	7	9	2	2	1

Er fordert die Kinder seiner Klasse auf, eine sinnvoll gerundete Durchschnittsnote anzugeben. Welche würdest du vorschlagen?

NACHGEDACHT
Warum gibt man oftmals Durchschnittswerte an? Suche weitere Beispiele, wo Durchschnittswerte eine Rolle spielen.

Dezimalbrüche runden wir ähnlich wie natürliche Zahlen.
Zuerst muss angegeben werden, auf wie viele Stellen nach dem Komma gerundet werden soll, beispielsweise auf Zehntel (1 Stelle) oder Hundertstel (2 Stellen).
Für das Runden ist dann die nachfolgende Stelle entscheidend, d. h. beim Runden auf eine Stelle ist es die zweite, beim Runden auf zwei Stellen die dritte usw.:
• Ist die nachfolgende Stelle kleiner als 5, wird abgerundet.
• Ist die nachfolgende Stelle größer oder gleich 5, wird aufgerundet.

BEISPIEL
Runden
auf Zehntel
$3,4\mathbf{3} \approx 3,4$
$21,7\mathbf{9}4 \approx 21,8$
Runden
auf Hundertstel
$2,35\mathbf{8}3 \approx 2,36$
$10,12\mathbf{3} \approx 10,12$

3

Runde jede Zahl einmal auf Zehntel, einmal auf Hundertstel und einmal auf Tausendstel.

a) 9,247   **d)** 25,111 1   **g)** 5,469 2   **k)** 15,009
b) 0,065 6   **e)** 0,704 5   **h)** 1,206   **l)** 0,077 7
c) 15,002   **f)** 0,020 9   **i)** 0,998 9   **m)** 1,829 9

4

Runde zuerst auf Einer und dann auf Zehner.

a) 17,85   **c)** 0,002   **e)** 48,93   **g)** 35,52
b) 392,03   **d)** 101,49   **f)** 1,52   **h)** 419,498

Beim Runden gibt man immer alle Dezimalstellen an, auf die gerundet wird, auch wenn in diesen Stellen Nullen stehen.
Beispiele: 7,5904   gerundet auf Tausendstel: 7,590
              12,0029   gerundet auf Hundertstel: 12,00

BEACHTE
Manchmal kommt es beim Runden zu „Kettenreaktionen". Beispielsweise ist 0,499 gerundet auf Hundertstel 0,50 und 19,985 gerundet auf Zehntel 20,0.

5

Runde auf Zehntel, Hundertstel und Tausendstel.

a) 6,9595   c) 13,9555   e) 0,9898   g) 41,1999
b) 5,9982   d) 99,9999   f) 3,9905   h) 9,9995

6

Gib jeweils drei Beispiele für Dezimalbrüche an, aus denen die nachfolgenden Dezimalzahlen durch Runden entstanden sein können.

a) 28,4   c) 43,80   e) 1,74   g) 0,10
b) 0,99   d) 1,00   f) 5,09   h) 98,00

7

Runde auf ganze Liter.

a) 13 085 ml   c) 2 000 ml   e) 12,75 l   g) 4,52 l
b) 0,950 l   d) $5\frac{3}{4}$ l   f) $2\frac{4}{5}$ l   h) 49 950 ml

8

Runde auf ganze Meter.

a) 20,50 m   c) 8,7432 km   e) 4,5 km   g) 1,35 dm
b) 48,9 dm   d) 3 m 12 dm   f) 0,69 m   h) 39 m 720 cm

9

Runde auf ganze Kilogramm.

a) 13,49 kg   c) $17\frac{1}{4}$ kg   e) 99,95 kg   g) 0,0095 t
b) 4,998 kg   d) 2,855 t   f) 10 909 g   h) 980 g

10

Entscheide, bei welchen Größenangaben nicht gerundet werden darf und bei welchen es sinnvoller wäre, gerundete Werte zu verwenden.

a) Peter behauptet: „Unser Auto wiegt 1 285,670 kg."
b) Rudolfs Vater ärgert sich: „Durch die Winterreifen und das ständige Fahren in der Stadt hatte unser Auto in diesem Monat einen Benzinverbrauch von 10,843 Liter pro 100 Kilometer."
c) Die Entfernung zwischen Dresden und Potsdam beträgt 193,875 km.
d) Der Apotheker benötigt für die Herstellung der Arznei 0,082 g einer Substanz.
e) Opas Kleingarten umfasst eine Fläche von 452,85 Quadratmeter.

WUSSTEST DU SCHON?
Die längste Bratwurst der Welt, die bis 1993 angefertigt wurde, wog 1,073 6 t.
Die 1,715 km lange Bratwurst wurde von einem Schweizer Metzgermeister hergestellt. Die längste Bratwurst nach originaler Thüringer Rezeptur (1,638 km) fertigte ein Erfurter Fleischermeister.

Addition und Subtraktion von Dezimalbrüchen

1

Während der Ferien unternehmen Ulrike und Fabian mit ihren Eltern eine Radtour durch die Sächsische Schweiz. Selbstverständlich soll an den einzelnen Stationen auch gewandert werden.

a) Wie viele Kilometer legt die Familie insgesamt mit dem Fahrrad zurück?

b) Bei einer Rast in Stolpen kauft Fabian zwei Bratwürste für je 2,50 DM, 1 Paar Wiener für 3,20 DM, eine Bockwurst für 2,20 DM und zwei Gläser Brause für je 2,25 DM, ein Glas Cola für 2,45 DM und ein Glas Selters für 1,60 DM.

Kann er das alles mit einem 20-DM-Schein bezahlen?

Sebnitz	0 km
Neustadt	9,0 km
Stolpen	10,3 km
Lohmen	11,4 km
Pirna	7,7 km
Königstein	10,7 km
Bad Schandau	7,5 km
Sebnitz	11,0 km

BEISPIEL
Thomas kauft für das Wochenende Obst ein. Brigitte, Andreas, Susi und Nora überlegen, wie viel Kilo Äpfel Thomas gekauft hat.

Andreas rechnet zunächst in Gramm um und addiert dann:

      775 g
+ 1 150 g
  1 925 g = 1,925 kg

Susi schlägt vor, die Zahlen in eine Stellentafel einzutragen und dann stellenweise zu addieren:

E	z	h	t
7	7	5	
+ 1	1	5	0
1	9	2	5

Brigitte wandelt die Dezimalbrüche in Zehnerbrüche um und rechnet:

$$\frac{775}{1\,000}\,\text{kg} + \frac{1\,150}{1\,000}\,\text{kg} = \frac{1\,925}{1\,000}\,\text{kg} = 1{,}925\,\text{kg}$$

Und Nora meint, dass sie die Dezimalbrüche auch ohne Stellentafel stellenweise addieren kann:

      0,775 kg
+ 1,150 kg
  1,925 kg

FRAGE
Was muss Thomas insgesamt für das Obst bezahlen?

2

Suche dir einen dieser Rechenwege aus und löse folgende Aufgabe.
Was muss Tim bezahlen für zwei Becher Jogurt zu je 69 Pf, ein Päckchen Margarine für 1,89 DM, ein Brot für 3,25 DM und 1 l Milch für 1,49 DM.

Dezimalbrüche werden so wie natürliche Zahlen schriftlich addiert oder subtrahiert. Aber Achtung: **Komma gehört unter Komma.**

BEISPIEL

a) Addiere 1,24; 24,3 und 0,789.

$$\begin{array}{r} 1{,}24 \\ +\ 24{,}3 \\ +\ \ 0{,}789 \\ \hline 26{,}329 \end{array}$$

b) Subtrahiere 8,725 von 27,2.

$$\begin{array}{r} 27{,}200 \\ -\ \ 8{,}725 \\ \hline 18{,}475 \end{array}$$

3

Schreibe stellengerecht untereinander und berechne.

a) $0{,}045 + 1{,}054$ d) $12{,}075 + 3{,}08$ g) $3{,}987 + 98{,}3$ j) $8{,}8 + 88{,}888$
b) $90{,}87 + 0{,}1049$ e) $1{,}005 + 51{,}53$ h) $65{,}432 + 0{,}5678$ k) $0{,}0099 + 1{,}091$
c) $13{,}65 + 24{,}2$ f) $0{,}0022 + 9{,}78$ i) $109{,}075 + 68{,}5$ l) $2345{,}9 + 0{,}987$

4

a) $17{,}85 - 8{,}7$ d) $12{,}05 - 5{,}931$ g) $23{,}76 - 9{,}8$ j) $9{,}89 - 12{,}7$
b) $42{,}7 - 7{,}083$ e) $97{,}45 - 89{,}5$ h) $74{,}6 - 15{,}678$ k) $17 + 3{,}742$
c) $7{,}403 - 40{,}3$ f) $45 - 5{,}932$ i) $253{,}49 - 94{,}75$ l) $8{,}12 - 0{,}98$

5

a) $24{,}073 + 4{,}703$ d) $12{,}2 - 0{,}999$ g) $53{,}2 + 4{,}908$ j) $32{,}5 - 0{,}8888$
b) $42{,}543 - 4{,}2583$ e) $7{,}094 + 7{,}094$ h) $37{,}5 - 8{,}927$ k) $190{,}19 + 19{,}019$
c) $60{,}932 - 39{,}4069$ f) $0{,}39 + 21{,}406$ i) $15 - 7{,}782$ l) $0{,}70707 + 23{,}307$

6

Das kannst du bestimmt im Kopf berechnen.

a) $0{,}4 + 0{,}5$ d) $0{,}9 - 0{,}3$ g) $0{,}8 + 0{,}4$ j) $0{,}08 - 0{,}04$
b) $0{,}04 + 0{,}5$ e) $0{,}09 - 0{,}5$ h) $0{,}08 + 0{,}04$ k) $1{,}2 - 0{,}7$
c) $0{,}04 + 0{,}07$ f) $0{,}07 - 0{,}007$ i) $0{,}006 + 0{,}009$ l) $0{,}75 - 0{,}21$

7

a) $0{,}75 + \frac{1}{4}$ c) $\frac{4}{4} - 0{,}3$ e) $0{,}8 + \frac{1}{5}$ g) $1{,}6 - \frac{3}{5} + 6{,}42$

b) $2\frac{3}{4} + 4{,}9 - 0{,}75$ d) $2{,}25 + 3{,}76 - \frac{1}{4}$ f) $1{,}75 + 2\frac{1}{4}$ h) $2\frac{1}{4} - 0{,}75 + \frac{1}{2}$

8

Berechne. Mache zuerst einen Überschlag.

a) $2{,}4 + 3{,}75 + 8{,}109 + 6{,}5$ d) $3{,}3 + 30{,}303 + 2{,}0535 + 1{,}09$
b) $320{,}64 + 6{,}4034 + 0{,}008 + 1{,}9072$ e) $22{,}09 + 2{,}209 + 9{,}0202 + 3{,}8$
c) $14{,}025 + 2{,}4853 + 920{,}5 + 1{,}035$ f) $7{,}1 + 42{,}05 + 102{,}7078 + 0{,}0909$

WUSSTEST DU SCHON?
Anders als in Deutschland werden in England und Amerika Dezimalbrüche grundsätzlich mit einem Dezimalpunkt anstelle des Kommas geschrieben. Ein Komma wird dagegen zum Abtrennen von Tausendern in großen Zahlen verwendet, z. B. $35{,}500 = 35\,500$; $35{,}500.1$ in amerikanischer Schreibweise bedeutet in unserer Schreibweise $35\,500{,}1$.

9

Herr Müller will nach einem Gaststättenbesuch in sein Auto steigen. Ein Polizist hindert ihn daran. Herr Müller rechnet ihm vor: „Drei Gläser Wein habe ich getrunken. Das erste Glas mit 0,25 l und das zweite Glas 0,2 l das sind zusammen 0,25 l + 0,2 l = 0,27 l. Dann noch einmal 0,2 l, also 0,27 l + 0,2 l = 0,29 l. Ich habe nicht einmal 0,3 l Wein getrunken, da kann ich doch wohl mit dem Auto nach Hause fahren."
Was sagst du zu dieser Argumentation?

10

Berechne möglichst vorteilhaft. Wenn du genau überlegst, kannst du das sogar im Kopf.

a) 12,37 + 1,9   **c)** 1,67 + 1,99   **e)** 57,8 − 9,9   **g)** 63,75 − 0,99
b) 3,84 − 0,9   **d)** 42,56 + 9,9   **f)** 6,54 − 2,99   **h)** 278,24 + 19,9

11

Berechne die folgenden Summen.

1,234	2,345	3,456
+ 3,087	+ 3,087	+ 3,087

a) Was stellst du fest? Setze die Aufgabenserie mit drei weiteren Aufgaben fort.
b) Erfinde selbst Aufgaben.

12

Wie viel fehlt bis zur 1?

a) 0,91   **c)** 0,303   **e)** 0,999   **g)** 0,999 1   **i)** 0,02
b) 0,245   **d)** 0,222 2   **f)** 0,101 01   **h)** 1,03   **j)** 0,007

13

Ergänze zur 100.

a) 99,9   **c)** 0,909   **e)** 89,1   **g)** 70,70   **i)** 0,05
b) 10,101   **d)** 22,22   **f)** 57,75   **h)** 89,89   **j)** 1,001

14

Martin hat in einer Klassenarbeit Fehler gemacht. Kannst du sie finden? Übertrage die Aufgaben in dein Heft und berechne das richtige Ergebnis.

	13,88		80,7		27,0025
+	3,52	+	7,36	+	0,8015
+	42,72	+	13,2	+	1,2000
	58,22		167,5		29,0010

15

a) Welche Zahl musst du zu 333,333 addieren um 3 333,333 zu erhalten?
b) Um wie viel ist 999,09 größer als 999,8?
c) Wie groß ist die Differenz zwischen 0,99 und 0,000 1?

16

Welche Zahl muss jeweils für x eingesetzt werden?
Schreibe zu jeder Aufgabe eine Frage auf.

a) $x + 2,4 = 5,8$ **d)** $7,83 - x = 4,73$ **g)** $2,84 + x = 5$ **j)** $x + 5,92 = 5$

b) $x - 2,32 = 9,48$ **e)** $x + 1,09 = 1,1$ **h)** $x - 4,89 = 6,24$ **k)** $0,9 + x = 1,03$

c) $4,83 - x = 2,63$ **f)** $x + 5,04 = 11,4$ **i)** $13,8 - x = 4,903$ **l)** $7,65 - x = 7,89$

BEISPIEL
(1) Um wie viel ist 5,8 größer als 2,4?
(2) Die Summe beträgt 5,8. Ein Summand lautet 2,4. Ermittle den zweiten Summanden.

17

Welche Zahl hat sich Ulli jeweils ausgedacht?

a) Wenn er zu seiner Zahl 4,25 addiert, erhält er 9,07.

b) Wenn er von seiner Zahl 16,5 subtrahiert, erhält er 63,55.

c) Wenn er seine Zahl von 127,93 subtrahiert, erhält er 53,12.

d) Wenn er zu seiner Zahl 1,03 addiert, erhält er 7,4.

e) Wenn er von seiner Zahl 9,19 subtrahiert, erhält er 9,19.

f) Wenn er seine Zahl von 29,026 subtrahiert, erhält er 7,82.

18

Wie groß ist der Umfang der abgebildeten Figuren?
(Die Abbildungen sind nicht maßstabsgerecht; Maße in cm.)

a) Rechteck   **b)** regelmäßiges Sechseck   **c)** Quadrat   **d)** Viereck

HINWEIS
Der Umfang ist die Summe aller Seitenlängen

1,25
3,8

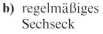

4,3

2,7

2,1
4,6
4,8
3,7

19

Andreas geht einkaufen. Reicht ein 50-Mark-Schein?
Wenn ja, berechne wie viel Geld er zurückbekommt.

a) T-Shirt: 18,95 DM
Tennissocken: 5,85 DM
T-Shirt: 13,95 DM
Sporthose: 15,75 DM

b) Duschbad: 4,85 DM
Deoroller: 3,95 DM
Waschmittel: 14,95 DM
4 Zahnbürsten für je 3,85 DM
Zahnpasta: 3,20 DM
Mundwasser: 6,45 DM

20

Was könnte Nadine alles für 20 DM einkaufen?
Stelle selbst vier Aufgaben und rechne.

0,74
0,79
5,99
0,59
10,99
1,99

Vervielfachen von Dezimalbrüchen

Frische Landeier
SORTE L
Stück:
0,33 DM

SORTE M
Stück:
27 Pf

1

Bettina und Hans wollen zum bevorstehenden Osterfest Eier färben. Sie haben 5 verschiedene Farben zur Verfügung und wollen jeweils 6 Eier mit ein- und derselben Farbe färben.
Was müssen sie bezahlen, wenn sie
a) nur Eier der Sorte L,   **b)** nur Eier der Sorte M,
c) jeweils zur Hälfte Eier der Sorte L und Eier der Sorte M kaufen?

BEISPIEL
Karin steht vor einem Stand mit wunderschön bemalten sorbischen Ostereiern. Sie will fünf Stück kaufen. Sie entscheidet sich für die blauen Eier, von denen jedes 2,29 DM kostet.
Wie viel muss Karin bezahlen?

Wir können diese Aufgabe auf verschiedene Weise lösen.

a) Wir wandeln 2,29 DM in Pfennige um und rechnen:
$5 \cdot 2,29 \text{ DM} = 5 \cdot 229 \text{ Pf} = 1\,145 \text{ Pf} = 11,45 \text{ DM}$

b) Wir können auch rechnen:
$5 \cdot 2,29 \text{ DM} = 2,29 \text{ DM} + 2,29 \text{ DM} + 2,29 \text{ DM} + 2,29 \text{ DM} + 2,29 \text{ DM}$
$= 11,45 \text{ DM}$

c) Oder wir rechnen:
$5 \cdot 2,29 \text{ DM} = \frac{229}{100} \text{ DM} + \frac{229}{100} \text{ DM} + \frac{229}{100} \text{ DM} + \frac{229}{100} \text{ DM} + \frac{229}{100} \text{ DM}$
$= \frac{1\,145}{100} \text{ DM} = 11,45 \text{ DM}$

2

Wähle einen Lösungsweg aus dem Beispiel und löse folgende Aufgaben.
a) Thomas kauft acht Becher Jogurt. Ein Becher kostet 0,89 DM. Wie viel muss Thomas bezahlen?
b) Ein Bleistift kostet 45 Pfennige. Tamara kauft 10 Stück.
c) Tanja wählt von den sorbischen Ostereiern vier rote zu je 2,69 DM und drei blaue zu je 2,29 DM. Wie viel muss sie bezahlen?

3

Schreibe als Produkte und berechne.
a) $0,4 + 0,4 + 0,4 + 0,4 + 0,4 + 0,4$
b) $1,3 \text{ kg} + 1,3 \text{ kg} + 1,3 \text{ kg} + 1,3 \text{ kg}$
c) $0,65 \text{ m} + 0,65 \text{ m} + 0,65 \text{ m} + 0,65 \text{ m} + 0,65 \text{ m}$

4

Berechne. Fällt dir etwas auf?
a) $5 \cdot 70$; $5 \cdot 7$; $5 \cdot 0,7$; $5 \cdot 0,07$ **b)** $6 \cdot 28$; $6 \cdot 2,8$; $6 \cdot 0,28$; $6 \cdot 0,028$

WUSSTEST DU SCHON?
Bereits im alten China, in Ägypten und in Persien wurden gefärbte Eier verschenkt. Auch bei Ausgrabungen in Polen und Südmähren fand man verzierte Eier. In Deutschland ist das Verzieren von Ostereiern insbesondere in der Lausitz beheimatet. Dabei werden verschiedene Techniken, z. B. die Wachs-, Kratz- und Ätztechnik angewendet.

BEISPIEL

Sandra ist bei $6 \cdot 1{,}4 = 8{,}4$ und $6 \cdot 14 = 84$ etwas aufgefallen. Beide Ergebnisse haben die gleichen Ziffern. Im ersten Ergebnis steht jedoch ein Komma.

Sandra meint: „Da kann ich ja wie bei natürlichen Zahlen rechnen. Ich darf nur nicht vergessen, im Ergebnis das Komma zu setzen."

Sie rechnet weitere Beispiele:

ÜBERLEGE
Hat Sandra Recht?

$\boxed{5 \cdot 1{,}7}$ $5 \cdot 17 = 85$ und $5 \cdot 1{,}7 \approx 5 \cdot 2 = 10$, also $5 \cdot 1{,}7 = 8{,}5$

$\boxed{6 \cdot 1{,}22}$ $6 \cdot 122 = 732$ und $6 \cdot 1{,}22 \approx 6 \cdot 1 = 6$, also $6 \cdot 1{,}22 = 7{,}32$

Vervielfachen von Dezimalbrüchen
1. Überschlag machen.
2. Multiplizieren wie bei natürlichen Zahlen.
3. Im Ergebnis das Komma entsprechend dem Überschlag setzen.

MERKE
Im Ergebnis stehen genau so viele Ziffern hinter dem Komma, wie in dem gegebenen Dezimalbruch.

BEISPIELE

Aufgabe: $57 \cdot 3{,}9$

Rechnen
ohne Komma: Überschlag:

$$\begin{array}{r} 57 \cdot 39 \\ \hline 171 \\ 513 \\ \hline 2\,223 \end{array}$$

$60 \cdot 4 = 240$

$\longrightarrow 57 \cdot 3{,}9 = 222{,}3$

Aufgabe: $306 \cdot 2{,}75$

Rechnen
ohne Komma: Überschlag:

$$\begin{array}{r} 306 \cdot 275 \\ \hline 612 \\ 2142 \\ 1530 \\ \hline 84\,150 \end{array}$$

$300 \cdot 3 = 900$

$\longrightarrow 306 \cdot 2{,}75 = 841{,}50$

5

Mache zuerst einen Überschlag. Berechne dann.

a) $4 \cdot 1{,}6$ d) $12 \cdot 0{,}123$ g) $6 \cdot 2{,}43$ j) $17 \cdot 0{,}092$
b) $7 \cdot 2{,}21$ e) $25 \cdot 0{,}075$ h) $8 \cdot 0{,}49$ k) $25 \cdot 5{,}05$
c) $8 \cdot 0{,}52$ f) $5 \cdot 1{,}3$ i) $22 \cdot 0{,}321$ l) $43 \cdot 5{,}87$

6

Berechne. Denke an den Überschlag.

a) $87 \cdot 5{,}4321$ d) $75 \cdot 0{,}2525$ g) $9{,}753 \cdot 67$
b) $425 \cdot 6{,}708$ e) $398 \cdot 7{,}403$ h) $8{,}642 \cdot 84$
c) $8{,}001 \cdot 13$ f) $1{,}009 \cdot 34$ i) $0{,}00987 \cdot 10\,000$

7

Berechne im Kopf. Notiere nur das Ergebnis.

a) $7 \cdot 0{,}2$ c) $6 \cdot 0{,}4$ e) $9 \cdot 0{,}7$ g) $13 \cdot 0{,}06$ i) $19 \cdot 0{,}5$
b) $5 \cdot 0{,}7$ d) $8 \cdot 0{,}05$ f) $13 \cdot 0{,}3$ h) $7 \cdot 1{,}1$ k) $9 \cdot 0{,}12$

8

Im Frühjahr 1995 musste man für 1 Dollar 1,53 DM, für 1 engl. Pfund 2,35 DM, für 100 Schweizer Franken 125,5 DM, für 1 000 italienische Lire 1,02 DM, für 100 französische Franc 30,30 DM bezahlen.
Wie viel DM musste man bezahlen für
a) 100 Dollar, **b)** 10 engl. Pfund, **c)** 10 SF, **d)** 1 000 000 Lire, **e)** 1 000 Franc?

9

Berechne und vergleiche jeweils die Ergebnisse miteinander.
Was stellst du fest?
a) $10 \cdot 0,346$; $100 \cdot 0,346$; $1\,000 \cdot 0,346$; **b)** $10 \cdot 0,078$; $100 \cdot 0,078$; $1\,000 \cdot 0,078$
c) $19,246 \cdot 10$; $19,246 \cdot 100$; $19,246 \cdot 1\,000$; **d)** $7,42 \cdot 10$; $7,42 \cdot 100$; $7,42 \cdot 1\,000$

> Wird ein Dezimalbruch mit 10, 100, 1 000, 10 000 usw. multipliziert, so rückt das Komma um 1, 2, 3, 4 usw. Stellen nach rechts. In manchen Fällen müssen dazu Nullen angehängt werden.

BEISPIEL

$1,348 \cdot 10 = 13,48$
$1,348 \cdot 100 = 134,8$
$1,348 \cdot 1\,000 = 1\,348$
$1,348 \cdot 10\,000 = 13\,480$

	ZT	T	H	Z	E	z	h	t
					1	3	4	8
				1	3	4	8	
			1	3	4	8		
		1	3	4	8			
	1	3	4	8	0			

$\cdot 10\,000 \quad \cdot 1\,000 \quad \cdot 100 \quad \cdot 10$

10

Berechne im Kopf. Notiere nur das Ergebnis.
a) $10 \cdot 0,94$ **d)** $10 \cdot 0,782$ **g)** $0,371 \cdot 10$ **j)** $7,28 \cdot 10$
b) $10 \cdot 0,003\,01$ **e)** $10 \cdot 0,004\,8$ **h)** $17,037 \cdot 10$ **k)** $0,970\,2 \cdot 10$
c) $100 \cdot 0,012\,3$ **f)** $0,002\,31 \cdot 100$ **i)** $100 \cdot 1,034\,8$ **l)** $0,091\,3 \cdot 100$

11

Rechne möglichst im Kopf.
a) $10 \cdot 2,403$ **d)** $17,074 \cdot 10$ **g)** $8,093 \cdot 100$ **j)** $1\,000 \cdot 0,109\,07$
b) $2,403 \cdot 20$ **e)** $5 \cdot 17,074$ **h)** $50 \cdot 8,093$ **k)** $500 \cdot 0,109\,07$
c) $200 \cdot 2,403$ **f)** $17,074 \cdot 20$ **i)** $1\,000 \cdot 8,093$ **l)** $100 \cdot 0,109\,07$

12

Übertrage die Tabellen in dein Heft und fülle sie aus.

n	10	5		100	
$n \cdot 0,047\,8$			0,095\,6		47,8

13

Ein Menschenhaar ist ca. 0,05 mm dick. Wie dick erscheint ein solches Haar unter einem Mikroskop mit
a) 10-facher; **b)** 100-facher; **c)** 1 000-facher Vergrößerung?

14

Berechne. Setze die Reihen fort.
a) $77 \cdot 1{,}3$ $77 \cdot 2{,}6$ $77 \cdot 3{,}9$ $77 \cdot 5{,}2$
b) $3 \cdot 37{,}037$ $6 \cdot 37{,}037$ $9 \cdot 37{,}037$ $12 \cdot 37{,}037$

15

Welches Ergebnis ist das richtige? Entscheide, indem du nur einen Überschlag machst.

a) $0{,}789 \cdot 15$	11,835	118,35	1,183 5	1 183,5
b) $0{,}046 8 \cdot 93$	8,763 4	0,435 24	4,352 4	0,876 34
c) $34 \cdot 0{,}108 3$	3,682 2	7,284 2	0,348 2	34,822

16

Im Getränkemarkt kostet eine 0,7-Liter-Flasche Mineralwasser 0,49 DM. Dazu kommen pro Flasche 0,30 DM Pfand.
a) Ermittle durch einen Überschlag, wie viel 15 Flaschen etwa kosten.
b) Der ganze Kasten mit zwölf Flaschen einschließlich Flaschenpfand und Kastenpfand von 3 DM wird für 11,99 DM angeboten.
Überschlage, ob dieses Angebot günstig ist.

17

Berechne
a) das Zehnfache von 1,038.
b) das Hundertfache von 4,8.
c) das Tausendfache von 0,009 27.
d) das Nullfache von 45,098 7.

18

Was ist größer
a) das Hundertfache von 9,704   oder das Zehnfache von 92,9?
b) das Zehnfache von 23,74   oder das Tausendfache von 0,027 34?

19

Herr Lehmann kauft beim Bäcker ein: 5 Schrippen, 6 Maisbrötchen, 4 Spritzkuchen, 3 Pfannkuchen.
a) Wie viel muss Herr Lehmann bezahlen?
b) Bilde weitere Einkaufsaufgaben, die ihr gemeinsam lösen könnt.

Maisbrötchen 0,60
Mehrkorn 0,55
Pfannkuchen 1,10
Spritzkuchen 0,95
Schrippen 0,29
Pflaumenkuchen 1,20
lecker!

Multiplikation von Dezimalbrüchen

1

Tanja hat einige Aufgaben gerechnet und dabei eine Beobachtung gemacht.

$7,23 \cdot 1\,200 = 8\,676$

$7,23 \cdot 120 = 867,6$

$7,23 \cdot 12 = 86,76$

Der zweite Faktor wird immer kleiner und das Komma im Quotienten wandert immer weiter nach links. Tanja meint: „Dann ist $7,23 \cdot 1,2$ bestimmt 8,676." Hat Tanja Recht?

Mache zuerst einen Überschlag und versuche dann eine Regel dafür zu finden, wie man zwei Dezimalbrüche miteinander multipliziert.

BEISPIEL

1 kg Tomaten kostet 3,19 DM. Was kosten 1,2 kg?

Zu berechnen ist also: $1,2 \cdot 3,19$.

Überschlag: $1,2 \cdot 3,19$ ist etwas größer als $1 \cdot 3,19$.

Wenn wir den Preis für 1 kg in Pfennige umrechnen, erhalten wir eine Aufgabe, die wir schon lösen können:

$1,2 \cdot 3,19\ \text{DM} = 1,2 \cdot 319\ \text{Pf}.$

Wir rechnen vorteilhaft:

$319 \cdot 1,2$

319 1,2 kg Tomaten kosten also

638 382,8 Pf, das sind 3,828 DM.

$382,8$ Es müssen 3,83 DM bezahlt werden.

2

Ein Kilogramm Obst kostet 5,49 DM. Wie viel muss bezahlt werden für

a) 1,8 kg;   **b)** 0,85 kg;   **c)** 1,5 kg;   **d)** 0,75 kg;   **e)** 2,4 kg?

> Für die **Multiplikation von Dezimalbrüchen** merken wir uns:
> 1. Überschlag machen,
> 2. Dezimalbrüche wie natürliche Zahlen multiplizieren,
> 3. im Ergebnis das Komma so setzen, dass das Produkt so viele Stellen nach dem Komma hat, wie beide Faktoren zusammen,
> 4. Ergebnis mit dem Überschlag vergleichen.

BEISPIELE

a) $6,8 \cdot 4,07$

Ü: $7 \cdot 4 = 28$

R: $6,8 \cdot 4,07$

$2\,720$

476

$27,676$

b) $0,24 \cdot 0,31$

Ü: $0,2 \cdot 0,3 = 0,06$

R: $0,24 \cdot 0,31$

72

24

$0,0744$

BEACHTE

Damit man die notwendige Anzahl von Stellen nach dem Komma erhält, müssen manchmal Nullen eingefügt werden.

3

Berechne. Mache zuerst einen Überschlag. Vergleiche die Ergebnisse miteinander. Was stellst du fest?

a) $7,2 \cdot 2,4$ **b)** $3,8 \cdot 0,47$ **c)** $12,3 \cdot 0,094$ **d)** $43,7 \cdot 5,3$
      $72 \cdot 0,24$ $4,7 \cdot 0,38$ $1,23 \cdot 9,4$ $4,37 \cdot 0,53$
      $0,72 \cdot 2,4$ $3,8 \cdot 4,7$ $123 \cdot 0,94$ $0,437 \cdot 53$
      $7,2 \cdot 0,24$ $0,038 \cdot 4,7$ $1,23 \cdot 0,94$ $437 \cdot 0,053$

4

Berechne. Mache zuerst einen Überschlag.

a) $6,03 \cdot 4,2$ **c)** $8,5 \cdot 7,07$ **e)** $0,432 \cdot 0,084$ **g)** $8,45 \cdot 0,063$
b) $0,734 \cdot 2,3$ **d)** $12,9 \cdot 7,9$ **f)** $3,05 \cdot 0,029$ **h)** $0,003\,4 \cdot 6,9$

SETZE
DIE REIHE FORT
$2,71 \cdot 4,1$
$2,71 \cdot 8,2$
$2,71 \cdot 12,3$
$2,71 \cdot 16,4$

5

Das kannst du auch im Kopf rechnen. Notiere nur das Ergebnis.

a) $0,2 \cdot 0,4$ **c)** $0,01 \cdot 7,2$ **e)** $0,9 \cdot 1,2$ **g)** $3,6 \cdot 0,4$
b) $0,1 \cdot 0,06$ **d)** $0,5 \cdot 0,7$ **f)** $1,8 \cdot 0,8$ **h)** $2,5 \cdot 0,2$

6

Jetzt darfst du Lehrer sein. Entscheide, ob Peter richtig gerechnet hat. Korrigiere falsche Ergebnisse.

a) $2,5 \cdot 3,4 = 6,20$ c) $0,3 \cdot 0,5 = 1,5$
b) $4,9 \cdot 0,8 = 0,392$ d) $1,4 \cdot 0,9 = 1,26$

7

Martin meint, dass Martina sich verrechnet haben muss, weil die Produkte nicht die richtige Anzahl von Stellen nach dem Komma haben.
Hat Martin Recht?

$2,5 \cdot 2,8 = 7$ $3,4 \cdot 4,5 = 15,3$ $0,125 \cdot 4 = 0,5$

8

Welche der angegebenen Zahlen ist das richtige Ergebnis? Entscheide, ohne schriftlich zu rechnen.

a) $7,28 \cdot 3,6 =$ $2,6208$ $262,08$ $26,208$ $2\,620,8$
b) $80,9 \cdot 0,65 =$ $5\,258,5$ $52,585$ $525,85$ $5,2585$
c) $0,9 \cdot 647,8 =$ $58,302$ $5,8302$ $5\,830,2$ $583,02$

BEACHTE
Werden Dezimalbrüche miteinander multipliziert, so kann das Produkt kleiner sein als jeder der Faktoren.

9

Vergleiche das Produkt mit den einzelnen Faktoren. Was stellst du fest?

a) $43 \cdot 17$ **d)** $3,6 \cdot 0,5$ **g)** $0 \cdot 0,724$ **j)** $57 \cdot 0,075$
b) $74 \cdot 0$ **e)** $0,9 \cdot 2,78$ **h)** $0,77 \cdot 0,33$ **k)** $1,08 \cdot 0,99$
c) $7,4 \cdot 3,8$ **f)** $0,8 \cdot 0,78$ **i)** $0,092 \cdot 0,88$ **l)** $0,0986 \cdot 0$

10 L

a) Bilde selbst Produkte, bei denen das Ergebnis kleiner ist als jeder der beiden Faktoren.

b) Welche Bedingungen gelten für die von dir gewählten Faktoren?

c) Kann auch bei der Multiplikation natürlicher Zahlen das Produkt kleiner sein als jeder der Faktoren?

11 L

Gib jeweils zwei Dezimalbrüche an, die für ▮ eingesetzt werden können.

a) $4 \cdot$ ▮ < 4 **c)** ▮ $\cdot 0{,}7 <$ ▮   **e)** ▮ $\cdot 12{,}1 < 12{,}1$

b) $7{,}3 \cdot$ ▮ $< 7{,}3$ **d)** ▮ $\cdot 2{,}6 <$ ▮   **f)** ▮ $\cdot 0{,}8 < 0{,}8$

BEISPIEL
1 m Schleifenband kostet 0,92 DM. 0,5 m Band kostet dann
$0{,}5 \cdot 0{,}92 \text{ DM} = 0{,}46 \text{ DM}$.
Es gilt:
$0{,}46 < 0{,}5$ und $0{,}46 < 0{,}92$.

12

Ein Kilogramm Mandarinen kostet 3,89 DM. Was kosten

a) 0,75 kg;   **b)** 0,983 kg;   **c)** $\frac{1}{2}$ kg;   **d)** 650 g;   **e)** 1,25 kg?

13

Ein Kilogramm Bananen kostet 2,49 DM. Was kosten

a) 2,5 kg;   **b)** 0,845 kg;   **c)** $\frac{3}{4}$ kg;   **d)** 1,384 kg;   **e)** 780 g?

14

Berechne. Wie hängen die Aufgaben jeweils zusammen? Überlege, in welcher Reihenfolge du die Aufgaben am besten lösen kannst.

a) $4{,}84 \cdot 5$
$4{,}84 \cdot 10$
$4{,}84 \cdot 0{,}5$
$4{,}84 \cdot 1{,}5$

b) $0{,}5 \cdot 7{,}48$
$10 \cdot 7{,}48$
$5 \cdot 7{,}48$
$1{,}5 \cdot 7{,}48$

c) $6 \cdot 2{,}5$
$0{,}6 \cdot 2{,}5$
$6 \cdot 0{,}25$
$0{,}6 \cdot 0{,}25$

d) $4 \cdot 3{,}5$
$4 \cdot 0{,}35$
$0{,}4 \cdot 3{,}5$
$0{,}4 \cdot 0{,}35$

e) $8{,}62 \cdot 0{,}2$
$4{,}31 \cdot 0{,}4$
$8{,}62 \cdot 2$
$17{,}24 \cdot 0{,}1$

f) $0{,}3 \cdot 7{,}53$
$0{,}9 \cdot 2{,}31$
$3 \cdot 7{,}53$
$0{,}1 \cdot 22{,}59$

g) $1{,}8 \cdot 3{,}9$
$0{,}9 \cdot 7{,}8$
$0{,}6 \cdot 11{,}7$
$0{,}2 \cdot 35{,}1$

h) $2{,}4 \cdot 4{,}5$
$0{,}24 \cdot 9$
$1{,}2 \cdot 2{,}25$
$1{,}2 \cdot 9$

i) $1{,}96 \cdot 1{,}4$
$2{,}8 \cdot 3{,}92$
$4{,}2 \cdot 1{,}96$
$1{,}4 \cdot 1{,}4$

15

Herr Muster will für seine Klasse einige Ergänzungshefte für den Mathematikunterricht kaufen. Er will einen Klassensatz Arbeitshefte für je 8,40 DM und für je zwei Schüler eine zusätzliche Aufgabensammlung für je 9,95 DM kaufen. Wie viel Geld muss Herr Muster bei der Schulleitung beantragen, wenn in seiner Klasse 28 Kinder lernen?

16

In England und in den USA trifft man häufig andere Einheiten an als in Deutschland.

a) Marks Vater tankt in Denver 9 Gallonen Benzin.
   Wie viel Liter sind das, wenn eine Gallone 3,785 l sind?
b) Auf den Highways in den USA ist die Höchstgeschwindigkeit häufig 70 Meilen pro Stunde. Eine (amerikanische) Meile sind 1,609 km.
   Gib die Höchstgeschwindigkeit in Kilometer pro Stunde an.
   Vergleiche mit Höchstgeschwindigkeiten auf deutschen Autobahnen.
c) In Oxford findet ein Wettlauf über 100 Yard statt.
   Wie viel Meter sind das, wenn 1 Yard = 0,9144 m sind?
   Wie viel Meter sind 110 Yard?
d) Mr. Thompson kauft 5 Pints Saft (1 Pint = 0,568 l).
   Wie viel Liter sind das?
e) Jane ist 135 Inch weit gesprungen. Kannst du das auch?

BEISPIELE
für englische
und amerikanische
Längenmaße:
1 inch = 2,54 cm
1 foot = 12 inches
1 yard = 3 feet
1 mile = 1 760 yards
engl. Flüssigkeits-
maße:
1 gill = 0,142 l
8 gills = 1 quart
1 gallon = 4 quarts

17

Übertrage in dein Heft und setze die fehlenden Ziffern ein.

a)
```
2, 5 · 1,3
  2 5
    8 5
    0 5
```

b)
```
 ,8 · 2,6
  9 4
  9 2
    6
```

c)
```
0, 3 · 2,
  1 4
    5
  8
```

d)
```
127 · ,
   1
     9
   ,
```

AUFGABEN ZUR WIEDERHOLUNG

1. Welche Ergebnisse sind falsch?
Begründe deine Entscheidung, ohne die Aufgabe auszurechnen.
   a) 4 739 + 11 681 = 16 428
   b) 120 000 − 73 428 = 46 572
   c) 143 721 + 86 563 = 23 000 284
   d) 973 470 − 681 471 = 291 901
   e) 685 · 37 = 25 347
   f) 341 · 45 = 15 345
   g) 846 · 489 = 41 694
   h) 178 · 25 = 4 450

2. Überschlage das Ergebnis.
   a) 8 317 + 1 680 + 3 790 + 7 430
   b) 43 720 + 12 630 + 121 683
   c) 1 234 872 + 2 950 342 + 34 734 822
   d) 162 794 − 41 911 − 71 340
   e) 812 314 − 75 465 − 126 306
   f) 12 890 543 − 4 237 699 − 5 003 654

3. Überschlage das Ergebnis.
   a) 189 · 41   **b)** 307 · 72
   c) 492 · 52   **d)** 760 · 47
   e) 561 · 52   **f)** 1 981 · 21

4. Wie viele Schritte sind mindestens notwendig, um von *A* nach *B* zu gelangen?
Eine Karolänge bedeutet einen Schritt.

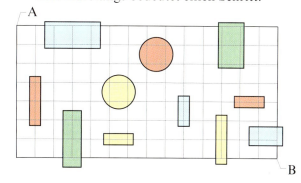

Division von Dezimalbrüchen durch natürliche Zahlen

1

Tobias hat für fünf Kugeln Eis 3,50 DM bezahlt. Mandy möchte sich zwei Kugeln Eis kaufen und fragt Tobias, wie viel eine Kugel Eis kostet. Tobias hat sich den Preis für eine Kugel Eis nicht gemerkt.
Hilf ihm, den Preis für eine Kugel Eis herauszufinden.

2

a) Sandra will wissen, wie dick ein 1-Pfennig-Stück ist. Sie hat zehn Pfennige übereinander gestapelt und misst 1,4 cm.
b) Versuche herauszufinden, wie dick ein 5-Pfennig-Stück ist.
   Gehe genauso vor wie Sandra.

3

Mandy wundert sich, dass ihr Schreibblock dicker ist als der Rechenblock, obwohl beide Blöcke 100 Blatt haben. Der eine Block ist 9,1 mm, der andere 7,3 mm dick.
Wie dick ist ein einzelnes Schreibblatt und ein einzelnes Rechenblatt?

4

Hans hat von einigen Papiersorten die Dicke von je 100 Blatt gemessen.
Telefonbuch: 4,5 mm   Katalog: 4,2 mm   Zeichenblock: 1,1 cm
Kopierpapier: 9,2 mm   Briefpapier: 1,05 cm   Illustrierte: 5 mm
Wie dick sind   a) 10 Blatt;   b) 1 Blatt des jeweiligen Papiers?

> Wird ein Dezimalbruch durch 10, 100, 1 000, 10 000 usw. dividiert, so rückt das Komma 1, 2, 3, 4 usw. Stellen nach links. In manchen Fällen müssen dazu Nullen eingefügt werden.

		H	Z	E	z	h	t	zt	ht	m
Beispiel:		2	3	4	7	5				
234,75 : 10	= 23,475		2	3	4	7	5			
234,75 : 100	= 2,3475			2	3	4	7	5		
234,75 : 1 000	= 0,23475			0	2	3	4	7	5	

5

Berechne im Kopf. Notiere nur das Ergebnis.
a) 75 : 10   e) 821 : 10   i) 7 364 : 1 000   m) 25 : 10
b) 9,47 : 100   f) 47,82 : 1 000   j) 8,56 : 100   n) 1,25 : 100
c) 0,48 : 10   g) 24,73 : 1 000   k) 2,76 : 100   o) 0,76 : 1 000
d) $\frac{1}{2}$: 10   h) $\frac{2}{5}$: 10   l) $\frac{3}{4}$: 100   p) $\frac{4}{5}$: 100

VERGLEICHE
a) $7,05 \cdot 0,1$ und
   $7,05 : 10$
b) $82,75 \cdot 0,01$ und
   $82,75 : 100$
c) $27,6 \cdot 0,001$ und
   $27,6 : 1000$

6

Welches Ergebnis ist größer?

a) 0,092 · 100 oder 9,3 : 10   **c)** 3 424 : 1 000 oder 0,004 321 · 1 000

b) 1,72 : 100 oder 0,001 69 · 10   **d)** 2,706 · 100 oder 276,07 : 100

7

Dividiere die folgenden Dezimalbrüche der Reihe nach durch 10, 100, 1 000.

a) 273,6   **b)** 4,078   **c)** 9,9   **d)** 5   **e)** 999,9

BEISPIEL

Manuela will für ihre Katze neues Futter kaufen. Da Manuela das Futter von ihrem Taschengeld bezahlen muss, schaut sie immer nach Sonderangeboten.
In „Tommys Kleintiershop" sieht sie folgende Angebote:

Manuela überlegt, für welches Angebot sie sich entscheiden soll. Um ihr zu helfen, rechnen wir für das erste Angebot den Preis für eine Dose aus. Dazu müssen wir 7,45 DM : 5 rechnen. Wir sehen sofort, dass eine Büchse mehr als 1 Mark kostet. Um den genauen Preis zu berechnen, wandeln wir die 7,45 DM in Pfennige um und rechnen dann weiter.

7,45 DM = 745 Pf

745 : 5 = 149   149 Pf = 1,49 DM   Man kann auch kürzer schreiben:
5   7,45 : 5 = 1,49
‾24   5
20   ‾24
‾45   20
45   ‾45   Wenn die Markbeträge
‾0   45   verteilt sind, muss man
                                         ‾0   ein Komma setzen.

Der Preis für eine Dose des ersten Angebots beträgt 1,49 DM.

8

Berechne den Preis für eine Dose des zweiten Angebotes. Für welches Angebot soll Manuela sich entscheiden?

9

Paul hat zwei Meerschweinchen. Die Streu im Käfig muss erneuert werden. Paul kann zwischen drei Angeboten wählen (siehe Randspalte). Berechne, was jeweils 1 kg kostet.

10

Wie können Tanja, Johannes und Rico 7,53 DM gerecht unter sich verteilen?

> Für das **Dividieren von Dezimalbrüchen** durch natürliche Zahlen merken wir uns:
> 1. Überschlag machen,
> 2. Dividieren wie bei natürlichen Zahlen;
> 3. im Ergebnis ein Komma setzen, wenn die Einer des Dividenden dividiert worden sind,
> 4. Ergebnis mit dem Überschlag vergleichen.

11

Berechne. Mache zuerst einen Überschlag.
a) 7,84 : 2
b) 12,3 : 6
c) 55,107 : 9
d) 16,35 : 3
e) 280,56 : 7
f) 72,72 : 8
g) 14,16 : 4
h) 1,068 : 12
i) 90,9 : 15
j) 1,96 : 4
k) 2,56 : 16
l) 0,361 : 19

12

Das kannst du im Kopf berechnen. Notiere nur das Ergebnis.
a) 1,4 : 2
b) 5,6 : 8
c) 0,25 : 5
d) 0,032 : 8
e) 1,4 : 7
f) 7,2 : 9
g) 0,63 : 7
h) 0,45 : 15
i) 4,5 : 9
j) 4,8 : 8
k) 0,49 : 7
l) 4,8 : 12
m) 2,7 : 3
n) 5,4 : 9
o) 0,36 : 4
p) 0,8 : 5

13

Berechne.
a) 87,15 : 7
871,5 : 7
8,715 : 7
b) 97,2 : 9
0,972 : 9
9,72 : 9
c) 306 : 12
3,06 : 12
30,6 : 12
d) 300,75 : 15
3,007 5 : 15
30,075 : 15

14

Hans ärgert sich über seine vielen Fehler. Du kannst es sicher besser. Berechne das richtige Ergebnis.

a) 0,72 : 12 = 0,6 ∫
b) 1,69 : 13 = 0,13 r
c) 20,25 : 5 = 4,5 ∫
d) 0,196 : 14 = 0,014 r
e) 25,6 : 16 = 16 ∫
f) 1,21 : 11 = 1,1 ∫

15

Berechne den Preis für einen Quadratmeter in den folgenden Wohnungen.
a) Familie Meier zahlt für 58 m² eine Miete von 725 DM.
b) Familie Schulze zahlt für 72 m² eine Miete von 666 DM.
c) Familie Lehmann zahlt für 68 m² eine Miete von 901 DM.

ZUSAMMENFASSUNG

Zur Darstellung von Bruchteilen eines Ganzen werden **Brüche** verwendet.

Brüche mit dem Nenner 10, 100, 1 000 usw. heißen **Zehnerbrüche.**
Zehnerbrüche können als **Dezimalbrüche** geschrieben werden.

$$\frac{1}{10} = 0{,}1; \qquad \frac{3}{100} = 0{,}03; \qquad \frac{45}{10} = 4{,}5; \qquad \frac{2}{5} = \frac{4}{10} = 0{,}4$$

Erweitern und Kürzen von Brüchen

Ein Bruch wird **erweitert,** indem Zähler und Nenner mit der gleichen Zahl (außer 0) multipliziert werden.

$$\frac{2}{5} = \frac{4}{10}$$

$$\frac{3}{4} = \frac{75}{100}$$

Ein Bruch wird **gekürzt,** indem Zähler und Nenner durch die gleiche Zahl (außer 0) dividiert werden.

$$\frac{9}{12} = \frac{3}{4}$$

$$\frac{4}{20} = \frac{1}{5}$$

Vergleichen von Brüchen und Dezimalbrüchen

Gleichnamige **Brüche werden verglichen,** indem man die Zähler vergleicht.

$$\frac{3}{5} > \frac{2}{5}, \text{ weil } 3 > 2$$

$$\frac{15}{9} < \frac{17}{9}, \text{ weil } 15 < 17$$

Dezimalbrüche werden verglichen, indem man von links beginnend entsprechende Stellen vergleicht.

$3{,}78 < 3{,}9$, weil $7 < 9$

$4{,}125 > 4{,}123$, weil $5 > 3$

$7{,}9 > 7{,}598$, weil $9 > 5$

Von zwei Brüchen/Dezimalbrüchen ist derjenige kleiner, der auf dem Zahlenstrahl weiter links liegt.

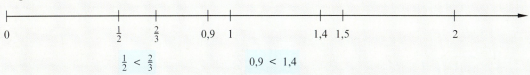

Addition und Subtraktion von Brüchen und Dezimalbrüchen

Addition und Subtraktion von gleichnamigen Brüchen
• Zähler addieren bzw. subtrahieren
• Nenner beibehalten

$$\frac{7}{12} + \frac{3}{12} = \frac{7+3}{12} = \frac{10}{12} = \frac{5}{6}$$

$$\frac{12}{15} - \frac{8}{15} = \frac{12-8}{15} = \frac{4}{15}$$

Addition und Subtraktion von Dezimalbrüchen
• Stellengerecht untereinander schreiben
• Rechnen wie mit natürlichen Zahlen
• Komma unter Komma setzen

```
    7,48
 +  2,9
 +  0,06
 ───────
   10,44
```

```
   17,46
 −  3,7
 ───────
   13,76
```

(Komma
unter Komma)

Multiplikation und Division von Dezimalbrüchen

Multiplikation von Dezimalbrüchen

- Überschlag machen
- Dezimalbrüche wie natürliche Zahlen multiplizieren
- das Ergebnis hat so viele Stellen nach dem Komma, wie beide Faktoren zusammen
- Ergebnis mit dem Überschlag vergleichen

Bsp: $2,32 \cdot 7,4$

Ü: $2 \cdot 7 = 14$

R: $2,32 \cdot 7,4$
```
     1624
      928
    17,168
```

Division von Dezimalbrüchen

durch eine natürliche Zahl

- Überschlag machen
- Dividieren wie bei natürlichen Zahlen
- im Ergebnis ein Komma setzen, wenn der Einer des Dividenden dividiert worden ist
- Ergebnis mit dem Überschlag vergleichen

Bsp: $18,42 : 3$

Ü: $18 : 3 = 6$

R: $18,42 : 3 = 6,14$
```
    18
     04
      3
     12
     12
      0
```

Das Multiplizieren von Dezimalbrüchen mit 10, 100, 1 000 usw. und das Dividieren von Dezimalbrüchen durch 10, 100, 1 000 usw. ist besonders einfach. Man braucht nur „das Komma zu verschieben".

Beim Multiplizieren nach rechts:

$4,8643 \cdot 10 = 48,643$
$4,8643 \cdot 100 = 486,43$
$4,8643 \cdot 1\,000 = 4\,864,3$

Beim Dividieren nach links:

$7\,953,6 : 10 = 795,36$
$7\,953,6 : 100 = 79,536$
$7\,953,6 : 1\,000 = 7,9536$

Größen

Ein großer Schritt für die Menschheit

Am 16. Juli 1969 besteigen drei amerikanische Astronauten die Saturn-5-Rakete am Cape Kennedy in Florida. Die Rakete ist gewaltig. Sie hat eine Höhe von 110,64 Metern und eine Startmasse von 2 928 Tonnen. Über eine Million Zuschauer haben sich eingefunden, um den Start zum Mond zu beobachten. Die letzten Sekunden werden gezählt. Die Triebwerke der Rakete zünden. Um 14 Uhr 32 Minuten hebt die Rakete von der Erde ab. Sie beginnt ihren Flug zum Mond.

An Bord des Raumschiffs Apollo 11 sind der Kommandant Neil Armstrong sowie die Astronauten Edwin Aldrin und Michael Collins. Nach etwa 4 Tagen erreichen sie die Umlaufbahn um den Mond. Armstrong und Aldrin steigen um in die Landefähre „Eagle". Gebremst durch den Feuerstrahl des Triebwerks sinkt die Fähre langsam zum Mond hinab. Sie landet rund 7 Kilometer vom vorausberechneten Ziel. Viele Menschen in allen Ländern der Erde hören aus dem Lautsprecher Armstrongs Stimme mit den Worten: „The Eagle has landed." Die Astronauten legen ihre Raumanzüge an.

Am 21. Juli um 3 Uhr 56 Minuten setzt Armstrong seinen Fuß auf den Mondboden und sagt: „Dies ist ein kleiner Schritt für einen Mann, aber ein großer Schritt für die Menschheit." Zusammen mit Aldrin stellt er verschiedene Messgeräte auf und sammelt 22 Kilogramm Mondgestein ein.

Nach etwa zweistündigem Aufenthalt auf der Mondoberfläche kehren die beiden in die Landefähre zurück. Sie beginnen den Rückflug. Alles gelingt wie geplant.

Am 24. Juli geht Apollo 11 im vorgesehenen Landegebiet des Pazifiks nieder.

Damit ist ein lang gehegter Traum der Menschheit erstmals in Erfüllung gegangen, der Flug des Menschen zum Mond.

AUFGABEN

1. Suche aus dem Text Längenangaben, Zeitangaben und Masseangaben heraus.

2. Die Masse eines Reisebusses beträgt 12 Tonnen. Wievielmal so groß war die Masse der Saturn-5-Rakete?

3. Wie viele Stunden vergingen vom Start bis zur Landung auf dem Mond?

4. Fünfgeschossige Wohnhäuser haben Höhen bis etwa 22 Meter. Wievielmal so hoch war die Rakete?

Messen von Längen

1

Anja sammelt Briefmarken. Einige ihrer Marken sind in Originalgröße abgebildet. Schätze und miss die Länge und Breite der Marken.
Übertrage die Tabelle in dein Heft und fülle sie aus.

Motiv der Marke	Länge		Breite	
	geschätzt	gemessen	geschätzt	gemessen

2

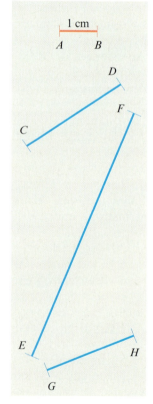

Die Strecke $\overline{AB}$ hat die Länge 1 cm. Es ist eine Zentimeterstrecke.
a) Wie oft kann man die Strecke der Länge 1 cm auf den anderen Strecken in der Randspalte abtragen?
b) Gib die Länge der Strecken sowohl in der Einheit Zentimeter (cm) als auch in der Einheit Millimeter (mm) an.

3

In welcher Einheit gibt man folgende Längen zweckmäßig an?
a) die Breite des Klassenraumes
b) die Länge deines Schulweges
c) die Länge und Breite eines Heftes
d) die Dicke eines Drahtes
e) die Länge eines Kugelschreibers
f) die Breite eines Fensters

4

Sabine kennt folgende Längen: die Höhe ihres Zimmers, die Flugstrecke ihrer letzten Urlaubsreise, die Ärmellänge ihres Pullovers, die Dicke einer Zeitschrift, die Länge ihres Schulwegs.
Sie hat die Längen in falscher Reihenfolge notiert: 1 250 km, 46 cm, 26 dm, 850 m, 8 mm. Nimm eine richtige Zuordnung vor.

5

Schätze und miss in deiner Wohnung.
a) die Höhe eines Schrankes
b) die Breite des Fernsehers
c) die Höhe einer Treppenstufe
d) die Dicke einer Kassette
e) die Länge und Breite der Küche
f) die Höhe eines Tisches

Eine Strecke $\overline{PQ}$ ist 5 cm lang.

$|\!\!-\!\!1\ cm\!\!-\!\!|$

P ⟶ Q

Das bedeutet:
Man kann auf der Strecke $\overline{PQ}$ fünf Strecken der Länge 1 cm nacheinander abtragen. Die Strecke $\overline{PQ}$ ist 5-mal so lang wie eine Strecke von 1 cm Länge: 5 cm = 5 · 1 cm.

BEISPIEL
für die Angabe einer
Größe: 5 Zentimeter
5 cm
Zahlenwert Einheit

Wichtige Längeneinheiten		
Name	**Zeichen**	**Beispiel zur Veranschaulichung der Einheit**
Millimeter	mm	1 mm ist etwa die Dicke von einem Pfennig.
Zentimeter	cm	1 cm ist etwa die Dicke von einer Streichholzschachtel.
Dezimeter	dm	1 dm ist etwa die Breite von einer Postkarte.
Meter	m	1 m ist etwa die Breite einer Tür.
Kilometer	km	1 km entspricht etwa zwei und einer halben Sportplatzrunde.

Zum Messen von Streckenlängen verwendet man ein Lineal, einen Zollstock, ein Bandmaß oder andere Längenmessgeräte.

BEACHTE
Mit dem Zollstock misst man nicht in der alten Einheit Zoll, sondern in Zentimeter oder in Millimeter.

Zollstock, Bandmaß

Rolltacho zum Messen von Weglängen

6

a) Ermittle nach Augenmaß die kürzeste und die längste Strecke.

b) Schätze die Länge jeder Strecke. Miss mit einem Lineal die Länge der Strecken.
Gib die Längen in Millimeter an. Notiere die Ergebnisse im Heft in einer Tabelle.

Strecke	Länge	
	geschätzt	gemessen
$\overline{AB}$		

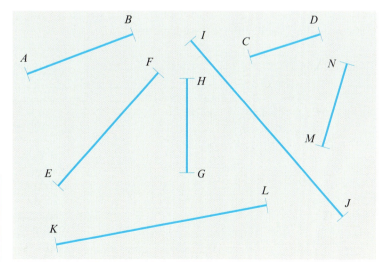

Umrechnen von Längenangaben

1

a) Betrachte ein Lineal mit Zentimeter- und Millimetereinteilung.
Aus wie vielen Millimeterstrecken besteht eine Zentimeterstrecke?
Der wievielte Teil einer Zentimeterstrecke ist eine Millimeterstrecke?

b) Betrachte ein Wandtafellineal mit der Länge von 1 m.
Aus wie vielen Dezimeterstrecken besteht eine Meterstrecke?
Der wievielte Teil einer Meterstrecke ist eine Dezimeterstrecke?

2

Wie viele Meterschritte muss man gehen, um 1 km zurückzulegen?
Der wievielte Teil einer Kilometerstrecke ist eine Meterstrecke?

Zusammenhänge zwischen Längeneinheiten

$$1 \text{ km} = 1000 \text{ m}$$
$$1 \text{ m} = 10 \text{ dm} = 100 \text{ cm} = 1\,000 \text{ mm}$$
$$1 \text{ dm} = 10 \text{ cm} = 100 \text{ mm}$$
$$1 \text{ cm} = 10 \text{ mm}$$

$$1 \text{ mm} = \frac{1}{10} \text{ cm} = \frac{1}{100} \text{ dm} = \frac{1}{1\,000} \text{ m}$$

$$1 \text{ cm} = \frac{1}{10} \text{ dm} = \frac{1}{100} \text{ m}$$

$$1 \text{ m} = \frac{1}{1\,000} \text{ km}$$

Umrechnungszahlen

$$\text{mm} \;—\; 10 \;—\; \text{cm} \;—\; 10 \;—\; \text{dm} \;—\; 10 \;—\; \text{m} \;—\; 1\,000 \;—\; \text{km}$$
$$\text{————— } 100 \text{ —————}$$

3

Übertrage die Tabelle ins Heft und rechne um.

Umrechnung von	in	Einheit wird	Zahlenwert wird	Umrech-nungszahl	Aufgabe
m	cm	kleiner	größer	100	5 m = (5 · 100) cm = 500 cm
mm	cm	größer	kleiner	10	30 mm = (30 : 10) cm = 3 cm
km	m				4 km =
cm	m				200 cm =
cm	mm				15 cm =
dm	m				80 dm =
m	cm				12 m =
m	mm				6 m =

VORSÄTZE VOR EINER EINHEIT kennzeichnen Bruchteile und Vielfache dieser Einheit.
Milli (m) ein Tausendstel
Zenti (c) ein Hundertstel
Dezi (d) ein Zehntel
Kilo (k) das Tausendfache

4

Ergänze die Einheit und rechne in die nächstkleinere Einheit um.
a) Der Fußballplatz ist 90 ___ lang.
b) Ein Lineal ist 3 ___ lang.
c) Der Kugelschreiber ist 14 ___ lang.
d) Von der Schule bis zum Bahnhof sind es 2 ___.
e) Das Haus ist 12 ___ hoch.
f) Die Heftseite ist 21 ___ breit.
g) Die Garage ist 5 ___ lang.

5

km			m			dm	cm	mm
H	Z	E	H	Z	E			
				4	2			
				4	2	0		
				4	2	0	0	
						5		
						5	0	
						5	0	0
	6							
	6	0	0	0				

Aus der Tabelle kann man leicht folgende Umrechnungen ablesen:
42 m = 420 dm = 4 200 cm, 5 dm = 50 cm = 500 mm, 6 km = 6 000 m.
Übertrage die Tabelle in dein Heft (ohne Zahlen).
Trage die Längen ein und rechne sie in die nächstkleinere Einheit um.
a) 68 m, 12 dm, 82 km, 25 cm, 40 m, 80 cm, 200 dm, 70 km, 420 cm
b) 84 dm, 16 cm, 48 m, 12 km, 600 cm, 333 m, 66 dm, 100 cm
Trage in die Tabelle ein und rechne in die nächstgrößere Einheit um.
c) 120 cm, 200 dm, 30 mm, 4 000 m, 250 mm, 4 600 cm, 300 dm
d) 320 dm, 400 cm, 600 mm, 8 000 m, 4 000 cm, 60 mm, 90 dm

6

Rechne in die nächstkleinere Einheit um.

a) 12 m	b) 11 km	c) 123 cm	d) 540 dm	e) 1 234 cm	f) 600 m
3 cm	4 dm	45 km	62 m	230 km	800 cm
5 km	48 cm	68 dm	240 cm	620 dm	46 km
23 dm	9 m	90 m	30 km	300 m	510 dm

7

Rechne in die nächstgrößere Einheit um.

a) 20 mm	b) 12 000 m	c) 330 dm	d) 7 200 cm	e) 40 000 m
240 cm	320 mm	500 cm	420 mm	2 460 dm
4 000 m	7 350 dm	700 mm	80 dm	350 cm
90 dm	90 cm	12 000 m	3 000 m	6 400 mm

INFORMIERE DICH

Wie weit ist es von deiner Schule zum Sportplatz, zum Schwimmbad, zur Bushaltestelle und zum Bahnhof?

Wie hoch ist das höchste Bauwerk in deinem Wohnort?

Wie weit ist es etwa von deinem Wohnort bis nach Berlin, bis zur Ostsee, bis an die Elbe, bis zum Erzgebirge?

MERKE
Wenn die Einheit kleiner wird, musst du mit der Umrechnungszahl multiplizieren, dann wird der Zahlenwert größer. Wenn die Einheit größer wird, musst du durch die Umrechnungszahl dividieren, dann wird der Zahlenwert kleiner.

8

Gib die folgenden Längen in einer anderen, einer zweckmäßigeren, Längeneinheit an.
a) Die Tür ist 2 000 mm hoch und 900 mm breit.
b) Die Fahrt zum Baumarkt betrug 12 000 m.
c) Das Brett hat eine Länge von 400 cm.
d) Das Schwimmbecken ist 500 dm lang.
e) Der Kirchturm ist 6 300 cm hoch.
f) Die Straße ist 800 cm breit.

BEISPIEL

H	km Z	E	H	m Z	E	dm	cm	mm
	2	3	4	0	5			
				8	7	6	5	
					5	6	7	8

Aus der Tabelle kann man ablesen:
23 405 m = 23,405 km, 8 765 cm = 876,5 dm = 87,65 m,
5 678 mm = 567,8 cm = 56,78 dm = 5,678 m.

9

a) Trage die Längen in eine Tabelle ein und rechne in größere Einheiten um: 1 234 mm; 234 cm; 34 dm; 4 567 m; 20 202 mm; 3 210 cm.
b) Trage die Längen in eine Tabelle ein und rechne in kleinere Einheiten um: 34,56 m; 4,567 m; 3,241 km; 2,05 km; 6,8 m; 9,8 cm.

10

Schreibe in zwei Einheiten. Rechne dann in die kleinere Einheit um.
Beispiel: 2,46 m = 2 m 46 cm = 246 cm.

a)	b)	c)	d)	e)
3,57 m	12,4 cm	3,78 km	12,5 dm	8,75 m
4,5 cm	5,6 m	12,45 m	32,5 cm	12,05 dm
5,02 km	4,8 dm	8,4 dm	20,8 m	44,5 km
31,4 dm	2,45 km	20,5 cm	2,468 km	10,4 cm
6,1 cm	10,5 dm	5,04 dm	5,05 m	2,005 km

11

Rechne so um, dass der Zahlenwert der Länge kein Komma enthält, also eine natürliche Zahl ist. Beispiel: 32,6 dm = 326 cm.

a)	b)	c)	d)	e)
5,631 km	0,82 m	12,4 dm	7,5 km	10,05 m
12,4 dm	11,2 cm	12,04 km	7,05 m	0,050 km
33,8 cm	3,20 dm	31,5 m	8,4 cm	20,5 dm
10,2 m	4,20 km	20,2 cm	8,04 dm	0,2 cm
5,08 dm	6,04 m	2,004 m	7,03 km	0,04 dm

CN-Tower Toronto   Fernsehturm Dresden

12

Rechne in Meter um.
a) 300 cm, 20 dm, 5 km, 2 000 mm, 4 200 cm, 240 dm, 50 km, 460 cm
b) 6 000 cm, 200 dm, 10 km, 5 000 mm, 680 cm, 1 200 cm, 72 dm, 4 km
c) 500 cm, 12 km, 2 400 cm, 80 dm, 8 dm, 50 cm, 800 mm, 750 cm
d) 240 cm, 2 800 mm, 48 dm, 320 cm, 3 200 cm, 88 000 mm, 88 km

13

Rechne in Zentimeter um.
a) 40 mm, 5 dm, 6 m, 123 mm, 120 m, 2,5 dm, 2,45 m, 4 567 mm
b) 200 mm, 50 dm, 6,2 m, 56,78 m, 38,5 dm, 345 mm, 9,5 m, 3 km
c) 0,4 dm, 0,4 m, 0,4 km, 0,04 m, 12,3 m, 1,23 dm, 0,123 m
d) 0,1 m, 0,01 m, 0,001 m, 0,1 dm, 1 km, 0,1 km, 0,01 km

WUSSTEST DU
SCHON?
Das größte Tier aller
Zeiten ist der Blauwal.
Er erreicht eine Kör-
perlänge von bis zu
33 m und ein Gewicht
bis 190 000 kg, also
bis 190 t.

14

Rechne in die Einheit um, die in Klammern steht.
a)	b)	c)	d)
17,2 km (m)	220 mm (cm)	20,5 m (cm)	12,3 dm (cm)
12,1 cm (mm)	3,4 m (dm)	60 cm (dm)	36,5 dm (cm)
230 dm (m)	120 mm (cm)	1,5 m (mm)	60,5 cm (mm)
23 000 m (km)	200 dm (m)	500 m (km)	330 m (km)

15 L

Orientiere dich bei den folgenden Aufgaben am nebenstehenden Beispiel.
Erkläre, wie dort gerechnet wurde.

a) Rechne in Zentimeter um: $\frac{1}{2}$ m, $\frac{1}{4}$ m, $\frac{3}{4}$ m, $\frac{1}{5}$ m, $\frac{4}{5}$ m, $\frac{4}{5}$ dm.

b) Rechne in Meter um: $\frac{1}{2}$ km, $\frac{1}{4}$ km, $\frac{3}{4}$ km, $\frac{1}{10}$ km, $\frac{3}{10}$ km.

c) Rechne in Millimeter um: $\frac{1}{2}$ cm, $\frac{1}{4}$ dm, $\frac{1}{5}$ cm, $\frac{3}{4}$ dm, $\frac{1}{10}$ m.

d) Rechne in Dezimeter um: $\frac{1}{2}$ m, $\frac{1}{4}$ km, $\frac{1}{10}$ m, $\frac{1}{20}$ km, $\frac{3}{5}$ m.

BEISPIEL
1 dm $= 100$ mm
$\frac{1}{5}$ dm $= \ 20$ mm $\quad \big) : 5$
$\frac{3}{5}$ dm $= \ 60$ mm $\quad \big) \cdot 3$

16 L

Übertrage ins Heft und setze für ▨ die Zeichen >, < oder = ein.

a) $\frac{1}{2}$ m ▨ 6 dm

$\frac{1}{3}$ m ▨ 30 cm

$\frac{1}{5}$ m ▨ 0,20 m

b) $\frac{1}{2}$ km ▨ 500 m

$\frac{1}{2}$ dm ▨ 4 cm

$\frac{1}{4}$ m ▨ 30 cm

c) $\frac{3}{4}$ km ▨ 800 m

$\frac{1}{10}$ m ▨ 0,1 m

$\frac{1}{4}$ m ▨ $\frac{1}{5}$ m

WUSSTEST DU
SCHON?
Der höchste lebende
Baum der Erde ist ein
Mammutbaum der
im Redwood-National-
park in Kalifornien
(USA) steht. Seine
Höhe betrug im Mai
1993 stolze 111,56 m.

Sachaufgaben zu Längen

1

Ein Heizungsmonteur schneidet von einem 2,50 m langen Kupferrohr 3 Rohrstücke zu je 55 cm ab. Wie lang ist das Rohr, das übrig bleibt?

2 L

Anja und Dirk haben mit ihren Eltern einen Ausflug gemacht. Sie sind 35 km mit der Bahn, 12,8 km mit dem Bus und 900 m mit einer Seilbahn gefahren. Außerdem sind sie $1\frac{1}{2}$ Stunden gewandert und haben dabei pro Stunde 4 km zurückgelegt. Wie lang war der gesamte Weg ihres Ausfluges? Runde auf volle Kilometer.

3

Sabine und Jörg haben je einen Drachen. Sie besitzen vier Drachenschnüre mit 37 m, 48 m, 25 m und 28,6 m Länge. Sie wollen alle vier Schnüre zusammenknoten und dann in zwei gleich lange Schnüre teilen. Wie lang wird dann die Drachenschnur höchstens, die jeder erhält?

4

Eine Sportplatzrunde beträgt 400 m. Die Sportler haben bei einem 10-km-Lauf bereits 15 Runden zurückgelegt. Wie viel Kilometer sind sie bereits gelaufen? Wie viele Runden fehlen noch?

5 L

Eine Verkäuferin stellt Dosen aufeinander. In die unterste Reihe stellt sie 8 Dosen. In jede weitere Reihe stellt sie eine Dose weniger.
a) Wie viele Dosen benötigt sie, wenn sie das Aufeinanderstellen solange fortsetzt, bis in der obersten Reihe nur noch 1 Dose steht? Wie hoch wird der Dosenturm, wenn eine Dose eine Höhe von 118 mm hat?
b) Wie viele Dosenreihen kann die Verkäuferin aufeinander stellen, wenn sie 78 Dosen zur Verfügung hat? Wie hoch wird dann der Dosenturm?

6

Janette ist eine Gastschülerin aus Paris. Sie hat ein Bild vom Eiffelturm mitgebracht und berichtet: „Der 307 m hohe Eiffelturm war ein technisches Wunderwerk der Weltausstellung im Jahre 1889. Bis 1932 war er das höchste Bauwerk der Erde. Den Besuchern bieten drei Aussichtsplattformen einen herrlichen Blick über Paris. Die 1. Plattform befindet sich in 57 m Höhe. Die 3. Plattform ist 217 m über der 1. Plattform. Die 2. Plattform liegt 162 m tiefer als die 3. Plattform."
Janette stellt den Schülerinnen und Schülern der 5. Klasse Aufgaben:
a) In welcher Höhe befinden sich die 2. und die 3. Plattform?
b) Schätze, wie viele Treppenstufen zur 1. Plattform hinaufführen.

7 L

Auf einer Tapetenrolle sind 10,10 m Tapete aufgewickelt. Wie viele Tapetenbahnen mit einer Länge von 2,65 m kann man aus dieser Rolle zuschneiden? Wie viel Meter Tapete bleiben dann noch übrig?

8

Michael wohnt in Felsenstädt. Mit seinen Eltern unternimmt er häufig Radtouren. Dafür hat sich Michael eine Skizze angefertigt.

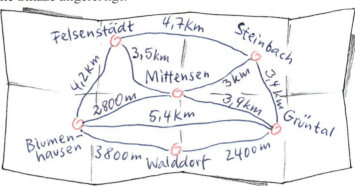

a) Berechne die folgenden Tourenlängen: (1) Felsenstädt – Steinbach – Mittensen – Felsenstädt; (2) Felsenstädt – Blumenhausen – Walddorf – Grüntal – Mittensen – Felsenstädt; (3) Felsenstädt – Steinbach – Grüntal – Walddorf – Blumenhausen – Felsenstädt; (4) Felsenstädt – Mittensen – Grüntal – Blumenhausen – Mittensen – Steinbach – Felsenstädt.

b) Michael kennt eine Route, die in Felsenstädt beginnt, in Steinbach endet und jeden im Plan eingezeichneten Weg genau einmal durchläuft. Gib einen solchen Weg an und berechne seine Länge.

AUFGABEN ZUR WIEDERHOLUNG

1. Übertrage die Figuren in dein Heft. Zeichne dabei doppelt so groß.

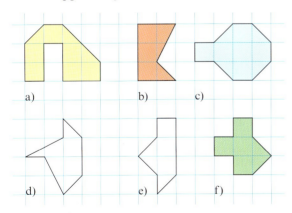

a)   b)   c)

d)   e)   f)

2. Welche Ziffern stecken hinter a und b?

a) $\underline{a\,a\,a \cdot a\,b}$
    $a\,a\,a\,b$

b) $a\,b\,b\,b$
    $+\ a\,b\,b$
    $+\ \ \ a\,b$
    $+\ \ \ \ a$
    $\overline{a\,a\,a\,a}$

3. Wo steckt der Fehler? Erkläre, was falsch gemacht wurde.
Rechne die Aufgaben richtig.

a) $709 \cdot 86$
    56072
    42054
    $\overline{602774}$ ∤

b) $349 \cdot 34$
    927
    1266
    $\overline{10536}$ ∤

c) $761 \cdot 89$
    6088
    6149
    $\overline{67029}$ ∤

d) $9630 \cdot 46$
    38524
    57786
    $\overline{443026}$ ∤

4. Welche Zahl kann das sein?
a) Sie ist dreistellig, besteht aus drei gleichen Ziffern und ist kleiner als 210.
b) Sie ist vierstellig, besteht aus vier gleichen Ziffern und ist größer als 8 890.

5. Gib für a und b Zahlen an, sodass die Ungleichung erfüllt ist: $a < a \cdot b < b$.

Aus der Geschichte der Längenmaße

Die ersten Längenmaße wurden bei fast allen Völkern von menschlichen Körperteilen abgeleitet. Im alten Ägypten war die Elle das Grundmaß. Die Elle ist einer der beiden Unterarmknochen des Menschen. Als Längenmaß bezog man jedoch die Hand bis zur Spitze des ausgestreckten Mittelfingers mit ein.

Im Mittelalter waren außer der Elle vor allem Zoll, Fuß, Rute und Meile als Längeneinheiten verbreitet. Doch von Land zu Land und von Stadt zu Stadt unterschieden sich diese Maße sehr voneinander.

Es wurden oft Vorschläge für eine gerechte Festlegung dieser Einheiten gemacht. So schlug Jakob Kölbel 1584 vor, eine Rute durch 16 hintereinander gestellte Füße festzulegen.

1 Preußische Elle   1 Ägyptische Elle

AUFGABEN

1. Messt von allen Schülerinnen und Schülern der Klasse die Länge einer Elle, also vom Ellenbogen bis zur Fingerspitze des Mittelfingers.
   Notiert die Werte.
   Wer hat die längste Elle und wer die kürzeste? Welcher Wert liegt etwa in der Mitte?

2. Wählt 16 Jungen und Mädchen der Klasse aus, die ihre Füße hintereinander stellen. Messt dann die Länge einer Rute mit einem Bandmaß.

3. Welche Länge hat dein Fuß? Multipliziere mit 16 und berechne so die Länge einer Rute, die von deinem Fuß abgeleitet wurde.

Bis in die Mitte des 19. Jahrhunderts, also bis vor etwa 150 Jahren, wurden in den verschiedenen deutschen Ländern noch unterschiedliche Längenmaße verwendet.

Alte Längenmaße in heutigen Einheiten					
	1 Zoll	1 Fuß	1 Elle	1 Rute	1 Meile
Baden	3,0 cm	30 cm	60 cm	3,00 m	8,88 km
Bayern	2,4 cm	29 cm	83 cm	2,92 m	7,42 km
Preußen	2,6 cm	31 cm	67 cm	3,77 m	7,50 km
Sachsen	2,4 cm	28 cm	57 cm	4,30 m	9,06 km
Württemberg	2,9 cm	29 cm	61 cm	2,85 m	7,45 km

WEITERE AUFGABEN

4. Zeichne je einen Nagel mit der Länge von 3 Zoll, der von einem Schmied
   a) in Baden, **b)** in Preußen, **c)** in Sachsen angefertigt wurde.

5. Welches Seil war am längsten: ein Seil mit der Länge
   von 25 Ellen aus Bayern oder
   von 30 Ellen aus Preußen oder
   von 35 Ellen aus Sachsen?

6. Mit welcher Länge, gemessen in unseren heutigen Längeneinheiten, wurde ein Balken von 12 Fuß von Zimmerleuten **a)** in Baden, **b)** in Bayern, **c)** in Preußen, **d)** in Sachsen angefertigt?

7. Auf einem Ballen wurde Stoff mit einer Länge von 49,80 m aufgewickelt.
   Welche Länge würde man **a)** mit einer Elle aus Baden, **b)** mit einer Elle aus Bayern messen?

8. Welche heutigen Maße hatte ein rechteckiges Feld der Länge 50 Ruten und der Breite 20 Ruten **a)** in Baden, **b)** in Sachsen?
   Wie lang ist der Weg, den man zurücklegen muss, wenn man einmal am Rande um das Feld herumgehen möchte?

9. Auf einem Wegweiser in Potsdam stand: „30 Meilen bis Meißen". Auf dem entgegengesetzten Wegweiser in Meißen stand: „25 Meilen bis Potsdam". Wie kamen diese unterschiedlichen Entfernungsangaben zustande? Beachte: Potsdam gehörte zu Preußen, Meißen dagegen zu Sachsen. Rechne die angegebenen Entfernungen in Kilometer um.

10. Überlege, welche Probleme die unterschiedlichen Längenmaße mit sich brachten. Welche Schwierigkeiten hatten beispielsweise die Händler aus unterschiedlichen deutschen Ländern, die sich in Leipzig auf der Messe trafen? Warum forderte man damals einheitliche Maße?

TIPPS

Schätze, überlege, vergleiche, urteile aber nicht voreilig!

Beachte, dass früher in den verschiedenen Ländern unterschiedlich lange Einheiten mit gleichen Namen bezeichnet wurden. Die Elle aus Bayern war beispielsweise länger als die Elle aus Preußen. Beachte die Tabelle auf der linken Seite.

Der Meter

Auf Vorschlag einer Kommission von Wissenschaftlern wählte man 1795 in Frankreich den vierzigmillionsten Teil des Erdumfangs als Längeneinheit und nannte diese Länge ein „Meter". Die Länge des Meters wurde auf einem besonderen Stab abgetragen. Es entstand das so genannte Urmeter, das in Paris aufbewahrt wird.
Das nebenstehende Foto zeigt den Meter-Prototyp der Bundesrepublik Deutschland.
Das Urmeter diente bis 1960 als Vergleichsmaßstab für Längenmessgeräte in allen Ländern. Seit 1982 wird der Meter durch die Länge der Strecke festgelegt, die Licht im Vakuum in einer exakt festgelegten sehr kleinen Zeitspanne durchläuft. Weiteres darüber kannst du in einem Lexikon nachlesen.

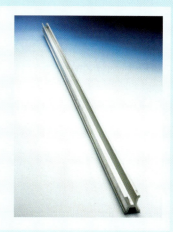

Messen der Masse

1

Schätze die Masse der unten genannten Gegenstände. Ordne die Gegenstände nach ihrer Masse. Beginne mit dem leichtesten Gegenstand.
Schultasche, Fahrrad, Pfennig, Kugelschreiber, Mathematikbuch, Schreibheft, Lkw, Federtasche, Radiergummi

2

Mit welcher Einheit gibt man jeweils die Masse der folgenden Gegenstände an?
Flugzeug, Buch, Lineal, Haar, Brief, Motorrad, Bleistift, Reisebus, Briefmarke, Mauerziegel, Heft

3

1

2

a) Wo wird die Waage im Bild 1 verwendet?
b) Auf der Tafelwaage im Bild 2 liegen auf der einen Seite drei Pflastersteine und auf der anderen Seite sechs Wägestücke. Die Waage ist im Gleichgewicht. Nur auf den vier großen Wägestücken kann man die Aufschrift erkennen. Wie groß ist die Masse der Pflastersteine mindestens?
c) Welche anderen Arten von Waagen kennst du? Wo werden sie verwendet?

Zum Messen der Masse eines Gegenstandes benötigt man eine Waage. Bei manchen Waagen benötigt man außerdem noch einen Wägesatz.

Wichtige Masseeinheiten		
Name	**Zeichen**	**Beispiel zur Veranschaulichung der Einheit**
Milligramm	mg	1 mg ist etwa die Masse von einem Zuckerkorn.
Gramm	g	1 g ist ungefähr die Masse von einer Tintenpatrone.
Kilogramm	kg	1 kg ist die Masse von 1 Liter Wasser.
Tonne	t	1 t ist etwa die Masse von einem Pkw.

BEACHTE
Für das Ermitteln der Masse sind folgende Wörter gebräuchlich:
wiegen, **abwiegen**, **wägen** (alte Bezeichnung, die heute noch als Fachsprache verwendet wird).
Vom Wort „wägen" leiten sich auch die Begriffe **Wägesatz** und **Wägestück** ab.

4 L

Das Bild 1 zeigt einen Wägesatz.
Welche Wägestücke gehören dazu?
Lass dir in der Schule einen Wägesatz zeigen. Warum enthält ein Wägesatz einige Wägestücke doppelt –
z. B. 2 g, 20 g, 200 g?

Wägesatz   1

Balkenwaage   2

5

Bei einem Zoobesuch haben Petra und Jan die Körpermassen einiger Tiere
notiert: Eichhörnchen 480 g, Löwe 240 kg, Flusspferd 2 t, Blaumeise 12 g,
Storch 4 kg, Panzernashorn 1 800 kg, Zwergspitzmaus 6 g, Reh 46 kg,
Buntspecht 95 g. Ordne die Tiere nach ihrer Masse.

6

Miss mit einer Küchenwaage die Masse folgender Lebensmittel:
ein Becher Margarine   ein Liter Milch   eine Tafel Schokolade
ein Glas Marmelade   eine Fischdose   ein Päckchen Backpulver
eine Rolle Kekse   eine Packung Kaffee   eine Tüte Zucker
Weshalb treten manchmal zwischen den Angaben auf der Verpackung und
denn gemessenen Werten Differenzen auf?

7

Sabine bereitet für eine Gartenparty einen Schichtsalat vor. Sie hat ein Rezept für 4 Personen, erwartet aber mindestens 10 Gäste. Die Zutaten sind in
der angegebenen Reihenfolge in eine große Schüssel zu schichten. Rechne
die Angaben des Rezeptes für 12 Personen um.

AUFTRAG
Wiegt mit einer
Personenwaage alle
Schülerinnen und
Schüler der Klasse.
Notiert die Ergeb-
nisse und addiert
die Massen.
Ist die Masse aller
Schülerinnen und
Schüler zusammen
größer oder kleiner
als 1 Tonne?

100 g Sellerie aus dem Glas   2 in Würfel geschnittene
125 g Gemüsemais aus der Dose   saure Äpfel
 1/2   Stange Porree, in Ringe schneiden 2 hart gekochte Eier,
125 g Ananas aus der Dose in Stücken,   in Stücke schneiden
       ohne Saft   1 kleines Glas Mayonnaise
150 g gekochten Schinken,   1/2 Stange Porree, in Ringe schneiden
       in Streifen schneiden   125 g Gouda gewürfelt

Der Salat soll 24 Stunden ziehen. Nicht umrühren, nicht zu kalt stellen!

8 L

Eine Familie wollte mit einem ganz kleinen Ruderboot einen Fluss überqueren. Das Boot konnte nur 80 kg Last tragen. Der Vater wog 72 kg, die Mutter 68 kg, der Sohn 40 kg und die Tochter 35 kg.
Wie kamen sie mit dem Boot über den Fluss? Wie viele Fahrten waren mindestens notwendig?

Umrechnen von Masseangaben

1

Lars bereitet sich auf eine große Radtour vor. Er besitzt für sein Fahrrad
Gepäcktaschen. Er weiß, dass es am günstigsten ist, wenn er das Gepäck so
auf die Gepäcktaschen verteilt, dass beide Seiten gleich schwer sind.
Mit einer Küchenwaage wiegt er alles, was er mitnehmen möchte:

Belegte Brötchen . . . . 250 g   Minizelt . . . . 4,5 kg
Getränke . . . . 1200 g   Regenumhang . . . . 400 g
Obst . . . . 650 g   Taschenlampe . . . . 150 g

Schokolade, Kekse . . 450 g   Badezeug . . . . $1\frac{1}{2}$ kg

Luftmatratze . . . . . . 1500 g   Radwanderatlas . . 250 g
Werkzeug . . . . 300 g   Waschzeug . . . . . . 800 g
Wäsche, Kleidung . . 1,4 kg   Schlafsack . . . . . . 2200 g

a) Wie schwer ist das Gepäck, das Lars mitnehmen möchte?
b) Nimm eine Aufteilung des Gepäcks auf beide Seitentaschen vor.

Zusammenhänge zwischen Masseeinheiten

1 t = 1000 kg
1 kg = 1000 g = 1 000 000 mg
1 g =   1000 mg

$1 \text{ mg} = \frac{1}{1000} \text{ g}$ $1 \text{ g} = \frac{1}{1000} \text{ kg}$ $1 \text{ kg} = \frac{1}{1000} \text{ t}$

Umrechnungszahlen

mg ——— **1 000** ——— g ——— **1 000** ——— kg ——— **1 000** ——— t

Gelegentlich verwendet man noch die alten Masseeinheiten **Pfund** (℔)
und **Zentner** (Ztr).
1 ℔ = 500 g = 0,5 kg   1 Ztr = 100 ℔ = 50 kg

2

Rechne in die nächstkleinere Einheit um.

a)	b)	c)	d)	e)
12 kg	5 t	20 kg	52 t	400 g
30 t	40 g	400 t	32 kg	30 t
21 g	500 t	600 g	440 g	80 kg
400 kg	90 kg	11 t	60 t	55 g
21 t	130 kg	237 g	13 g	217 kg

3

Rechne in die nächstgrößere Einheit um.

a)	b)	c)	d)	e)
2 000 g	5 000 mg	82 000 kg	40 000 mg	200 000 g
40 000 kg	25 000 g	100 000 mg	500 000 kg	6 000 mg
10 000 mg	70 000 kg	30 000 g	6 000 g	8 000 kg
20 000 g	45 000 g	400 000 kg	90 000 mg	50 000 g
7 000 kg	52 000 mg	47 000 g	68 000 kg	17 000 kg

ERINNERE DICH
Wenn die Einheit
kleiner wird, musst
du mit der Umrech-
nungszahl multipli-
zieren, dann wird der
Zahlenwert größer.
Wenn die Einheit
größer wird, musst
du durch die Um-
rechnungszahl
dividieren, dann
wird der Zahlenwert
kleiner.

4

a) Rechne in Kilogramm um: 2 Ztr, 5 Ztr, 11 Ztr, 2 ℔, 8 ℔, 40 ℔.
b) Rechne in Gramm um: 2 ℔, 3 ℔, 7 ℔, 10 ℔, 1 Ztr, 2 Ztr.

5

Rechne in die Einheit um, die in Klammern steht.

a)	**b)**	**c)**	**d)**
4 000 g (kg)	12 t (kg)	23 g (mg)	20 000 kg (t)
68 kg (g)	5 000 g (kg)	6 000 kg (t)	55 g (mg)
2 000 mg (g)	35 g (mg)	9 000 g (kg)	34 t (kg)
25 000 kg (t)	28 000 mg (g)	125 kg (g)	6 000 mg (g)
25 g (mg)	120 kg (g)	35 000 mg (g)	100 000 g (kg)

Mit einer Briefwaage werden nicht nur Briefe gewogen. Was würdest du mit einer Briefwaage wiegen? Warum?

BEISPIEL
Beim Umrechnen kann eine Einheitentabelle helfen.

t			kg			g			mg		
H	Z	E	H	Z	E	H	Z	E	H	Z	E
					5	0	1	2			
	4	1	0	6							
								7	0	0	9

Man liest ab:

5 012 g = 5 kg 12 g
4 106 kg = 4 t 106 kg
7 009 mg = 7 g 9 mg

6

a) Trage in eine Einheitentabelle ein und schreibe in zwei Einheiten.
5 678 kg, 2 468 g, 3 154 mg, 4 050 kg, 6 600 g, 9 090 mg, 12 012 kg
b) Trage in eine Einheitentabelle ein und schreibe in der kleineren Einheit.
5 t 345 kg, 12 kg 250 g, 5 g 620 mg, 4 t 12 kg, 84 kg 25 g

7

Schreibe in zwei Einheiten.

a)	**b)**	**c)**	**d)**	**e)**
2 580 kg	3 450 g	6 450 mg	12 050 kg	40 200 g
68 050 g	9 605 mg	28 060 g	40 020 g	46 080 mg
1 205 mg	32 005 kg	50 505 kg	3 030 mg	63 010 kg
5 050 g	6 060 mg	8 008 g	8 050 g	3 003 g

8

Schreibe in der kleineren Einheit.

a)	**b)**	**c)**	**d)**
4 kg 250 g	5 g 320 mg	5 t 320 kg	12 kg 550 g
5 t 305 kg	10 kg 11 g	6 g 80 mg	28 g 90 mg
6 g 360 mg	76 t 706 kg	9 kg 90 g	5 t 403 kg
8 kg 80 g	22 g 4 mg	1 g 10 mg	2 kg 20 g

BEISPIEL

1 kg = 1000 g
$\frac{1}{5}$ kg = 200 g   } : 5
$\frac{3}{5}$ kg = 600 g   } · 3

9

Rechne in Gramm um: $\frac{1}{2}$ kg, $\frac{1}{4}$ kg, $\frac{3}{4}$ kg, $\frac{2}{5}$ kg, $\frac{1}{2}$ ℔, $\frac{1}{4}$ ℔, $\frac{3}{4}$ ℔.

10

Rechne in Kilogramm um: $\frac{1}{2}$ t, $\frac{1}{4}$ t, $\frac{3}{4}$ t, $\frac{1}{2}$ Ztr, $\frac{1}{4}$ Ztr, $\frac{3}{4}$ Ztr.

BEISPIEL
Umrechnung von 2,750 kg in Gramm mithilfe einer Einheitentabelle:

Vor dem Komma kg			Nach dem Komma g		
H	Z	E	H	Z	E
		2	7	5	0

2,750 kg = 2 kg 750 g = 2 750 g

11

Gib in zwei Einheiten an und rechne in Gramm um.

a) 4,875 kg
6,25 kg
8,4 kg

b) 12,345 kg
25,5 kg
8,64 kg

c) 2,045 kg
34,5 kg
9,75 kg

d) 20,020 kg
7,53 kg
135,7 kg

12

Rechne in Kilogramm um. Verwende die Kommaschreibweise. Nutze eine Einheitentabelle.

a) 6 kg 312 g
5 kg 67 g
4 kg 4 g

b) 5 kg 678 g
44 kg 12 g
8 kg 80 g

c) 12 kg 24 g
56 kg 7 g
33 kg 20 g

d) 10 kg 100 g
22 kg 21 g
7 kg 12 g

13

t			kg			g			mg		
H	Z	E	H	Z	E	H	Z	E	H	Z	E
	1	2	6	5	4 8	7	2	5			
								8	6	4	2

Rechne um:

4 725 g in Kilogramm,
12 658 kg in Tonnen,
8 642 mg in Gramm.

14

Rechne in die größere Einheit um.

a) 3 kg 145 g
4 t 122 kg
15 g 24 mg

b) 24 t 148 kg
12 g 25 mg
5 kg 50 g

c) 3 g 606 mg
6 kg 100 g
10 t 12 kg

d) 5 g 5 mg
45 t 405 kg
8 kg 80 g

15

Rechne in die in Klammern angegebene Einheit um.

a) 4,85 kg (g)
6 725 g (kg)
1 122 mg (g)

b) 750 g (kg)
789 kg (t)
4,5 t (kg)

c) 5,25 t (kg)
6,25 kg (g)
2 345 g (kg)

d) 465 kg (t)
9,765 t (kg)
8,65 g (mg)

„TIERISCHE" REKORDE

Das kleinste Landsäugetier ist die Etruskische Zwergspitzmaus. Sie wiegt etwa 1,5 g bis 2,5 g.

Das größte lebende Landtier ist der Afrikanische Elefant. Ein ausgewachsener Bulle hat eine Schulterhöhe von 3,0 m bis 3,7 m. Er wiegt bis zu 7 t.

Afrikanischer Elefant

Sachaufgaben zu Massen

1

Juliane kauft ein: Drei Tafeln Schokolade zu je 100 g, einen Becher Margarine (500 g), ein Brot (1 500 g), einen kleinen Sack Kartoffeln (2,5 kg) und 1,2 kg Bananen. Wie viel muss sie tragen?

2

In der Randspalte siehst du die Aufsteller von einem Einzelhändler und einem Supermarkt. Welches Angebot ist günstiger?

3

Gudruns Vater ist Kraftfahrer. Sein Lkw wird mit Stückgut beladen.
20 Kisten zu je 75 kg, 8 Kisten zu je 120 kg und 80 Kisten zu je 40 kg sind bereits aufgeladen.
Wie viele Kisten zu je 40 kg können jetzt noch zugeladen werden, wenn der Lkw eine Tragfähigkeit von 7,5 t hat?

4 L

Die Menge des Blutes macht bei einem erwachsenen Menschen etwa $\frac{1}{13}$ seines Körpergewichtes aus. Wie viel Kilogramm Blut befinden sich etwa im Blutkreislauf eines Menschen, dessen Körpergewicht zwischen 65 kg und 78 kg liegt?

5 L

Das gesunde Herz eines erwachsenen Menschen schlägt in einer Minute etwa 72-mal. Mit jedem Schlag werden 100 g Blut in den Körperkreislauf gepumpt.
Wie viel Blut strömt durch das Herz in einer Minute (in einer Stunde, an einem Tag, in einer Woche, in einem Monat [30 Tage], in einem Jahr [365 Tage])? Wähle jeweils eine günstige Einheit.

6

Familie Lustig hat eine Flugreise für 4 Personen nach Spanien gebucht. Die Koffer sind bereits gepackt. Herr Lustig ist der Meinung, dass wieder einmal viel zu viel eingepackt wurde. Er liest noch einmal im Reiseprospekt nach. Dort steht:
„Der Reisende hat Anspruch auf Beförderung von 20 kg Reisegepäck (einschließlich Handgepäck)."
Peter Lustig wiegt alle Gepäckstücke und notiert jeweils die Masse: Großer Koffer 26,5 kg, kleiner Koffer 18,2 kg, große Reisetasche 14,6 kg, kleine Reisetasche 8,6 kg, Campingbeutel 6,4 kg, Handgepäck 7,8 kg.
Wie viel muss ausgepackt werden, wenn die Bedingungen des Reiseveranstalters eingehalten werden sollen?

ZUM KNOBELN
Von vier (sechs) vollkommen gleich aussehenden Kugeln ist eine schwerer als die anderen. Wie kann man vorgehen, um durch zweimaliges Wiegen mit einer Balkenwaage die schwerere Kugel zu finden? Wie viele Wägungen sind bei 8 (12; 21) Kugeln notwendig, um die schwerere Kugel zu finden?

Zeitangaben

Petra und die Schokoküsse
Petra arbeitet am Fließband einer Fabrik, die Schokoküsse herstellt. Auf dem Band laufen die Kartons mit
Schokoküssen vorbei. Petra und ihre Kolleginnen
tauschen kaputte Schokoküsse aus, setzen die Kunst-
stoffhauben zum Schutz der Schokoküsse ein und
schließen die Kartons.
Petra beginnt morgens um halb acht mit der Arbeit und
macht um viertel zehn eine viertel Stunde Frühstückspause. Sie hat um halb eins eine halbe Stunde
Mittagspause und um drei viertel drei noch einmal eine
viertel Stunde Pause. Um halb fünf ist Feierabend.

Die Beschreibung von Petras Arbeitstag enthält **Zeitpunkte** (Uhrzeiten) und
die Angabe von **Zeitspannen** (Zeitdauer).
Ein **Zeitpunkt** ist zum Beispiel Petras Arbeitsbeginn um **halb acht**. Man
schreibt dafür mit Zahlen: 7.30 Uhr oder 7^{30} Uhr.
Eine **Zeitspanne** ist zum Beispiel die Dauer **vom** Arbeitsbeginn **bis zum** Beginn der Frühstückspause, nämlich **ein drei viertel Stunden**.

1

a) Schreibe alle Zeitpunkte aus Petras Arbeitstag mit Worten und mit Zahlen auf.
b) Welche Angaben zu Zeitspannen findest du in Petras Arbeitstag?
c) Wie lange dauern die einzelnen Pausen und welche Gesamtdauer ergibt
sich für alle drei Pausen? Berechne die Länge der reinen Arbeitszeit.

BEACHTE
die Groß- und
Kleinschreibung:
viertel acht
Viertel vor (nach) acht
drei viertel Stunden
Dreiviertelstunde

2

Petras Mann Holger ist Maurer. Er beginnt mit seiner Arbeit morgens um
viertel sieben. Holger macht um drei viertel neun eine Frühstückspause von
einer viertel Stunde und um halb eins eine Mittagspause von einer Dreiviertelstunde. Um drei viertel vier hat er Feierabend.
a) Schreibe die Zeitpunkte in Holgers Arbeitstag mit Ziffern.
b) Welche Zeitspannen findest du in der Beschreibung von Holgers Arbeitstag? Rechne sie in Minuten um.
c) Wie lang ist Holgers reine Arbeitszeit?

In der Form
2 : 12 : 25 h
wird die Zeitdauer
z. B. bei der Sport-
berichterstattung an-
gegeben.
Man liest:
**2 Stunden 12 Minuten
25 Sekunden**.

Zwischen zwei **Zeitpunkten** (Uhrzeiten, Daten) liegt eine **Zeitspanne**
(Zeitdauer).
9.15 Uhr $\xrightarrow{\text{1 h 15 min}}$ 10.30 Uhr

Eine **Zeitspanne** (Zeitdauer) wird in den **Einheiten** Sekunde (s), Minute
(min), Stunde (h), Tag (d), Woche, Monat und Jahr gemessen.
Zeitspannen schreibt man in der Form: **3 h 45 min**.

dies (lat.) Tag
hora (lat.) Stunde

3

Entscheide, ob ein Zeitpunkt oder eine Zeitspanne angegeben ist.
a) Ein Fußballspiel dauert zweimal 45 Minuten.
b) Das Schiller-Gymnasium beginnt um 7.50 Uhr mit dem Unterricht.
c) Sabines Vater arbeitet 40 Stunden pro Woche.
d) Der Boxkampf dauerte nur 2 Minuten.
e) Der Start der Rakete erfolgte am 16. Juli 1969 um 14 Uhr 32 Minuten.
f) Der Zug hat 8 Minuten Aufenthalt.
g) Friedrich Schiller wurde am 10.11.1779 in Marbach geboren.

4

Mit welchen Zeiteinheiten würdest du folgende Zeitspannen angeben?
a) die Länge der Sommerferien   **b)** die Dauer der Klassenarbeit
c) das Lebensalter deiner Mutter   **d)** die Zeit, in der du 1000 m läufst
e) die Zeit, in der du eine   **f)** die Zeit, in der du eine
50-km-Strecke mit dem Rad fährst   60-m-Strecke rennst

UHREN UND
KALENDER
Den aktuellen Zeitpunkt kann man auf Uhren ablesen, das aktuelle Datum auf Uhren mit Datumsanzeige oder auf Kalender. Ein Wecker klingelt zum eingestellten Zeitpunkt. Es gibt auch Uhren, mit denen man Zeitspannen messen kann.

Zusammenhänge zwischen Zeiteinheiten

1 Jahr = 12 Monate	1 Woche = 7 Tage	
1 d = 24 h	1 h = 60 min	1 min = 60 s
$1\,h = \frac{1}{24}\,d$	$1\,min = \frac{1}{60}\,h$	$1\,s = \frac{1}{60}\,min$

5

Rechne in die nächstkleinere Einheit um.
a) 10 d   **b)** 12 h   **c)** 5 min   **d)** 3 h   **e)** 5 d
5 h   15 min   4 h   11 d   20 min
6 min   2 d   20 d   2,5 min   1,5 h
2 Wochen   2 Jahre   5 Wochen   4 Jahre   9 Wochen

6

Rechne in die nächstgrößere Einheit um.
a) 300 min   **b)** 600 s   **c)** 72 h   **d)** 1 200 min   **e)** 12 h
120 s   900 min   6 000 min   480 s   90 min
96 h   360 h   3 000 s   144 h   150 s
14 d   24 Monate   35 d   60 Monate   49 d

Mit einer Stoppuhr lassen sich kurze Zeitspannen relativ genau messen.
Auf einem Kurzzeitwecker stellt man eine gewünschte Zeitspanne ein – z. B. die Dauer für das Eierkochen. Zum Eierkochen hat man früher Sanduhren, so genannte Eieruhren, verwendet. Manchmal benutzen Krankenschwestern noch Sanduhren beim Messen des Pulses.

7

Rechne in die Einheit um, die in Klammern steht.
a) 480 s (min)   **b)** 720 min (h)   **c)** 120 h (d)   **d)** 5 d (h)
240 min (h)   5 h (min)   6 min (s)   120 s (min)
360 h (d)   1 200 s (min)   25 h (min)   720 h (d)
3 d (h)   4 800 h (d)   7 d (h)   6 min (s)
12 min (s)   20 d (h)   1 800 s (min)   9 h (min)
25 h (min)   15 min (s)   720 min (h)   900 min (h)

8

Rechne in die kleinere Einheit um.
Beispiel: 5 min 12 s = 5 · 60 s + 12 s = 312 s.

a) 8 min 11 s   b) 2 h 30 min   c) 3 min 20 s   d) 2 min 30 s
   15 min 33 s   25 min 5 s   4 min 59 s   30 min 30 s
   4 h 45 min   1 d 12 h   15 h 25 min   25 h 10 min
   10 h 8 min   2 d 2 h   5 d 10 h   100 h 55 min

9 L

Schreibe in zwei Einheiten.
Beispiel: 135 s = 2 · 60 s + 15 s = 2 min 15 s.

a) 200 s   b) 400 min   c) 100 h   d) 123 min   e) 321 s
   500 min   1000 s   250 min   246 s   721 h
   30 h   50 h   900 s   486 h   666 min

10

Peter und Bernd wetten. Peter behauptet, er könne ohne Pause
von 1 bis 100 000 zählen. Bernd meint, Peter schafft es nicht.
Wie lange müsste Peter zählen, wenn man pro gezählter Zahl mit
einer Sekunde rechnet? Wer gewinnt die Wette?

1

Bodenstanduhr
weit verbreitet im
18. Jahrhundert

11

Eine Bodenstanduhr wie im Bild 1 besitzt ein sehr langes Pendel. Eine Hin-
und Herbewegung des Pendels erfolgt in 3 Sekunden.
Wie viele Hin- und Herbewegungen führt das Pendel aus
a) in 1 min,   b) in 30 min,   c) in 1 h,   d) in 1 d?

12

a) Rechne in Minuten um:

$\frac{1}{5}$ h, $\frac{1}{6}$ h, $\frac{1}{10}$ h, $\frac{3}{5}$ h, $\frac{5}{6}$ h, $\frac{7}{10}$ h, $\frac{1}{20}$ h, $\frac{1}{15}$ h, $\frac{1}{12}$ h, $\frac{5}{12}$ h.

b) Rechne in Sekunden um:

$\frac{1}{4}$ min, $\frac{3}{4}$ min, $\frac{1}{6}$ min, $\frac{1}{10}$ min, $\frac{1}{20}$ min, $\frac{1}{5}$ min, $\frac{4}{5}$ min, $\frac{5}{6}$ min.

c) Rechne in Monate um: $\frac{1}{2}$ Jahr, $\frac{1}{4}$ Jahr, $1\frac{1}{2}$ Jahre, $3\frac{1}{2}$ Jahre.

13 L

Wie viel Zeit vergeht in der angegebenen Zeitspanne?

a) 8.12 Uhr bis 11.26 Uhr   b) 5.55 Uhr bis 6.44 Uhr
c) 16.35 Uhr bis 18.12 Uhr   d 8.05 Uhr bis 0.04 Uhr
e) 22.34 Uhr bis 0.45 Uhr   f) 22.22 Uhr bis 8.08 Uhr
g) 12.12 Uhr bis 24.00 Uhr   h) 12.01 Uhr bis 11.59 Uhr
i) 10.11 Uhr bis 20.10 Uhr   j) 2.22 Uhr bis 14.44 Uhr
k) 21.21 Uhr bis 12.12 Uhr   l) 5.55 Uhr bis 3.33 Uhr

BEISPIELE

1 h = 60 min
$\frac{1}{4}$ h = 15 min   } : 4
$\frac{3}{4}$ h = 45 min   } · 3

1 min = 60 s
$\frac{1}{10}$ min = 6 s   } : 10
$\frac{3}{10}$ min = 18 s } · 3

14

Unterrichtsstunden dauern 45 Minuten. An der Goethe-Schule beginnt die erste Stunde um 7.30 Uhr. Zwischen den Stunden liegen Pausen von 10 min, 20 min, 10 min, 20 min, 10 min. Wann endet die 6. Stunde?
Stelle einen Zeitplan für die Unterrichtsstunden und die Pausen auf.

15

a) An einem Sommertag geht die Sonne um 4.10 Uhr auf und um 20.33 Uhr unter. Wie lang ist der Tag (Zeitspanne vom Aufgang bis zum Untergang der Sonne)?
b) An einem Wintertag geht die Sonne 16.18 Uhr unter und am nächsten Tag um 8.15 Uhr wieder auf. Wie lang ist die Nacht (Zeitspanne von Sonnenuntergang bis Sonnenaufgang)?

16

Wenn es in Berlin 12 Uhr ist, ist es in San Francisco erst 3 Uhr, in Tokio schon 20 Uhr. Wie spät ist es in San Francisco und in Tokio, wenn es bei uns 15 Uhr ist?

Berlin

17 [L]

Wenn es bei uns 12.00 Uhr ist, ist es in New York erst 6.00 Uhr. Ein Flugzeug startet um 14.15 Uhr in Frankfurt und landet um 16.15 Uhr in New York (beide Angaben in Ortszeit).
a) Wie lange war das Flugzeug unterwegs?
b) Das Flugzeug machte eine Zwischenlandung in London. Diese dauerte 1 h 30 min. Wie lange befand sich das Flugzeug in der Luft?

New York

AUFGABEN ZUR WIEDERHOLUNG

1. Ermittle jeweils x.
   a) $119 + 33 = x$ **b)** $34 + x = 78$
   c) $13 \cdot x = 65$ **d)** $125 : x = 5$
   e) $x : 16 = 8$ **f)** $x \cdot x = 36$
   g) $x : 2 = 8$ **h)** $x \cdot 1 = 17$
   i) $x \cdot 0 = 0$ **j)** $x \cdot 0 = 2$

2. Wie lang ist die Strecke x?

   a) x ... x / 172 m
   b) 12 cm ... x ... 25 cm / 64 cm
   c) 800 m ... x ... 2,4 km / 4 km
   d) x ... x ... x ... x ... 140 cm / 5 m

3. Welche Zahl ist x?
   a) Das Doppelte von x ist 72.
   b) Die Hälfte von x ist 35.
   c) Das Dreifache von 18 ist x.

4. Finde eine Zahl x.
   a) 640 vermindert um x ist 31.
   b) 369 vermehrt um x ist 802.
   c) Das x-fache von 12 ist 48.

5. Denk dir eine Zahl. Addiere zu dieser Zahl 2, multipliziere das Ergebnis mit 10, subtrahiere dann 10, dividiere anschließend durch 2. Vom Ergebnis subtrahiere dann 5 und dividiere anschließend noch durch 5.
   Hast du die Zahl erhalten, die du dir gedacht hast? Erkläre, woran das liegt.

Fahrpläne

Mit einem Raddampfer auf der Elbe, zu einem Ausflug in die Sächsische Schweiz, das ist sicher für viele ein Erlebnis.

	Hinfahrt			Rückfahrt	
Dresden		8.00	9.00	12.00	18.15	19.00
Blasewitz		8.50	9.50	12.40	17.30	18.15
Pillnitz			9.50	10.50	13.30	17.00	17.45
Pirna	10.00	11.00	12.00	14.30	16.15	17.00
Stadt Wehlen	10.45	11.50	12.50	15.15	15.30	16.15
Kurort Rathen	11.15	12.30	13.30	15.45	15.15	16.00
Königstein	12.00	13.30	14.30	16.30	14.45	15.30
Bad Schandau	13.00	14.30		17.30		14.45

Fahrplanausschnitt

1

Sabine und Bernd treffen sich zufällig in Rathen. Beide sind mit ihren Eltern von Dresden aus mit einem Elbschiff gekommen. Sabine ist um 8.00 Uhr losgefahren und hat ihre Fahrt für eine Stunde in Pillnitz unterbrochen. Bernd fuhr erst um 12.00 Uhr los und ist durchgefahren.

a) Wann ist Sabine in Rathen angekommen? Wie lange dauerte die reine Fahrzeit?

b) Wie lange dauerte für Bernd die Fahrt von Dresden bis Rathen?

c) Sie entnehmen dem Fahrplan, dass die Zeiten für die Rückfahrt kürzer als für die Hinfahrt sind. Wie kommt das? Wie lange dauert die Rückfahrt von Rathen nach Dresden?

2 L

Eine Wandergruppe aus Pirna ist mit einem Elbschiff nach Rathen gefahren und hat von dort aus eine umfangreiche Wanderung unternommen. Auch die Rückfahrt von Stadt Wehlen nach Pirna erfolgte per Schiff.

a) Entnimm dem Fahrplan die Abfahrts- und Ankunftszeiten für die Hin- und Rückfahrt unter der Bedingung, dass die Wandergruppe eine möglichst lange Zeitspanne für ihre Wanderung zur Verfügung hatte.

b) Berechne die Fahrzeiten für die Hin- und Rückfahrt.

c) Wie lange hatte die Gruppe insgesamt Zeit für ihre Wanderung vom Kurort Rathen bis zur Stadt Wehlen?

3

Gestalte gemeinsam mit anderen ein Poster zum Thema „Ausflüge in unsere weitere Umgebung". Überlegt euch empfehlenswerte Ausflugsziele und günstige Reisemöglichkeiten dorthin. Bringt eigene Fotos mit und besorgt Ansichtskarten oder Prospekte von den Ausflugszielen, eine geeignete Landkarte sowie benötigte Fahrpläne. Fertigt auch lustige Zeichnungen an. Stellt euren Mitschülerinnen und Mitschülern eigene Aufgaben.

Im Kursbuch der Deutschen Bahn findet man alle Zugverbindungen in Deutschland.

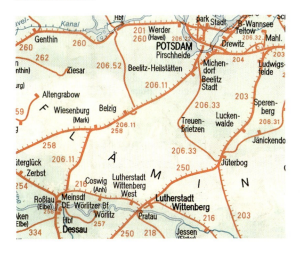

		Zug	RB 5208 🚲	RB 3203 🚲	RB 4404 🚲	IR 2016 🍴	RB 5210 🚲
km		von				Plauen Ⓚ	
0	**Dessau** Hbf	③	7 38	8 14		8 55	9 38
5	Roßlau (Elbe)	③	7 42	8 19			9 42
8	Meinsdorf	②	7 45				9 45
17	Thießen		7 52				9 52
20	Jeber-Bergfrieden		7 56				9 56
29	Medewitz (Mark)		8 02				10 02
35	Wiesenburg (Mark)	④ ○	8 06				10 06
35	Wiesenburg (Mark)		8 06				10 06
48	**Belzig**	206.52 ③ ○	8 15	8 48			10 15
48	**Belzig**		8 22	8 49	9 13		10 16
55	Baitz		8 28		9 18		10 22
61	Brück (Mark)		8 33		9 23		10 27
67	Borkheide		8 40		9 30		10 34
75	Beelitz-Heilstätten	○	8 45		9 36		10 39
75	Beelitz-Heilstätten		8 46		9 36		10 40
80	Seddin		8 50		9 49		10 44
84	Michendorf	②	8 54		9 52		10 48
87	Wilhelmshorst		8 57		9 56		10 51
89	Bergholz (b Potsdam)	206.22 ④	8 59		9 58		70 10 58
91	Potsdam-Rehbrücke	84	9 01 71	9 21	10 00		11 00
94	Potsdam-Drewitz		73 9 13		10 03		11 03
100	Berlin-Wannsee	④ ○	9 18	9 26	10 08		11 08
100	Berlin-Wannsee		9 20	9 27	10 09		11 09
113	Berlin-Charlottenburg	○	9 29	9 36	10 18		11 18
	✈ Berlin-Schönefeld	○				10 07	
	Berlin-Karlshorst	④ ○				⋮	
	Berlin-Lichtenberg	⑥ ○				10 27	
115	**Berlin** Zoologischer Garten	④ ○					
		nach				Rostock	

Rechts ist ein Ausschnitt des Fahrplans für die Strecke Dessau – Belzig – Berlin aus dem Jahre 1996/97 zu sehen.

4

a) Anja fährt mit der Regionalbahn RB 3203 von Dessau Hbf nach Berlin-Wannsee. Lies aus dem Fahrplan die Abfahrts- und die Ankunftszeit ab. Berechne die Fahrtdauer.

b) Wie lange wäre Anja unterwegs, wenn sie die RB 5210 nehmen würde?

c) Wie oft hält die Regionalbahn RB 5208 zwischen Dessau Hbf und Berlin-Wannsee?

5

Martin möchte von Belzig nach Potsdam-Rehbrücke fahren.

a) Suche aus dem Fahrplan drei Verbindungen heraus. Notiere die Abfahrts- und die Ankunftszeit.

b) Berechne für jede der drei Verbindungen die Fahrtdauer.

c) Wie lang ist die Eisenbahnstrecke zwischen Belzig und Potsdam-Rehbrücke?

6

Eine Klasse plant einen Ausflug von Roßlau (Elbe) nach Brandenburg. Für diese Route gibt es keine direkte Zugverbindung. Man muss in Belzig umsteigen.

a) Suche aus den Fahrplänen zwei geeignete Verbindungen heraus. Notiere jeweils die Abfahrts- und Ankunftszeiten für die Strecken Roßlau (Elbe) – Belzig und Belzig – Brandenburg.

b) Wie viel Zeit hat man zum Umsteigen in Belzig?

		Zug	RB 5536	RB 5538
Dessau Hbf	206.11		8 14	9 38
Belzig		○	8 48	10 15
		von		
Belzig	206.11	③	8 52	10 52
X Fredersdorf (b Belzig)			9 04	11 04
X Lütte			9 07	11 07
X Dippmannsdorf-Ragösen			9 13	11 13
Golzow (b Brandenbg)			9 20	11 20
X Golzow (b Brandenbg) Nord			9 23	11 23
X Krahne			9 29	11 29
X Reckahn			9 32	11 32
Brandenburg Hbf	201, 206.51	○	9 43	11 43

Geld, Währungen

Auch mit Geld wird etwas gemessen: wie viel eine Sache wert ist. Geld ist aber vor allem Zahlungsmittel. Für viel Geld kann man sich mehr kaufen als für wenig Geld.

Die Geldeinheiten heißen bei uns in der Bundesrepublik Deutschland Deutsche Mark (DM) und Pfennig (Pf).

Die Umrechnungszahl von D-Mark in Pfennig ist 100.

1 DM = 100 Pf $1\ Pf = \frac{1}{100}\ DM = 0{,}01\ DM$

2 DM 15 Pf sind z. B. 2,15 DM bzw. 215 Pf.

1

a) Wandle in Pfennig um:
   2 DM, 5 DM, 12 DM, 4 DM 10 Pf, 2,50 DM, 3,05 DM, 10,10 DM.
b) Schreibe als D-Mark:
   400 Pf, 1000 Pf, 265 Pf, 3 DM 15 Pf, 6 DM 5 Pf, 2010 Pf, 2001 Pf.

2

Karsten besitzt folgende Geldstücke: 5 DM, 2 DM, 1 DM, 1 DM, 50 Pf, 10 Pf, 10 Pf, 10 Pf, 10 Pf, 5 Pf, 2 Pf, 1 Pf, 1 Pf.
Er behauptet: „Damit kann ich jeden Betrag bis 10,00 DM ohne zu wechseln bezahlen." Stimmt das?

3

Annett geht einkaufen. Sie bezahlt mit einem 20-DM-Schein. Wie viel bekommt sie zurück, wenn sie den folgenden Betrag zu zahlen hat?

a) 17,46 DM   b) 12,99 DM   c) 6,48 DM
d) 11,55 DM   e) 13,95 DM   f) 3,74 DM

4 L

Welche Scheine und Münzen braucht eine Kassiererin jeweils, um mit möglichst wenigen Geldscheinen und Münzen den Betrag zurückzuzahlen?

a) 3,15 DM   b) 25,07 DM   c) 61,55 DM
d) 88,88 DM   e) 123,45 DM   f) 207,01 DM

5

a) Beim Kassierer einer Bank werden 350,00 DM, 740,50 DM, 32,30 DM und 125,80 DM eingezahlt. Er zahlt 250,00 DM, 300,00 DM und 546,50 DM wieder aus.
   Hat er jetzt mehr oder weniger Geld in seiner Kasse als zu Beginn?
b) Herr Frank hat auf seinem Konto noch 1 354,30 DM. Hinzu kommt sein Gehalt von 2 835,40 DM. Vom Konto zu zahlen sind:
   Miete 625,20 DM, Fahrkarte 57 DM, Zeitung 24 DM, Energie 112 DM, Versicherung 140 DM. Was verbleibt danach auf dem Konto?

WIE GUT KENNST DU UNSER GELD?
Welche Geldstücke gehören zu unserer Währung?
Welche Geldscheine fehlen auf dem Bild?
Auf welchen Geldscheinen sind die folgenden berühmten Personen abgebildet?
Carl Friedrich Gauß (Mathematiker, 1777 bis 1855)
Annette v. Droste-Hülshoff (Dichterin, 1797 bis 1848)
Balthasar Neumann (Baumeister, 1687 bis 1753)
Bettina v. Arnim (Schriftstellerin, 1785 bis 1859)

6

Wie bezahlt man die folgenden Beträge mit genau sechs Geldstücken?
a) 30 DM   **b)** 2,16 DM   **c)** 25,50 DM   **d)** 0,75 DM

7

Nina und Lydia wollen mit ihren Eltern nach Dänemark fahren. Bei einer Sparkasse tauschen sie 700 DM in dänische Kronen (DKK) um. Beim Umtausch erhalten sie eine Tabelle, die ihnen das Umrechnen erleichtern soll.

a) Warum erhält man beim Umtausch weniger Geld, als sich laut Tabelle ergibt?
b) Ermittle mit Hilfe der Tabelle, wie viel dänische Kronen (DKK) sie für 700 DM höchstens erhalten.
c) Wie viel D-Mark würden sie beim Rücktausch von 300 DKK maximal erhalten?
d) Nina sieht sich die Tabelle genau an und meint: „Die näherungsweise Umrechnung ist ganz einfach." Wie rechnet Nina, ohne die Tabelle zu verwenden?

Dänemark

25,90 DM f. 100 DKK
1 Dänische Krone (DKK) = 100 Öre

DKK	DM	DM	DKK
1	0,26	1	3,86
2	0,52	2	7,72
3	0,78	3	11,58
4	1,04	4	15,44
5	1,30	5	19,31
10	2,59	10	38,61
20	5,18	20	77,22
30	7,77	30	115,83
40	10,36	40	154,44
50	12,95	50	193,05
100	25,90	60	231,66
200	51,80	70	270,27
400	103,60	80	308,88
600	155,40	90	347,49
800	207,20	100	386,10
1.000	259,00	200	772,20
2.000	518,00	300	1.158,30
3.000	777,00	400	1.544,40
4.000	1.036,00	500	1.930,50

Landeswährung Einfuhr: frei
Landeswährung Ausfuhr: frei

Garantierter ec-Höchstbetrag: DKK 1.500,–
Vorwahlnummer nach Deutschland: 0049

8

a) Wie viel dänische Kronen (DKK) entsprechen 75 DM, 250 DM, 333 DM, 600 DM, 1400 DM?
b) Wie viel D-Mark entsprechen 400 DKK, 600 DKK, 1200 DKK, 150 DKK, 1500 DKK?

9

Lydia sieht in Dänemark die neue CD ihrer Lieblingsgruppe für 149 DKK. Zu Haus hat sie die CD für 32 DM gesehen. Wo ist sie billiger?

10

Alte Münzen mit großer Kaufkraft wurden ursprünglich aus Gold geprägt. Gold ist als Metall sehr beständig und wegen seiner Seltenheit besonders wertvoll.
Goldmünzen wurden im Mittelalter in Deutschland als Gulden und Dukaten bezeichnet. Ein Gulden enthielt etwa 3,5 g reines Gold, ein Dukaten nur 3,4 g reines Gold. Daneben verwendete man auch Silbermünzen. Die bekannteste war der Taler. Lange Zeit galt: 1 Gulden = 2 Taler.
Der Taler bestand aus einer Unze Silber, das sind etwa 31 g Silber.
Kleinere Münzen wurden aus Kupfer hergestellt.

a) Wie viel Gramm Gold enthalten jeweils 40 Gulden und 60 Dukaten?
b) Wie viel Gramm Silber enthalten 80 Taler?
c) Wie viele Taler sind 15 Gulden? Wie viele Gulden sind 38 Taler?
d) Karsten behauptet: 68 Gulden enthalten mehr Gold als 70 Dukaten. Rechne nach.
e) Was war mehr wert, 30 Gulden oder 31 Dukaten? Entscheide, berechne den Gehalt an reinem Gold.

Gulden

Dukaten

ZUSAMMENFASSUNG

Einheiten des internationalen Einheitensystems (SI-Einheiten): Zwischen den Ländern der Welt wurden für die Angabe von Größen einheitliche Einheiten vereinbart. Für dieses einheitliche Einheitensystem wird in allen Sprachen das Kurzzeichen SI verwendet (von Système International d'Unités).
Für sogenannte **Basiseinheiten** wird festgelegt, wie groß sie sind. (Siehe z. B. die Festlegung von einem Meter, Seite 153.) Die übrigen Einheiten werden aus den Basiseinheiten abgeleitet.

Zusätzlich zu den SI-Einheiten werden auch noch andere Einheiten verwendet. Das sind z.B. alte Einheiten, die im englischsprachigen Raum gebräuchlichen Einheiten oder die in speziellen Bereichen genutzten Einheiten.

Einheiten der Länge

Die Basiseinheit ist der Meter (m).

$$1 \text{ km} = 1000 \text{ m} = 10\,000 \text{ dm} = 100\,000 \text{ cm} = 1\,000\,000 \text{ mm}$$
$$1 \text{ m} = 10 \text{ dm} = 100 \text{ cm} = 1000 \text{ mm}$$
$$1 \text{ dm} = 10 \text{ cm} = 100 \text{ mm}$$
$$1 \text{ cm} = 10 \text{ mm}$$

$$1 \text{ mm} = 0{,}1 \text{ cm} = 0{,}01 \text{ dm} = 0{,}001 \text{ m} = 0{,}000\,001 \text{ km}$$
$$1 \text{ cm} = 0{,}1 \text{ dm} = 0{,}01 \text{ m} = 0{,}000\,01 \text{ km}$$
$$1 \text{ dm} = 0{,}1 \text{ m} = 0{,}0001 \text{ km}$$
$$1 \text{ m} = 0{,}001 \text{ km}$$

Einheiten der Masse

Die Basiseinheit ist das Kilogramm (kg).

$$1 \text{ t} = 1000 \text{ kg} = 1\,000\,000 \text{ g} = 1\,000\,000\,000 \text{ mg}$$
$$1 \text{ kg} = 1000 \text{ g} = 1\,000\,000 \text{ mg}$$
$$1 \text{ g} = 1000 \text{ mg}$$

$$1 \text{ mg} = 0{,}001 \text{ g} = 0{,}000\,001 \text{ kg} = 0{,}000\,000\,001 \text{ t}$$
$$1 \text{ g} = 0{,}001 \text{ kg} = 0{,}000\,001 \text{ t}$$
$$1 \text{ kg} = 0{,}001 \text{ t}$$

Einheiten der Zeit

Die Basiseinheit ist die Sekunde (s).

$$1 \text{ h} = 60 \text{ min} = 3600 \text{ s} \qquad 1 \text{ s} = \frac{1}{60} \text{ min} = \frac{1}{3600} \text{ h}$$

$$1 \text{ min} = 60 \text{ s} \qquad 1 \text{ min} = \frac{1}{60} \text{ h}$$

Dezimale Teile und Vielfache von Einheiten

Vorsatz	Bedeutung	Zeichen	Faktor
Kilo	Tausend	k	1000
Dezi	Zehntel	d	0,1
Zenti	Hundertstel	c	0,01
Milli	Tausendstel	m	0,001

Längeneinheiten

Seemeile (sm) 1 sm = 1852 m
Anwendung in der Seefahrt

inch, Zoll (in, ") 1 in = 1" = 25,4 mm
Anwendung z. B. in der Computertechnik

foot (ft) 1 ft = 12" = 30,48 cm

yard (yd) 1 yd = 3 ft = 91,44 cm

mile 1 mile = 1760 yd = 1609,3 m

Masseeinheiten

Pfund (℔) 1 ℔ = 500 g

Zentner (Ztr) 1 Ztr = 100 ℔ = 50 kg

Karat (k) 1 k = 200 mg
Anwendung bei der Masseangabe von Edelsteinen

ounce (oz) 1 oz ≈ 28,3 g
Die Masse von Boxhandschuhen wird z. B. in ounce (dt. Unzen) angegeben.

pound (lb) 1 lb = 16 oz ≈ 454 g

Geometrische Figuren

Paul-Gerhardt-Kirche in Lübben

Wo wir auch hinblicken, überall finden wir Objekte verschiedener Farben, Formen und Größen: Gegenstände, Bauwerke, Flächen, Kanten, Linien, … Solche Objekte hinsichtlich ihrer Form, Größe und ihrer Lage zueinander zu untersuchen ist Inhalt der Geometrie.

Das Wort „Geometrie" ist aus griechischen Wörtern gebildet worden, die ursprünglich so viel wie Erd-Messung oder Landvermessung bedeuteten. So benötigten die Ägypter Kenntnisse der Landvermessung, um die alljährlich vom Nil überschwemmten Gebiete neu zu vermessen oder aber auch Berechnungen zum Bau der Pyramiden anzustellen. Mithilfe geometrischer Überlegungen konnten schon die Griechen Berechnungen zum Verlauf der Planeten und Sterne durchführen sowie Sonnenfinsternisse voraussagen.

Das Ansehen, welches die Geometrie genoss, wird durch die Inschrift am Eingang einer griechischen Schule um 400 v. Chr. deutlich: „Kein der Geometrie Unkundiger trete ein".

Körper und Körpernetze

1

Welche ebenen und räumlichen Figuren erkennst du an der Kirche auf der vorigen Seite und am Satelliten in der Randspalte?

Alle Gegenstände unserer Umwelt sind **Körper**. Sie unterscheiden sich durch ihre Farbe, ihre Größe, ihren Verwendungszweck, das Material (aus dem sie bestehen), aber auch durch ihre Gestalt. Viele Gegenstände haben eine besonders einfache Gestalt. Zu den Grundformen gehören:

1

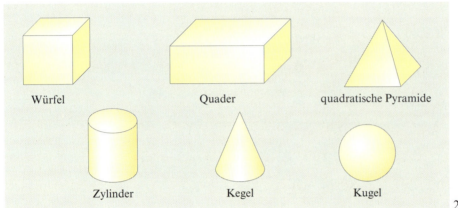

2

2

a) Welche Grundform haben ein Schuhkarton, eine Apfelsine, eine Eistüte, eine Milchdose, ein Ziegelstein, ein Stück Würfelzucker, eine CD, ein Telefonbuch, ein Globus, ein Zelt, eine Schultüte, ein Geldstück, eine Streichholzschachtel, eine Seifenblase, eine Batterie, ein Baumstamm?
b) Findest du weitere Beispiele zu den Grundformen von Körpern?

3

Forme die Körper im Bild 2 aus Knete.
Wodurch unterscheiden sie sich?

Viele Körper haben **Ecken**, **Kanten** und **Flächen**.
Zwei zusammenstoßende Flächen bilden eine Kante. Zusammenstoßende Kanten bilden eine Ecke.

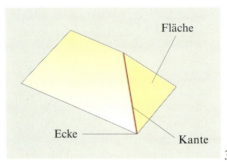

4

Welche Gestalt haben die Flächen eines Würfels, eines Quaders und einer quadratischen Pyramide?
Welche Flächenform erkennst du am Kegel und am Zylinder?

WAS MEINST DU DAZU?
Antje sagt:
„Verpackungen von Teebeuteln sind quaderförmig."
Maik widerspricht:
„Unsere Teebeutel haben eine würfelförmige Verpackung."

AUFTRAG
3 Nimm verschiedene Verpackungen in die Hand.
Welche Form haben die Begrenzungsflächen?

5L

Ein Ratespiel: Elke hat in ihrem Baukasten verschiedene Körper. Sie versteckt jeweils einen Körper auf dem Fensterbrett hinter einem Blatt Pergamentpapier. Die Sonne wirft einen Schatten des Körpers auf das Pergamentpapier. Ihre Freundinnen sollen raten, welchen Körper sie versteckt hat. Welcher Körper könnte es gewesen sein? (Manchmal sind auch mehrere Körper möglich.)

1

6

Wir basteln Körpermodelle aus Holzstäbchen (es eignen sich z. B. Zahnstocher oder Holzspieße) und Knetekügelchen.
a) Baue das Modell eines Würfels. Worauf musst du achten? Wie viele Stäbchen und Knetekügelchen benötigst du dazu?
b) Baue das Modell eines Quaders. Was ist dabei genauso wie beim Würfel, was ist anders?
c) Baue auch andere Körper. Lass dir selbst Körperformen einfallen.

7

a) Ermittle für den Quader, die quadratische Pyramide, den Zylinder, den Kegel und die Kugel die Anzahl der Ecken, Kanten und Flächen.
b) Welcher Körper hat besonders viele und welcher besonders wenige Flächen (Ecken; Kanten)?
c) Welcher Körper hat drei Flächen, zwei Kanten und keine Ecke?
d) Gibt es einen Körper, der genau eine Fläche, eine Kante und eine Ecke besitzt? Begründe!

8

Sieh dir noch einmal die Körper auf der linken Seite im Bild 2 an.
a) Welche dieser Körper haben eine gewölbte Fläche?
b) Sind darunter auch Körper, die gleichzeitig ebene und gewölbte Flächen haben?
c) Nenne Körper mit gekrümmten Kanten.
d) Welche Körper kann man über die Tischplatte rollen?

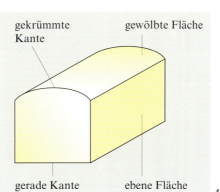

gekrümmte Kante — gewölbte Fläche
gerade Kante — ebene Fläche

4

9

Wie kann man z. B. bei einem Brett oder einer Platte prüfen, ob sie eben sind und gerade Kanten haben?

ZUM KNOBELN
Gibt es einen Körper, der ohne Zwischenraum durch jede der beiden Öffnungen des Brettes hindurchpasst?

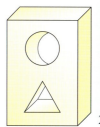

2

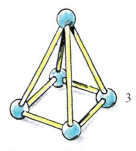

3

Kantenmodell einer Pyramide

10

Nimm eine Teebeutelverpackung. Schneide sie an den Kanten auseinander, an denen sie zusammengeklebt ist. Schneide alle Teile ab, die bei der geschlossenen Verpackung nicht zu sehen waren. Breite die zerschnittene Verpackung auf dem Tisch aus. Beschreibe das entstandene Gebilde.

Das ausgebreitete zusammenhängende Gebilde der Begrenzungsflächen eines Körpers bezeichnet man als **Netz** des Körpers.

Aufgeschnittene Verpackung   Netz der Verpackung

11

a) Verfahre mit anderen Verpackungen so wie bei Aufgabe 10.
Worin unterscheiden sich die entstandenen Netze?
b) Kann man an den Netzen noch erkennen, welcher Körper es war?

12

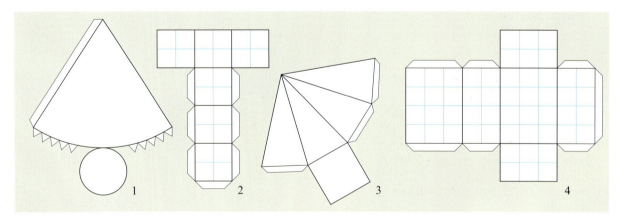

Aus den Netzen im Bild (mit Klebefalzen) lassen sich die Körper zusammenkleben.
a) Welche Körperformen entstehen aus den Körpernetzen 1 bis 4?
b) Baue die Körper 2 und 4 nach. Übertrage dazu die Figuren auf Kästchenpapier. Nimm für ein Kästchen im Bild jeweils 4 mal 4 Kästchen auf dem Papier.

13

Vergleiche die Begrenzungsflächen eines Würfels. Das Würfelnetz hilft dir dabei. Vergleiche ebenso die Begrenzungsflächen eines Quaders.

Netze von Würfeln bestehen aus 6 Quadraten.
Netze von Quadern bestehen aus 6 Rechtecken.

DENKFEHLER
Felix überlegt: „Ein Würfel hat 8 Ecken, An jeder Ecke stoßen 3 Flächen zusammen. Ein Würfel muss also 24 Flächen haben." Worin liegt der Fehler?

14

a) Lege eine Streichholzschachtel auf dein Heft. Umfahre die unten liegende Fläche mit dem Bleistift. Kippe nun die Schachtel um eine Kante und umfahre wieder die unten liegende Fläche mit einem Bleistift. Wiederhole das so oft, bis jede der 6 Flächen einmal unten gelegen hat.
Hinweis: Man nennt dieses Verfahren auch **Abwicklung**.
b) Was ist durch die Abwicklung entstanden?
c) Zeichne zwei weitere Netze der Streichholzschachtel durch Abwicklung.

15

Nicht jede Figur, die sich aus 6 Quadraten zusammensetzt, ist ein Würfelnetz. Auch nicht jede Figur, die sich aus 6 Rechtecken zusammensetzt, ist ein Quadernetz.
Begründe, warum die Figuren im Bild 1 keine Würfel- bzw. Quadernetze sind.
Hinweis: Überlege erst. Übertrage dann die Figuren auf Kästchenpapier, schneide sie aus und versuche sie zusammenzufalten.

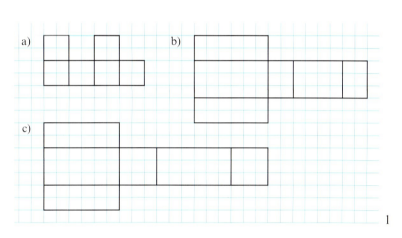

1

16

a) Zeichne 3 verschiedene Würfelnetze auf Kästchenpapier. Wähle als Kantenlänge jeweils 2 cm.
b) Zeichne 3 verschiedene Quadernetze auf Kästchenpapier. Die Länge des Quaders soll jeweils 3 cm, die Breite 2 cm und die Höhe 1 cm betragen.
c) Färbe die Flächen, die beim zusammengefalteten Würfel bzw. Quader einander gegenüber liegen, mit gleicher Farbe.
d) Schneide die Netze aus. Überprüfe durch Zusammenfalten, ob du die Aufgabe richtig gelöst hast.

17

a) Zeichne zwei Würfelnetze (Kantenlänge 3 cm).
b) In nebenstehendem Quadernetz sind gemeinsame Körperkanten jeweils mit der gleichen Farbe gekennzeichnet. Färbe in deinen Würfelnetzen gemeinsame Kanten ebenfalls gleich ein.
c) Überprüfe durch Ausschneiden und Zusammenfalten.

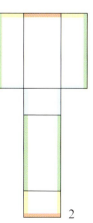

2

Strecke, Gerade, Strahl

1

Frank und Jan stehen am Ufer eines Sees und blicken zur gegenüberliegenden Badestelle. Ihren Dialog kannst du nebenstehendem Bild entnehmen. Meinen beide dasselbe?

2

Anett und Jana messen die Sprungweiten. Die Sportlehrerin sagt, dass sie beim Messen das Bandmaß straff spannen müssen. Warum?

1

> Eine **gerade Verbindungslinie** zweier Punkte A und B bezeichnet man als **Strecke** $\overline{AB}$.
> Die Strecke $\overline{AB}$ ist die kürzeste Verbindung der Punkte A und B.

BEACHTE
In der Umgangssprache verwendet man das Wort „Strecke" nicht nur für gerade Verbindungslinien.
Denke z. B. an „Rennstrecke" oder „Fahrstrecke".

3

a) Beschreibe wie man mit einem Lineal oder einem Geodreieck eine Strecke zeichnet.
b) Gerade Verbindungslinien erhält man auch mit einer gespannten Schnur. Wo wendet man das praktisch an?

2

4

Gib alle Strecken an, die du im Bild 3 erkennst.
Diese Figur lässt sich in einem Zug zeichnen (ohne abzusetzen oder Strecken mehrfach zu überstreichen).
Findest du solche Züge? Schreibe wenigstens einen auf.

5

Die vier Punkte A, B, C, D liegen auf einer geraden Linie.
a) Notiere alle Strecken, die man mit diesen vier Punkten erhalten kann. Wie viele sind es?
b) Miss die Längen der Strecken. Welche Strecken sind gleich lang?

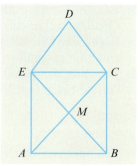

3

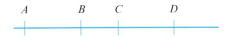

6

Auf einer Schatzkarte war zu lesen:
„Auf der Insel sind der Höhlenein-
gang, die Bergspitze und der Felsen
leicht zu finden. Der Schatz liegt am
Strand und auf einer geraden Linie
durch zwei dieser Stellen."
Übertrage die Schatzkarte auf
Transparentpapier.
Wo befinden sich die Stellen, an de-
nen man suchen sollte?

Verlängert man eine Strecke $\overline{AB}$ über die
Endpunkte hinaus, so entsteht eine
Gerade. Man bezeichnet sie mit AB.

Verlängert man eine Strecke $\overline{AB}$ nur über
einen der beiden Endpunkte hinaus, so
entsteht ein **Strahl** (auch **Halbgerade** genannt).
Bei Verlängerung über B hinaus bezeichnet man den Strahl mit $\overrightarrow{AB}$.

Eine Gerade hat keinen Anfangs- und keinen Endpunkt.
Ein Strahl (eine Halbgerade) hat einen Anfangspunkt, aber keinen
Endpunkt.

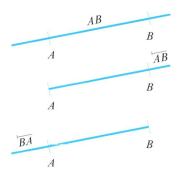

HINWEIS
Strecken, Geraden,
Strahlen (Halbgera-
den) werden auch mit
kleinen Buchstaben
bezeichnet.

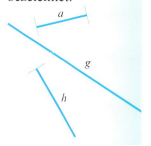

7

Welche der gezeichneten Linien sind Geraden, Strecken, Strahlen?

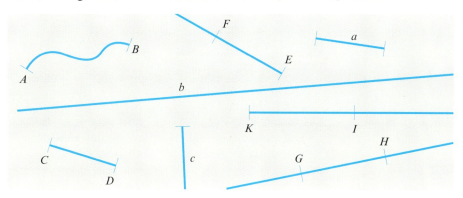

BEACHTE

Man kann immer
nur einen Teil einer
Geraden oder eines
Strahls zeichnen bzw.
abbilden.

Gerade Linien ent-
stehen auch, wenn
man ein Blatt Papier
faltet.

8

Auf einer Geraden liegen vier Punkte A, B, C, D. Notiere alle Strahlen, die
man mit diesen vier Punkten angeben kann. Wie viele sind es?
Vergleiche mit den Ergebnissen von Aufgabe 5 a).

Punkte und Strecken im Koordinatensystem

1

Die Position der Schachfiguren kann man durch die Angaben am Rand des Schachbrettes genau beschreiben. Der schwarze König hat z. B. die Position **(D; 4)**.
Gib die Positionen der anderen Schachfiguren an.

2

Für Schachfiguren reichen Angaben wie (D; 4) aus. Willst du aber die genaue Lage eines Punktes angeben, so reichen sie nicht aus. Warum?

1

HINWEIS
Mit (D; 4) wird das Feld bezeichnet, das sowohl im Streifen D als auch im Streifen 4 liegt, in dem sich beide Streifen also kreuzen.

Die Lage eines Punktes kann man als Schnittpunkt zweier Geraden angeben (jedoch nicht durch zwei Streifen).

Das Koordinatensystem

Die Lage von Punkten gibt man mithilfe eines Koordinatensystems an. Das Koordinatensystem besteht aus zwei zueinander senkrechten Achsen: der x-Achse und der y-Achse.

Die x-Koordinate ist die Zahl auf der x-Achse, die zum Punkt gehört.
Die y-Koordinate ist die Zahl auf der y-Achse, die zum Punkt gehört.

HINWEIS
Die x-Koordinate nennt man auch Abszisse, die y-Koordinate Ordinate.

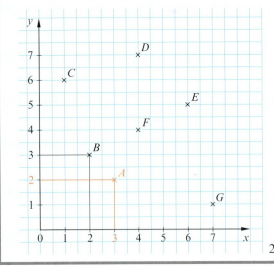

Der Punkt A hat die Koordinaten $A\,(3\,|\,2)$.

Der Punkt B hat die Koordinaten $B\,(2\,|\,3)$.

2

MERKE
Die x-Koordinate wird immer zuerst aufgeschrieben. Warum muss man diese Festlegung treffen?

3

Gib die Koordinaten der Punkte C, D, E, F und G im Bild 2 an.

4

a) Zeichne ein Koordinatensystem: Einheit 1 cm; auf beiden Achsen 6 Einheiten.

b) Trage die Punkte $A(1|1)$, $B(3|2)$, $C(4|3)$ und $D(5|3)$ ein.

c) Prüfe, ob drei dieser Punkte auf einer gemeinsamen Geraden liegen.

5

Gib die Koordinaten der Punkte in den Bildern 1 und 2 an.

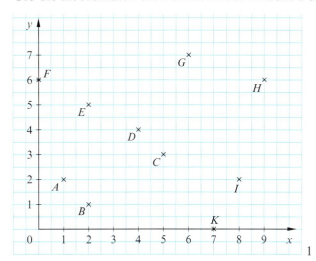

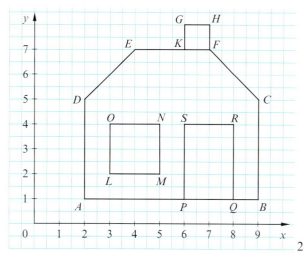

Verbindet man mehrere Punkte der Reihe nach durch Strecken, so entsteht ein **Streckenzug**.

6

Zeichne die Punkte A, B, C, D, E jeweils in ein Koordinatensystem (Einheit 1 cm). Verbinde die Punkte A, B, C, D, E zu einem Streckenzug.
Ermittle die Länge des Streckenzuges $ABCDE$.

a) $A(2|2)$, $B(10|1)$, $C(9|4)$, $D(5|7)$, $E(9|9)$

b) $A(1|2)$, $B(1|4)$, $C(8|4)$, $D(8|6)$, $E(10|6)$

c) $A(10|10)$, $B(8|2)$, $C(5|6)$, $D(2|2)$, $E(0|10)$

d) $A(1|0)$, $B(4|8)$, $C(7|5)$, $D(10|8)$, $E(13|0)$

7

Zeichne für jede Teilaufgabe ein Koordinatensystem: Einheit 1 cm; auf beiden Achsen 8 Einheiten. Trage die Punkte in das Koordinatensystem ein.
Verbinde die Punkte A und B, B und C, C und D usw. durch Strecken.
Welche Figur erhältst du so?

a) $A(4|4)$, $B(7|6)$, $C(4|8)$, $D(4|3)$, $E(2|3)$, $F(3|1)$, $G(7|1)$, $H(8|3)$.
Verbinde H mit D.

b) $A(4|8)$, $B(2|6)$, $C(3|6)$, $D(1|4)$, $E(3|4)$, $F(0|1)$, $G(3|1)$, $H(3|0)$,
$K(5|0)$, $L(5|1)$, $M(8|1)$, $N(5|4)$, $O(7|4)$, $P(5|6)$, $Q(6|6)$.
Verbinde Q mit A.

BEISPIEL
Streckenzug $ABCDE$

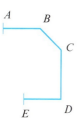

Länge des Streckenzuges $ABCDE$:
$\overline{AB} + \overline{BC} + \overline{CD} + \overline{DE}$
$= 1\ \text{cm} + 0{,}8\ \text{cm}$
$\quad + 1{,}3\ \text{cm} + 1\ \text{cm}$
$= 4{,}1\ \text{cm}$

8

Arbeitet bei dieser Aufgabe zu zweit oder in einer Gruppe.
Jeder zeichnet ein eigenes Koordinatensystem und darin eine selbst ausge-
dachte Figur, ohne sie zu zeigen.
Jeder nennt dann die Koordinaten aller wichtigen Punkte seiner Figur. Die
anderen sollen nun versuchen damit die Figur nachzuzeichnen.

9

Trage die Punkte jeweils in ein Koordinatensystem ein. Zeichne dann alle
möglichen Verbindungsstrecken dieser Punkte ein. Wie viele Verbindungsstrecken findest du? Gib sie an.

a) $A(1|1)$, $B(5|2)$, $C(3|4)$
b) $A(3|1)$, $B(6|3)$, $C(2|5)$, $D(1|3)$
c) $A(1|3)$, $B(3|0)$, $C(5|1)$, $D(6|4)$, $E(3|5)$

BEISPIEL
Einander schneidende
Geraden AB und CD:

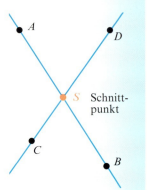

10^L

Zeichne die Geraden AB und CD in ein Koordinatensystem.
Entscheide, ob beide Geraden einander schneiden. Gib gegebenenfalls die
Koordinaten des Schnittpunktes S an.

a) $A(1|2)$, $B(7|5)$, $C(4|1)$, $D(1|7)$
b) $A(0|2)$, $B(6|4)$, $C(2|1)$, $D(5|7)$
c) $A(1|6)$, $B(7|4)$, $C(8|2)$, $D(2|4)$
d) $A(0|4)$, $B(4|0)$, $C(7|3)$, $D(5|1)$
e) $A(1|0)$, $B(6|5)$, $C(4|0)$, $D(6|4)$
f) $A(2|1)$, $B(5|5)$, $C(4|2)$, $D(7|6)$

AUFGABEN ZUR WIEDERHOLUNG

1. Onkel Kai kommt in zwölf Tagen. An welchem Tag kommt er? Heute sei der
   a) 20. Januar;   **b)** 25. Februar;
   c) 19. März;   **d)** 19. April;
   d) 27. September;   **f)** 24. Dezember.

2. Vergleiche.
   a) 380 s und 7 min   **b)** 700 min und 7 h
   12 min und 800 s   3 h und 200 min
   20 s und $\frac{1}{2}$ min   18 h und 1 000 min
   80 s und 2 min $\frac{1}{2}$ h und 25 min
   c) 3 d und 40 h   **d)** $\frac{1}{4}$ h und 4 min
   50 h und 4 d $\frac{1}{4}$ h und 900 s
   72 h und 6 d $\frac{1}{2}$ h und 1 900 s
   4 d und 100 h   1 h und 3 600 s

3. Rechne in die kleinere Einheit um.
   a) 4 h 37 min   **b)** 8 d 17 h
   c) 12 min 3 s   **d)** 13 h 2 min
   e) 14 d 11 h   **f)** 17 min 48 s
   g) 40 min 5 s   **h)** 6 h 12 min

4. Wie lange dauerte die Reise?

	Abfahrt	Ankunft
a)	13.01.; 8.17 Uhr	15.01.; 10.08 Uhr
b)	24.03.; 9.38 Uhr	28.03.; 6.42 Uhr
c)	30.05.; 17.05 Uhr	03.06.; 5.24 Uhr
d)	28.09.; 19.18 Uhr	01.10.; 11.05 Uhr
e)	29.09.; 0.00 Uhr	30.09.; 14.35 Uhr
f)	01.10.; 2.19 Uhr	01.10.; 23.43 Uhr
g)	23.12.; 5.15 Uhr	16.01.; 22.50 Uhr

Zueinander parallele und senkrechte Geraden

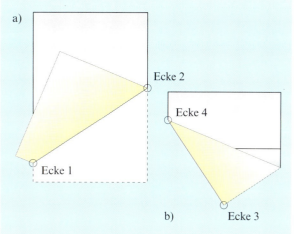

a)

Ecke 2

Ecke 4

Ecke 1

b)   Ecke 3

1   2

1

Am Bild 1 sieht man, wie schwierig es ist, ein Gebäude auf einem Foto naturgetreu wiederzugeben. Welche Fehler erkennst du auf diesem Foto?

2

Falte ein Blatt Papier wie im Bild 2 a. Falte es noch einmal, so dass Ecke 1 auf Ecke 2 kommt (Ergebnis: Bild 2 b). Falte nun so, dass Ecke 3 auf Ecke 4 liegt.
Entfalte das Blatt und beschreibe das entstandene Linienmuster.

3

Zeichne zwei Geraden, die sich nicht schneiden. (Sie sollen sich auch nicht in ihrer Verlängerung außerhalb des Zeichenblattes schneiden.)

An Gegenständen und Bauwerken findet man häufig gerade Linien, die **zueinander parallel** oder **zueinander senkrecht** sind. Auch beim Falten von Papier kann man zueinander parallele oder senkrechte Linien erhalten.

Die zwei Parallelen

Es gingen zwei Parallelen
ins Endlose hinaus,
zwei kerzengerade Seelen
und aus solidem Haus.

Sie wollten sich nicht schneiden
bis an ihr seliges Grab:
Das war nun einmal der beiden
geheimer Stolz und Stab.

Doch als sie zehn Lichtjahre
gewandert neben sich hin,
da ward's dem einsamen Paare
nicht irdisch mehr zu Sinn.

War'n sie noch Parallelen?
Sie wussten's selber nicht. –
sie flossen nur wie zwei Seelen
zusammen durch ewiges Licht.

Das ewige Licht durchdrang sie,
da wurden sie eins in ihm;
die Ewigkeit verschlang sie
als wie zwei Seraphim.

Christian Morgenstern
(1871 bis 1914)

g

h

l

k

Die Geraden g und h sind
zueinander parallel.
Man schreibt $g \parallel h$.

Die Geraden g und h haben
keinen Schnittpunkt.

Die Geraden k und l sind
zueinander senkrecht.
Man schreibt $k \perp l$.

Die Geraden k und l bilden einen
rechten Winkel (Zeichen: ⌐).

Strecken sind zueinander parallel oder zueinander senkrecht, wenn sie auf zwei zueinander parallelen oder senkrechten Geraden liegen.
Im Bild 1 sind:
$\overline{AB} \parallel \overline{EF}$;
$\overline{AB} \perp \overline{CD}$;
$\overline{CD} \perp \overline{EF}$.

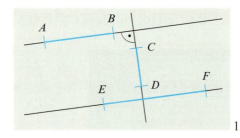

1

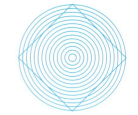

OPTISCHE TÄUSCHUNGEN
Zueinander parallel oder senkrecht?

4

a) Wo findest du an deinem Geodreieck zueinander parallele (senkrechte) Linien oder Kanten? Wie kannst du mit einem Geodreieck prüfen, ob zwei Geraden (Strecken) zueinander parallel oder senkrecht sind?

b) Prüfe mit dem Geodreieck: Welche Geraden sind in den Bildern 2a bis c zueinander parallel oder senkrecht?

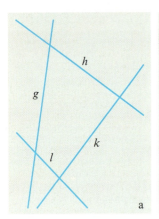
a

b

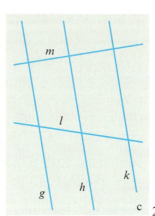
c

2

5^L

Zeichne die Strecken in ein Koordinatensystem. Prüfe, welche Strecken zueinander parallel oder senkrecht sind.

a) $\overline{AB}$ mit $A(2|1)$, $B(1|3)$
$\overline{CD}$ mit $C(4|2)$, $D(6|3)$
$\overline{EF}$ mit $E(2|2)$, $F(6|4)$

b) $\overline{HI}$ mit $H(10|0)$, $I(10|7)$
$\overline{JK}$ mit $J(6|5)$, $K(6|10)$
$\overline{LM}$ mit $L(2|3)$, $M(2|7)$

6

a) Am Quader im Bild 3 gilt z. B. für die Kanten:
$\overline{AB} \parallel \overline{EF}$, $\overline{AB} \parallel \overline{HG}$, $\overline{AB} \perp \overline{BF}$.
Gib weitere Paare zueinander paralleler und zueinander senkrechter Kanten an.

b) Suche zueinander parallele oder zueinander senkrechte Linien an der Kirche auf Seite 169 und in deiner Umgebung.

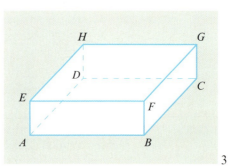

3

Konstruktion einer Parallelen zu
einer Geraden *g* durch einen
Punkt *P* außerhalb der Geraden

Konstruktion einer Senkrechten
zu einer Geraden *g* durch einen
Punkt *P*

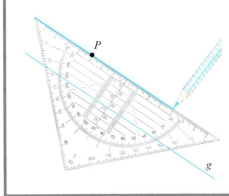

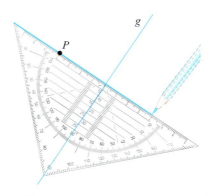

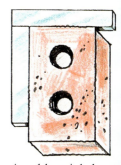

Anschlagwinkel

Was prüft man
mit einem Anschlag-
winkel?

7

a) Beschreibe die Konstruktionsschritte.
b) Gib dir selbst eine Gerade *g* und einen Punkt *P* außerhalb der Geraden
vor. Konstruiere sowohl die Parallele als auch die Senkrechte zur Geraden *g* durch den Punkt *P*.
c) Gib dir eine Gerade *g* und einen Punkt *P* auf dieser Geraden vor. Konstruiere die Senkrechte zu *g* durch den Punkt *P*.

waagerecht

8

Die Gerade *g* geht durch die Punkte *A* und *B*. Zeichne die Gerade und den
Punkt *P* in ein Koordinatensystem. Konstruiere durch *P* die Senkrechte zu
g und (falls *P* außerhalb von *g* liegt) die Parallele zu *g*.
a) $A(1|1)$, $B(8|3)$, $P(4|5)$ **b)** $A(2|7)$, $B(9|1)$, $P(3|1)$
c) $A(8|1)$, $B(2|10)$, $P(6|4)$ **d)** $A(9|9)$, $B(4|2)$, $P(9|4)$

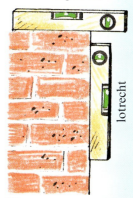

9

Zeichne vier Geraden *a*, *b*, *c*, *d* mit den folgenden Eigenschaften.
a) $a \parallel b, c \perp b, c \parallel d$ **b)** $a \perp b, b \perp c, c \perp d$

Maurer benötigen für ihr Handwerk Lot und Wasserwaage. Mit einer Wasserwaage prüfen sie, ob eine Kante **waagerecht**, das bedeutet parallel zur
Erdoberfläche, ist. Mit dem Lot oder mit der Wasserwaage kontrollieren
sie, ob eine Kante **lotrecht**, das heißt senkrecht zur Erdoberfläche, ist.

Wasserwaage

10

a) Nenne Gegenstände in deiner Umgebung, an denen waagerechte oder
lotrechte Linien vorkommen. Prüfe dies möglichst mit einer Wasserwaage oder mit einem selbst gebauten Lot.
b) Findest du auch Linien, die senkrecht zueinander sind, von denen aber
keine lotrecht ist?

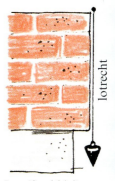

Lot (Senkblei)

Abstand und Streifen

1

Elke findet in einem Ferienprospekt die nebenstehende Zeichnung und die Information: „Haus Patria nur 100 m bis zum Strand." Sie überprüft verschiedene Wege zum Strand und stutzt. Warum? Ist der Anzeigentext dennoch richtig?

2

Warum soll man eine Straße auf kürzestem Weg überqueren?
Beschreibe den kürzesten Weg mit mathematischen Begriffen.

1

> Der **Abstand eines Punktes P von einer Geraden g** ist die kürzeste Entfernung zwischen der Geraden g und dem Punkt P. Er wird entlang der Senkrechten zur Geraden g durch den Punkt P gemessen.

Abstand des Punktes P von der Geraden g

3

a) Erläutere, wie du mit deinem Geodreieck den Abstand eines Punktes von einer Geraden messen kannst.
b) Welchen Abstand haben im Bild 2 die Punkte A bis H von g?

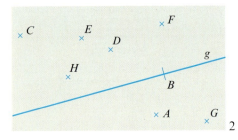

2

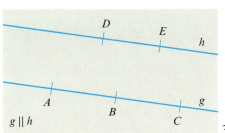

$g \parallel h$

3

4

Im Bild 3 sind die Geraden g und h zueinander parallel.
a) Miss die Abstände der Punkte A, B, C von der Geraden h. Miss auch die Abstände der Punkte D und E von der Geraden g. Vergleiche.
b) Miss die Längen der Strecken $\overline{AD}$, $\overline{AE}$, $\overline{BD}$, $\overline{BE}$, $\overline{CD}$, $\overline{CE}$.
Vergleiche mit den Ergebnissen von a).

> Sind zwei Geraden zueinander parallel, so hat jeder Punkt der beiden Geraden zur jeweils anderen Geraden immer denselben Abstand. Man bezeichnet ihn als den **Abstand der zueinander parallelen Geraden**.

Abstand der Parallelen g und h

5

a) Erläutere an der nebenstehenden Abbildung, wie man zwei zueinander parallele Geraden im Abstand von 15 mm zeichnet.

b) Zeichne zwei zueinander parallele Geraden im Abstand von 3 cm (25 mm, 5 cm).

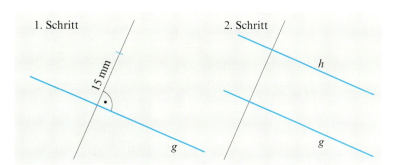

6

a) Zeichne zueinander parallele Geraden g und h im Abstand von 4 cm.

b) Zeichne fünf Punkte, die von g und h den Abstand 2 cm haben.

c) Gibt es Punkte, die von g und h einen Abstand von 4 cm haben?

Zwei zueinander parallele Geraden bezeichnet man auch als **Streifen**. Den Abstand dieser beiden Geraden nennt man **Streifenbreite**.

Quadrat

7

a) Zeichne auf Transparentpapier zwei 4 cm breite und einen 6 cm breiten Streifen. Färbe sie unterschiedlich und schneide sie aus.

b) Kreuzt man zwei Streifen, dann entstehen Schnittfiguren. Probiere dies aus.
Welche Figuren lassen sich so erzeugen? Beschreibe jeweils, welche Streifen du dazu genommen und wie du sie gekreuzt hast.

c) Was ist bei allen Figuren gleich, die beim Kreuzen zweier Streifen entstehen? Welche besonderen Eigenschaften haben die erzeugten Figuren?

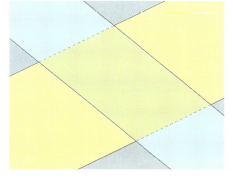

Rechteck

Rhombus/Raute

8

Frank versucht ein Trapez mit Streifen zu erzeugen. Heike meint: „Das geht doch gar nicht." Frank erwidert: „Na ja, ich kann aber spezielle Trapeze erzeugen." Was sagst du dazu?

Parallelogramm

9

a) Zeichne drei verschiedene Parallelogramme mit den Seitenlängen 5 cm und 3 cm. Erläutere deine Überlegungen und dein Vorgehen.

b) Zeichne drei verschiedene Rauten mit der Seitenlänge 4 cm. Erläutere.

c) Zeichne ein Quadrat mit der Seitenlänge 4 cm. Erläutere.

d) Zeichne ein Rechteck mit den Seitenlängen 5 cm und 4 cm.
Gibt es verschiedene Rechtecke mit diesen Seitenlängen?

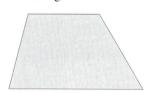

Trapez

Winkel

1

Das Foto zeigt einen Seenotrettungskreuzer bei einer Löschübung. Bei einer solchen Übung muss man mit dem Strahl aus der Wasserkanone genau die Stelle treffen, die gelöscht werden soll.

Wie kann man erreichen, dass der Strahl mal näher, mal weiter oder mal mehr nach links bzw. mal mehr nach rechts spritzt?

Die Drehungen einer Wasserkanone, die Bewegung von Zeigern an Messinstrumenten und andere Drehbewegungen lassen sich mithilfe von Winkeln beschreiben. Aber auch für die Steigung einer Straße, die Neigung eines Daches und für vieles andere kann man einen Winkel angeben.

Ein **Winkel** wird von zwei Strahlen mit gemeinsamem Anfangspunkt begrenzt.
Den gemeinsamen Anfangspunkt nennt man **Scheitelpunkt**, die beiden Strahlen heißen **Schenkel** des Winkels.

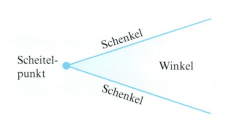

Blickwinkel

2

In den folgenden Beispielen treten Winkel auf. Beschreibe Schenkel und Scheitelpunkt des Winkels.

a) Eine Bahnschranke öffnet sich.
b) Ein Löwe öffnet sein Maul.
c) Lichtkegel einer Taschenlampe
d) Wurfsektor beim Kugelstoßen
e) Dreieck, Parallelogramm
f) Eine Wetterfahne bewegt sich.
g) Uhrenpendel
h) Blickrichtung von Tenniszuschauern
i) Steigung einer Straße

Zwei Strahlen mit gemeinsamem Anfangspunkt begrenzen immer zwei Winkel (im Bild rot und blau unterschieden). Deshalb kennzeichnet man in einer Zeichnung den gemeinten Winkel durch einen Kreisbogen.

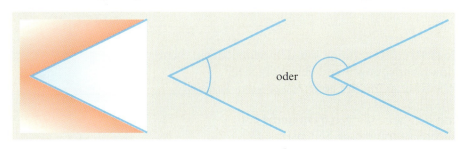

oder

RAPUNZEL...

Anstellwinkel

Bezeichnung von Winkeln

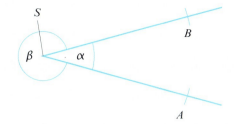

1. Mithilfe von kleinen griechischen Buchstaben

2. Mithilfe von Punkten:
   $\alpha = \sphericalangle ASB$, $\beta = \sphericalangle BSA$

MERKE
Der Scheitelpunkt steht immer in der Mitte.
Zur Entscheidung, welcher Buchstabe zuerst steht, überlegt man sich:
Welchen Schenkel kann man *entgegen* der Uhrzeigerrichtung so drehen, dass er den Winkel überstreicht?
Mit dem zugehörigen Punkt wird begonnen.

EINIGE GRIECHISCHE BUCHSTABEN

α β γ

alpha   beta   gamma

δ ε

delta   epsilon

3L

Gib die gekennzeichneten Winkel mithilfe von Punkten an.

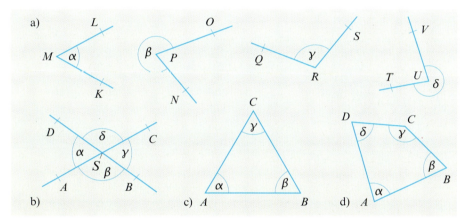

4

Übertrage die Figuren in dein Heft und kennzeichne die Winkel α, β, ...

a) $\alpha = \sphericalangle ASB$, $\beta = \sphericalangle BSA$ **b)** $\alpha = \sphericalangle KLM$, $\beta = \sphericalangle MLK$
c) $\alpha = \sphericalangle YVZ$, $\beta = \sphericalangle WVX$, $\gamma = \sphericalangle XVY$, $\delta = \sphericalangle ZVW$, $\varepsilon = \sphericalangle WVY$
d) $\alpha = \sphericalangle BAC$, $\beta = \sphericalangle CAD$, $\gamma = \sphericalangle CBA$, $\delta = \sphericalangle ADC$, $\varepsilon = \sphericalangle DCB$

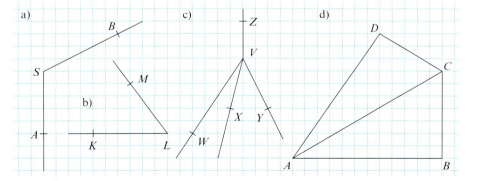

Vergleichen von Winkeln; Dreiecksarten

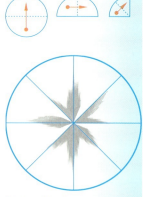

1

Zeichne auf ein Blatt Papier einen möglichst großen Kreis und schneide ihn aus. Falte ihn wie in der Anleitung. Nach dem Entfalten erkennst du viele Winkel. Zeichne die Faltlinien mit einem Lineal nach.

a) Zeige rechte Winkel. Wie viele rechte Winkel liegen im Halbkreis (im ganzen Kreis) nebeneinander?

b) Zeige Winkel, die kleiner (größer) als ein rechter Winkel sind.

Hebe die Kreisscheibe gut auf!

2

Ordne die Winkel der Größe nach. Beginne mit dem kleinsten. Begründe.

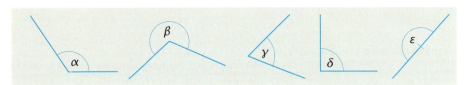

Einteilung der Winkel

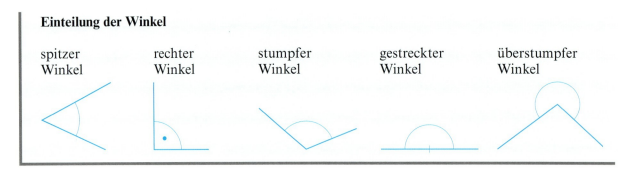

spitzer Winkel	rechter Winkel	stumpfer Winkel	gestreckter Winkel	überstumpfer Winkel

3

a) Entscheide für jeden Winkel in den folgenden Dreiecken und Vierecken, ob es ein spitzer, rechter, stumpfer oder überstumpfer Winkel ist.

b) Suche an der Kirche auf Seite 169 und in deiner Umgebung Beispiele für spitze, stumpfe und rechte Winkel.

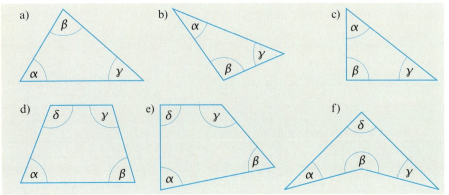

BEACHTE
Auch das sind Winkel:

Vollwinkel

Nullwinkel

Einteilung der Dreiecke nach Winkeln

spitzwinkliges Dreieck	rechtwinkliges Dreieck	stumpfwinkliges Dreieck
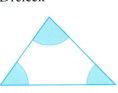	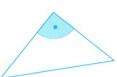	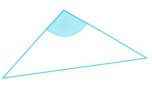
Alle Winkel sind spitze Winkel	Ein Winkel ist ein rechter Winkel	Ein Winkel ist ein stumpfer Winkel

ANTRAGEN
EINES WINKELS

Gegeben:

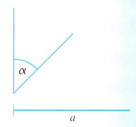

4ᴸ

a) Nenne Beispiele für spitzwinklige, rechtwinklige und stumpfwinklige Dreiecke aus deiner Umgebung.

b) Zeichne die Dreiecke *ABC*, *DEF*, *GHI* und *JKL* und entscheide, ob sie spitzwinklig, rechtwinklig oder stumpfwinklig sind.

$A(1|1)$, $B(7|1)$, $C(2|5)$ $\qquad$ $D(5|3)$, $E(7|5)$, $F(1|4)$
$G(0|0)$, $H(7|4)$, $I(4|6)$ $\qquad$ $J(1|2)$, $K(5|0)$, $L(3|4)$

1. Zwei gleich große Kreisbögen zeichnen

5

Entscheide, welcher Winkel größer ist. Lege dazu ein Blatt Transparentpapier auf das Bild und zeichne die Schenkel eines Winkels nach. Wie gehst du dann weiter vor?

2. Bogenlänge mit dem Zirkel übertragen

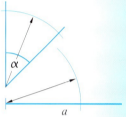

Vergleichen von Winkeln mithilfe des Zirkels
Man trägt einen der beiden Winkel so an einem Schenkel des anderen Winkels an, dass beide Winkel übereinander liegen.

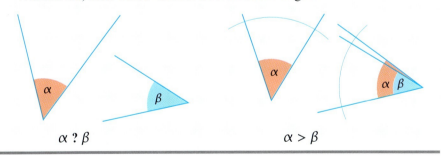

3. Winkel zeichnen

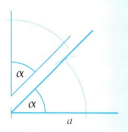

6

Zeichne die Winkel $\alpha = \sphericalangle\,ABC$ und $\beta = \sphericalangle\,DEF$. Vergleiche sie.

a) $A(7|1)$, $B(4|1)$, $C(8|6)$, $D(5|6)$, $E(3|1)$, $F(1|5)$
b) $A(5|1)$, $B(1|1)$, $C(5|3)$, $D(0|3)$, $E(4|6)$, $F(2|0)$
c) $A(0|0)$, $B(6|0)$, $C(0|3)$, $D(6|7)$, $E(6|1)$, $F(4|6)$

Messen und Zeichnen von Winkeln

Die Kreisscheibe von Aufgabe 1, Seite 186 ist durch Falten in 8 gleich große Teile geteilt. Der Winkel, der zu einem dieser Teile gehört, ist mit ε bezeichnet (Bild 1). Wir können jetzt andere Winkel mit ε vergleichen:
Der Winkel α ist 3-mal so groß wie der Winkel ε. Ein überstumpfer Winkel ist größer als 4 Winkel ε, aber kleiner als 8 Winkel ε.

1

1

Vergleiche die folgenden Winkel mit dem Winkel ε.
Rechter Winkel, gestreckter Winkel, Vollwinkel, stumpfer Winkel.

Vom Winkel β (Bild 1) können wir nur sagen, dass er etwas größer als der Winkel ε ist. Um seine Größe genauer anzugeben, benötigen wir einen kleineren Vergleichswinkel.

> **Messen der Größe eines Winkels**
> Zum Vergleichen nutzt man einen Winkel, der bei Teilung eines Kreises in 360 gleich große Teile entsteht.
> Die Größe des 360sten Teils des Vollwinkels heißt **1 Grad (1°)**.

Der Vollwinkel hat eine Größe von 360°, ein gestreckter Winkel die Hälfte davon, also 180°.

2

a) Wie viel Grad hat ein rechter Winkel? Wie viel Grad hat ein halber (ein drittel) rechter Winkel?
b) Wie viel Grad haben ein gestreckter und ein rechter Winkel zusammen?
c) Für einen überstumpfen Winkel α gilt: $180° < \alpha < 360°$. Was gilt für einen spitzen Winkel β und für einen stumpfen Winkel γ?
d) Kennzeichne auf deiner Kreisscheibe Winkel von 45°, 90°, 135°, 180°, 225°, 270° und 315°.

Messen von Winkeln mit dem Winkelmesser des Geodreiecks

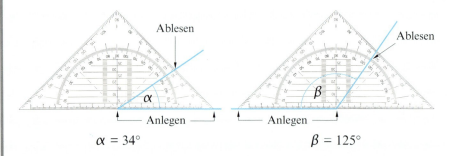

Ablesen   Ablesen
α β
Anlegen   Anlegen
$\alpha = 34°$ $\beta = 125°$

Beachte: Man liest auf der Skala ab, die an dem Schenkel anfängt, an dem man angelegt hat.

ZUR INFORMATION
Die Teilung des Kreises in 360 Teile geht auf die Babylonier zurück. Sie hatten ein Zahlsystem mit der Basis 60 (s. Seite 81). Heute finden auch andere Einteilungen des Kreises Verwendung – z. B. in 400 Teile. Um Verwechslungen vorzubeugen nennt man die so entstehende Einheit Neugrad oder Gon, während man bei einer Einteilung in 360 Teile auch von Altgrad spricht. Der rechte Winkel hat dann eine Größe von 90 Altgrad bzw. 100 Neugrad (100 Gon). Neugrad wird z. B. bei der Landesvermessung genutzt.

Messen von Winkeln mit einem Winkelmesser

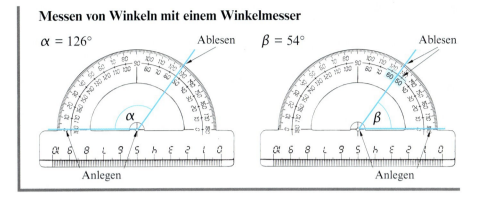

$\alpha = 126°$ Ablesen $\qquad$ $\beta = 54°$ Ablesen

α $\qquad\qquad$ β

Anlegen $\qquad\qquad$ Anlegen

3

Im Bild 1 wurden alle Winkel falsch gemessen. Erkennst du die Fehler?
Wie groß sind die Winkel wirklich?

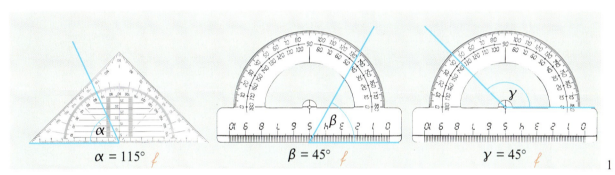

$\alpha = 115°$ $\qquad\qquad$ $\beta = 45°$ $\qquad\qquad$ $\gamma = 45°$

1

4

a) Schätze die Größe der Winkel α, β, γ, δ, ε im Bild 2.
b) Begründe, dass gilt: $\gamma + \delta = 360°$.
c) Überprüfe die Schätzwerte durch Messung.

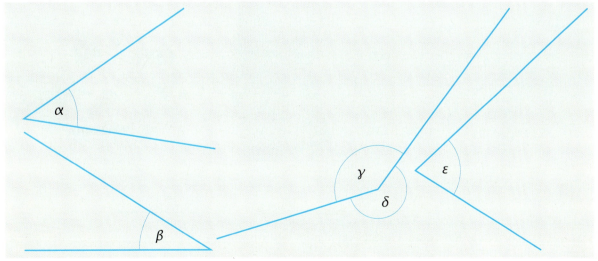

2

5 L

a) Zeichne folgende Punkte in ein Koordinatensystem:
$A(0|0)$, $B(1|9)$, $C(4|2)$, $D(5|4)$, $E(7|6)$, $F(10|1)$, $G(10|4)$, $H(11|9)$.

b) Zeichne die folgenden Winkel, schätze ihre Größe und miss diese dann.
$\sphericalangle FAB$, $\sphericalangle HBF$, $\sphericalangle BAF$, $\sphericalangle AEF$, $\sphericalangle CDG$, $\sphericalangle AFH$

6

a) Falls du die Aufgabe 4 b) auf Seite 187 noch nicht gelöst hast, löse sie jetzt. Hast du sie schon gelöst, so gehe gleich zum Aufgabenteil b) über.

b) Miss in jedem Dreieck die Größe aller drei Winkel.

7 L

Welchen Winkel bilden Minuten- und Stundenzeiger (s. Bild 1) um
a) 3 Uhr, **b)** 1 Uhr, **c)** 5 Uhr, **d)** 10 Uhr, **e)** 13.30 Uhr, **f)** 5.30 Uhr?

8 L

Wie groß ist der Winkel, um den sich der Stundenzeiger dreht in
a) 6 h, **b)** 12 h, **c)** 1 h, **d)** 5 h, **e)** 30 min, **f)** 10 min, **g)** 1 min?

9

Wie groß ist der Winkel, um den sich der Minutenzeiger dreht in
a) 30 min, **b)** 5 min, **c)** 1 min, **d)** 25 min, **e)** 43 min, **f)** 59 min 30 s?

10

Das Bild 2 zeigt eine Windrose. Um wie viel Grad hat sich der Wind gedreht, wenn sich die Windrichtung ändert
a) von N auf S, **b)** von NW auf WNW, **c)** von SSO auf N?

TIPP
Sind die Schenkel eines Winkels nur kurz gezeichnet, so ergeben sich Schwierigkeiten beim Messen des Winkels: Der Schenkel reicht nicht bis zur Skala. Das ist häufig der Fall, wenn man Innenwinkel von Vielecken messen will.
Lösung:
Verlängere die Schenkel, so dass du gut ablesen kannst.

7.00 Uhr

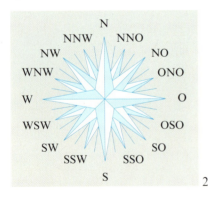

2   3   4

11

Die Bilder 3 und 4 zeigen zwei Winkelmessgeräte: einen Kompass und einen Sextanten. Wozu werden diese Geräte verwendet? Bestimme mit einem Kompass die „Marschrichtungszahlen" zu selbst gewählten Zielpunkten.

12

Wir wollen einen Weihnachtsstern wie im Bild 1 zeichnen (aber größer).

a) Welchen Winkel α bilden die eingezeichneten Hilfslinien miteinander?

b) Erläutere, wie man den Stern konstruieren kann. Führe dann die Konstruktion aus.

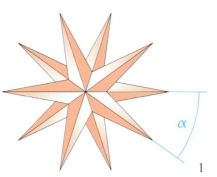

1

2

Zeichnen eines Winkels von 36°

1. Strahl zeichnen

2. Geodreieck anlegen und 36° markieren

3. Scheitelpunkt mit der Markierung verbinden

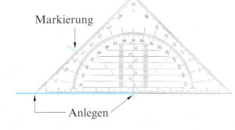

13

Zeichne Winkel der folgenden Größen.

a) 40°, 85°, 110°, 23°, 95°, 137°, 6°, 172°, 17°, 57°

b) 48°, 67°, 98°, 144°, 8°, 33°, 165°, 18°, 72°, 88°

c) Überstumpfe Winkel von: 215°, 270°, 300°, 350°. Erläutere dein Vorgehen. Beachte Bild 3.

3

14

Zeichne die Strecke $\overline{AB}$. Trage an den Endpunkten der Strecke $\overline{AB}$ die Winkel α und β wie im Bild 4 an.

a) $\overline{AB}$ = 6 cm, α = 48°, β = 72°

b) $\overline{AB}$ = 8 cm, α = 22°, β = 90°

c) $\overline{AB}$ = 4 cm, α = 120°, β = 45°

d) $\overline{AB}$ = 5 cm, α = 60°, β = 30°

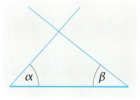

4

15

Zeichne die folgenden Winkel nach Augenmaß. Kontrolliere durch Messen.

a) $\alpha = 40°$ **b)** $\beta = 70°$ **c)** $\gamma = 150°$ **d)** $\delta = 260°$ **e)** $\varepsilon = 320°$

16

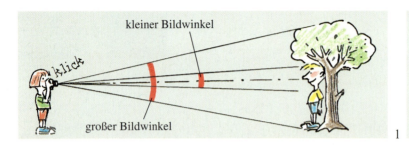

kleiner Bildwinkel

klick

großer Bildwinkel

1

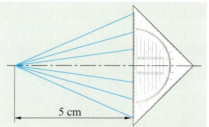

5 cm

2

Bei manchen Fotoapparaten kannst du den Bildwinkel ändern. Du musst dazu das Objektiv entweder verstellen oder auswechseln. Durch die Veränderung des Bildwinkels verändert sich der Bildausschnitt (s. Bild 1).

a) Betrachte das Bild 1 und beschreibe, was man beim großen (kleinen) Bildwinkel auf dem Foto sehen würde.

b) Zeichne Bildwinkel von 12°, 46° und 80° wie im Bild 2 und stelle fest, welcher Bereich der Zentimeterskala eines Geodreiecks abgebildet würde.

INFORMATION
Teleobjektive sollen etwas „heranholen". Weitwinkelobjektive nutzt man, um möglichst viel auf das Bild zu bekommen.

ZUSAMMENFASSUNG

Winkel α

spitzer Winkel	rechter Winkel	stumpfer Winkel	gestreckter Winkel	überstumpfer Winkel
$0° < \alpha < 90°$	$\alpha = 90°$	$90° < \alpha < 180°$	$\alpha = 180°$	$180° < \alpha < 360°$

Dreiecke

spitzwinkliges Dreieck	rechtwinkliges Dreieck	stumpfwinkliges Dreieck
Alle Winkel sind spitze Winkel.	Ein Winkel ist ein rechter Winkel.	Ein Winkel ist ein stumpfer Winkel.

Vierecke

Quadrat	Rechteck	Rhombus/Raute	Parallelogramm	Trapez
Alle Seiten sind gleich lang; gegenüberliegende Seiten sind zueinander parallel. 4 rechte Winkel	Gegenüberliegende Seiten sind gleich lang und zueinander parallel. 4 rechte Winkel	Alle Seiten sind gleich lang; gegenüberliegende Seiten sind zueinander parallel.	Gegenüberliegende Seiten sind gleich lang und zueinander parallel.	Ein Paar gegenüberliegender Seiten ist zueinander parallel.

Symmetrie und Spiegelung

Melanie war in den Sommerferien mit ihren Eltern in Frankreich. Bei einer Fahrt durch das Tal der Loire gefielen ihr die vielen Schlösser. Eines hatte es ihr besonders angetan, das Schloss Chambord. Das musste sie unbedingt fotografieren. Nicht nur, dass es das größte (440 Räume) und extravaganteste der Loire-Schlösser ist, sie fand es auch geometrisch interessant.

Eines Tages bringt Melanie ihr Foto in den Mathematikunterricht mit und sagt: „Schaut einmal, wie viel Geometrie man an diesem Gebäude entdecken kann!"

AUFGABE

Was fällt dir an dem Gebäude auf dem Foto auf?

Achsensymmetrie

Tagpfauenauge

Admiral

Schwalbenschwanz

1

1

In der Natur gibt es ungefähr 145 000 verschiedene Schmetterlingsarten, davon etwa 3 000 heimische. Die Falter mit vier meist bunt beschuppten Flügeln haben Spannweiten von 0,3 cm bis zu 30 cm.
Die Falter im Bild 1 sind **achsensymmetrisch**. Was versteht man darunter?

2

Faltschnitte
Man zeichnet auf ein gefaltetes Blatt Papier eine Figur, schneidet die Figur aus und faltet das Blatt auseinander.
Auf diese Weise entsteht eine achsensymmetrische Figur.
a) Fertige die Faltschnitte aus Bild 2 an. Zeichne jeweils die Symmetrieachse ein.

 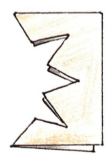  

2

b) Stelle einen Spiegel senkrecht auf die Faltgerade und betrachte die Figur und deren Spiegelbild. Was fällt dir auf?
c) Denke dir selbst weitere Faltschnitte aus.

> **Achsensymmetrische Figuren** können so gefaltet werden, daß zwei Teile der Figur genau deckungsgleich sind.
> Die Faltgerade nennt man auch **Symmetrieachse** der Figur.
> Jeder Teil der Figur ist Spiegelbild des anderen Teiles.
> Statt **achsensymmetrisch** kann man auch **axialsymmetrisch** sagen.

ANREGUNG
Falte das Blatt mehrmals, bevor du eine Figur aufzeichnest.
In Bild 3 wurde das Blatt zweimal gefaltet.

3

So entstehen Faltschnitte mit mehreren Symmetrieachsen. Probiere selbst solche Faltschnitte aus.

BEACHTE
die unterschiedlichen Schreibweisen:
Achse, **ax**ial.

3

Faltet man ein Blatt Papier, in dessen Innerem sich ein frischer Tintenklecks befindet (siehe Bild 1), so entsteht ein Klecksbild.

a) Fertige ein Klecksbild an.
b) Was für eine Figur ist entstanden?
c) Zeichne die Symmetrieachse ein.

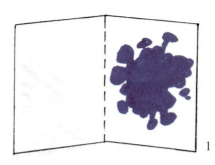

1

VORSICHT
beim Umgang mit Tinte! Vermeide Verschmutzungen.

4

Nadelkopie (Beispiel: Bild 2)

a) Falte ein Blatt Papier und zeichne eine Figur darauf. Durchstich das Blatt an markanten Punkten der Figur mit einer Nadel. Falte das Blatt auseinander und ergänze die Figur.
b) Was für eine Figur entsteht?
c) Zeichne die Symmetrieachse ein.
d) Fertige andere Nadelkopien an.

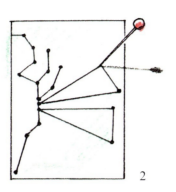

2

HINWEIS
Je komplizierter die Figur ist, desto kleiner sollten die Abstände der Nadelstiche sein.

5

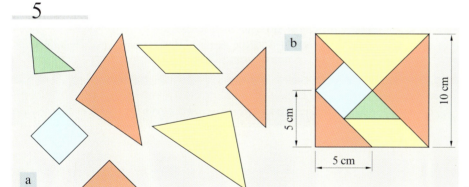

a

b

5 cm

5 cm

10 cm

3

TANGRAM
ist ein altes chinesisches Legespiel. Beim Puzzeln müssen alle sieben Teile verwendet werden. Man kann so über 300 verschiedene Figuren legen, z. B.:

Ein Tangramspiel besteht aus sieben Teilen (Bild 3 a).

a) Bau dir selbst ein Tangramspiel. Zeichne dazu die Figur im Bild 3 b auf Pappe oder Papier und schneide die sieben Teile aus.
b) Wie heißen die Teile des Tangram?
c) Welche Teile des Tangram sind achsensymmetrisch? Zeige die Symmetrieachsen.
   Wie kann man die Achsensymmetrie überprüfen?
d) Lege mit zwei (oder mehr) Teilen des Tangram achsensymmetrische Figuren. Arbeite dabei mit deinem Nachbarn zusammen. Benutzt beide Tangramspiele.
   Zeichne jede achsensymmetrische Figur im Heft nach und kennzeichne die Symmetrieachsen.
e) Schreibe den Namen unter die Figuren aus d), die du kennst.

6

Übertrage die Figuren ins Heft. Ergänze sie zu achsensymmetrischen Figuren.

a)  b) 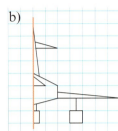 c) 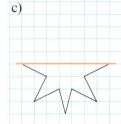 d)

7

Skizziere die Stadtplanzeichen im Heft. Zeichne die Symmetrieachsen ein.

a)   b)   c)   d)   e)   f)   g)

h)   i)   j)   k)   l)   m)   n)

AUFTRAG
Die Zeichen aus Aufgabe 7 findet man in der Legende von Stadtplänen. Suche in einem Stadtplan die Erklärung zu jedem Zeichen.

8ᴸ

Übertrage die Figuren ins Heft. Zeichne in jede Figur möglichst alle Symmetrieachsen ein. Schreibe unter jede Figur den Namen und die Anzahl der Symmetrieachsen.

a)   b)   c)   d)   e)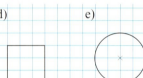

9

Übertrage die Figuren ins Heft. Zeichne in jede Figur (wenn möglich) die Symmetrieachsen ein. Welche Figuren sind nicht achsensymmetrisch? Bezeichne die dir bekannten Figuren.

a) b) c) d)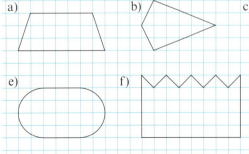

e) f) 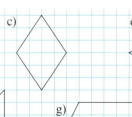 g)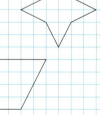

10

Skizziere die Profile a bis h im Heft und zeichne (wenn möglich) die Symmetrieachsen ein.

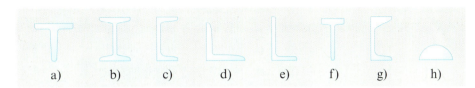

a)   b)   c)   d)   e)   f)   g)   h)

INFORMATION
Ein Profil ist der Querschnitt von Stäben aus Stahl, Leichtmetall, Plastik usw. Diese werden als Träger im Bauwesen, als Fensterdichtungen u. a. eingesetzt.

11

In Natur und Architektur findet man zahllose Beispiele für Achsensymmetrie (siehe z. B. die Seiten 193 und 194).
a) Suche in deiner Umgebung nach Dingen, die achsensymmetrisch (oder beinahe achsensymmetrisch) sind.
b) Skizziere sie und gib die Lage der Symmetrieachsen an.
c) Welche Einzelheiten weichen von der Achsensymmetrie ab?

HINWEIS
Achte z. B. auf Gebäude, besondere Fenster, Tapetenmuster, Pflanzen, Tiere, Wappen.

12

a) Falte jeweils ein Stück Papier (DIN A5) und führe nur einen geraden Schnitt aus. Nach dem Auseinanderfalten sollen die nebenstehenden Figuren entstehen (weiß – ausgeschnittener Teil).
b) Erfinde weitere Aufgaben dieser Art.

AUFGABEN ZUR WIEDERHOLUNG

1. Welche Aussagen sind wahr, welche sind falsch?
   Begründe deine Antwort.
   a) Es gibt zehn verschiedene zweistellige natürliche Zahlen, die auf 5 enden.
   b) Es gibt neun verschiedene zweistellige natürliche Zahlen, die auf 0 enden.
   c) Es gibt 900 verschiedene dreistellige natürliche Zahlen.
   d) Aus den Ziffern 1, 2 und 3 kann man genau fünf verschiedene dreistellige natürliche Zahlen bilden, in denen jede Ziffer genau einmal vorkommt.
   e) Aus den Ziffern 1, 2 und 3 kann man mehr als 20 verschiedene dreistellige natürliche Zahlen bilden, wenn man jede der Ziffern mehrfach verwenden darf.

2. Gib die gemeinen Brüche als Dezimalbrüche an.
   a) $\frac{3}{10}$ b) $\frac{7}{10}$ c) $\frac{1}{5}$ d) $\frac{3}{5}$ e) $\frac{25}{100}$ f) $\frac{7}{50}$
   g) $\frac{21}{50}$ h) $\frac{3}{20}$ i) $\frac{9}{20}$ j) $\frac{3}{25}$ k) $\frac{8}{25}$ l) $\frac{1}{4}$

3. Im Bild ist dreimal der gleiche Quader dargestellt. Zeichne ein Netz des Quaders und färbe die Flächen.

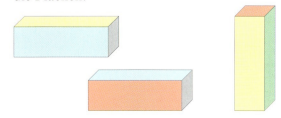

Symmetrie im Raum

Viele Gegenstände unserer Umgebung sind symmetrisch. Manche Körper haben statt einer Symmetrieachse eine **Symmetrieebene**. Solche Körper nennt man **ebenensymmetrische Körper**.

1

Die Körper im Bild 1 und das Gebäude im Bild 2 sind ebenensymmetrisch. Beschreibe die Lage der Symmetrieebenen.

2 L

Im Bild 3 ist eine Symmetrieebene bei einem Würfel und im Bild 4 bei einem Quader eingezeichnet.
a) Hat ein Würfel weitere Symmetrieebenen? Wie viele gibt es insgesamt?
b) Hat ein Quader weitere Symmetrieebenen? Wie viele gibt es insgesamt?

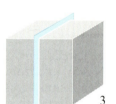

3

3

Die Gebäude im Bild 5 haben verschiedene Dachformen.
a) Beschreibe die Lage der Symmetrieebenen bei den einzelnen Dachformen.
b) Wie viele Symmetrieebenen hat jede Dachform?

4

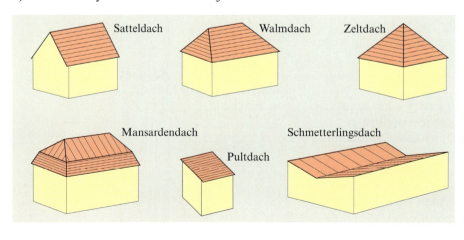

Satteldach Walmdach Zeltdach

Mansardendach Pultdach Schmetterlingsdach

5

Somapuzzle
Die sieben Teile des Somapuzzles bestehen aus insgesamt 27 Würfeln.
Diese sind wie abgebildet zu den sieben Teilen zusammengeklebt.

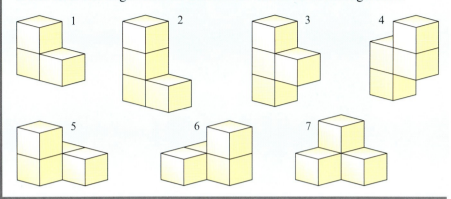

1

BAUANLEITUNG
für ein Somapuzzle:
Hast du z. B. in
einem alten, nicht
mehr benötigten
Baukasten 27 gleich
große Würfel,
so klebe die sieben
Teile aus Bild 1
zusammen. Hast du
keine 27 gleich
großen Würfel,
so kannst du sie
dir selbst herstellen.
Nimm z. B. eine
Holzleiste mit
quadratischem
Querschnitt. Säge
davon 27 Würfel ab.
Dazu musst du die
Schnitte im Abstand
der Leistenbreite
ansetzen.

4

a) Untersuche, wie viele Symmetrieebenen jedes Teil des Somapuzzles hat.
Beschreibe deren Lage.
b) Welche Teile des Somapuzzles haben keine Symmetrieebenen?

5

a) Aus den Teilen des Somapuzzles kann man z. B. die Körper im Bild 2
bauen. Versuche es selbst.
b) Untersuche die Körper im Bild 2 auf Symmetrieebenen. Beschreibe deren Lage.
c) Wie viele Symmetrieebenen haben die Körper im Bild 2?

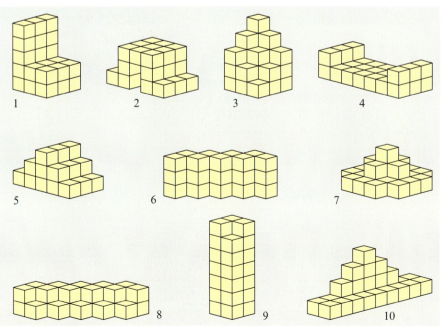

2

KNOBLE
Setze aus deinem
Somapuzzle einen
Würfel zusammen
(Kantenlänge 3 kleine
Würfel).

Formen in der Natur

Bienen bauen Waben aus Wachs, die der Aufzucht der Brut und der Speicherung von Vorräten dienen (Bild 1). Erstaunlich ist die Regelmäßigkeit des Bienenbaus.
Die Grundfigur, aus der der Bau der Bienen besteht, nennt man regelmäßiges Sechseck (Bild 2).

1

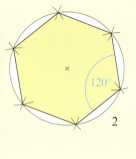

2

Wusstest du schon, dass auch Schneekristalle regelmäßig sind? Im Winter kann man im Freien solche Kristalle unter dem Mikroskop anschauen:

3

1

a) Beschreibe die Grundfigur, aus der der Bau einer Biene besteht (Bild 2).
b) Zeichne 10 gleich große regelmäßige Sechsecke und schneide sie aus. Lege sie wie im Bild 1 aneinander.
c) Warum kann man regelmäßige Fünfecke (Bild 4) nicht so zusammenlegen wie die Sechsecke? Probiere es aus, bevor du anwortest.
Hinweis: 5- und 6-Eck-Konstruktion – siehe Seiten 210 und 211.

4

2

a) Welche Gemeinsamkeiten kannst du bei den drei verschiedenen Schneekristallen im Bild 3 finden?
b) Untersuche, wie viele voneinander verschiedene Symmetrieachsen jedes Kristall hat.
c) Welchen Winkel schließen die Symmetrieachsen miteinander ein?

Von den Schmetterlingen wissen wir schon, dass sie – zumindest auf den ersten Blick – achsensymmetrisch sind. Wie ist das aber zum Beispiel bei Käfern, Vögeln oder beim Gesicht eines Menschen?

Blütenbock

Marienkäfer

Feldsandlaufkäfer

Kartoffelkäfer

5

3

a) Untersuche, ob die Käfer im Bild 5 genau achsensymmetrisch sind.

b) Stelle fest, ob beim Marienkäfer die Punkte symmetrisch auf den Flügeln verteilt sind.

4

a) Beschreibe die Symmetrie des Kormorans (Bild 6).

b) Betrachte in einer Zoohandlung die Färbung der Wellensittiche und Papageien.
Welche Abweichungen von der Symmetrie kannst du finden?

6

5

Im Bild 7 siehst du vier Bilder von einer Person. Das linke Bild ist ein Foto.

a) Kannst du herausfinden, wie die anderen Fotos entstanden sind?

b) Betrachte dein Gesicht im Spiegel. Welche Abweichungen von der Symmetrie kannst du finden?

c) Nimm ein Passfoto von dir und einen Taschenspiegel. Erzeuge damit drei weitere Bilder, die den Bildern in der unteren Reihe entsprechen.

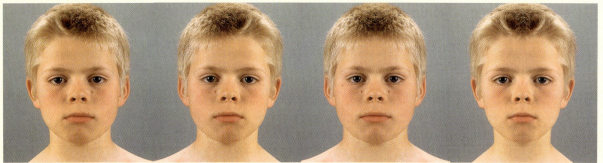

7

Wir erzeugen Spiegelbilder

1

Spiegelbilder am Spiegel
Zeichne ein Dreieck ABC und eine Gerade s ins Heft. Stelle einen Taschenspiegel senkrecht auf die Gerade s.
Umfahre die Figur mit dem Bleistift und beobachte den Stift im Spiegelbild.
Zeichne das Bild A' des Punktes A dort hinter dem Spiegel auf, wo man das Spiegelbild sieht. Kennzeichne ebenso die Bildpunkte B' und C'.

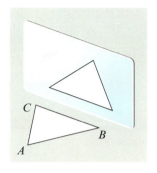

2

Übertrage die Figur F und die Gerade s ins Heft. Zeichne das Spiegelbild F'.

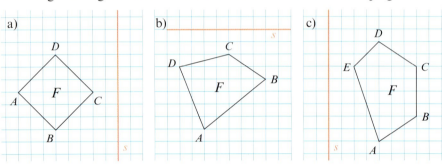

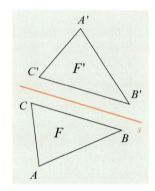

3

Spiegelbilder durch Nadelkopien
a) Zeichne einen geschlossenen Streckenzug $AB\ldots$ (Figur F) und eine Faltgerade s auf ein einzelnes Blatt. Falte das Blatt entlang der Geraden s und kopiere jeden Eckpunkt mit einem Nadelstich. Bezeichne die Bildpunkte mit A', B', $\ldots$ Verbinde die Bildpunkte zur Bildfigur F'.
b) Stelle einen Spiegel senkrecht auf die Faltlinie s. Betrachte das Spiegelbild der Figur F und die Nadelkopie F'. Was stellst du fest?

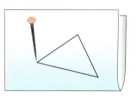

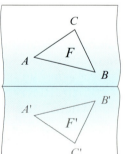

4

Übertrage die Figur F und die Faltgerade s auf ein Blatt Papier. Erzeuge das Spiegelbild F' durch eine Nadelkopie.

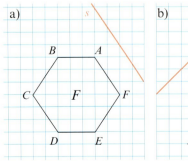

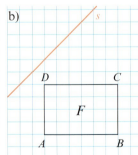

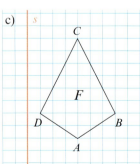

5

Spiegelbilder durch Klecksbilder
Stelle ein Klecksbild her.
Kennzeichne einige Punkte in der Figur F und bezeichne diese mit A, B usw. Bezeichne die zugehörigen Bildpunkte mit A', B' usw.
Stelle einen Taschenspiegel senkrecht auf die Faltlinie s. Überprüfe, ob du jedem Punkt den richtigen Bildpunkt zugeordnet hast.

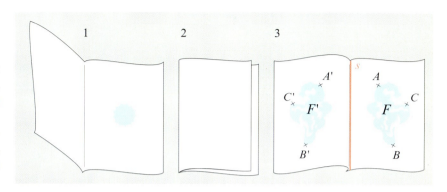

Mithilfe eines Spiegels, einer Nadelkopie oder eines Klecksbildes kann man zu einer Figur F ein **Spiegelbild F'** erzeugen.
Alle diese Verfahren sind Beispiele für eine **Achsenspiegelung**.

Die Punkte der Originalfigur F bezeichnet man mit A, B, C, … Die zugehörigen Bildpunkte in der Bildfigur F' werden mit A', B', C', … bezeichnet.

Die Faltlinie s nennt man **Spiegelgerade**.

Die Figuren F und F' liegen achsensymmetrisch zur Spiegelgeraden s.

6

Spiegelbilder von Körpern
a) Baue aus Bausteinen einen Körper auf einem Blatt Papier.
Zeichne eine Gerade s auf das Blatt und stelle senkrecht auf s einen Taschenspiegel.
Baue das Spiegelbild aus Bausteinen hinter dem Spiegel nach.
b) Baue weitere Körper und deren Spiegelbilder, ohne den Spiegel zu benutzen. Überprüfe anschließend mit einem Taschenspiegel. Korrigiere, wenn nötig, das aufgebaute Spiegelbild.

Bei der Spiegelung von Körpern tritt an die Stelle der Spiegelgeraden eine **Spiegelebene**.
Die Spiegelebene kann man sich durch den Spiegel veranschaulichen.

Ein Körper und sein Spiegelbild liegen ebenensymmetrisch zur Spiegelebene.

Wir zeichnen Spiegelbilder

1

Übertrage ins Heft. Zeichne jeweils das Bild der Figur bei der Spiegelung an *s*. Prüfe mit einem Taschenspiegel, ob du richtig gezeichnet hast.

a) 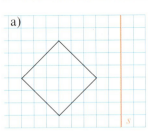   b) 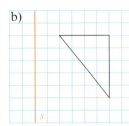   c) 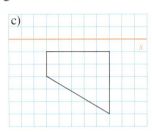   d)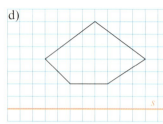

2

Zeichne das Viereck *ABCD* und die durch die Punkte *P* und *Q* gegebene Spiegelgerade *s* in ein Koordinatensystem (Einheit: 1 Kästchen).
Spiegele das Viereck an der Geraden *s*. Bezeichne die Bildpunkte. Überprüfe deine Zeichnung mit einem Taschenspiegel.
a) $A(3|0)$, $B(6|1)$, $C(3|4)$, $D(0|1)$, $P(8|0)$, $Q(0|8)$
b) $A(6|0)$, $B(12|0)$, $C(14|4)$, $D(6|4)$, $P(1|0)$, $Q(14|13)$
c) $A(11|5)$, $B(8|5)$, $C(6|3)$, $D(11|0)$, $P(6|0)$, $Q(6|6)$

3

Spiegele die Figur *F* im Heft an der Geraden *s*. Bezeichne die Bildpunkte.

a) 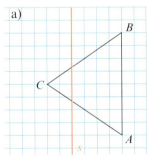   b) 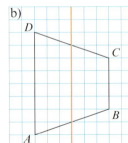   c) 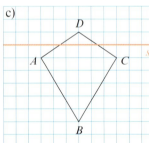   d)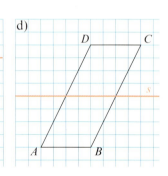

4

Zeichne die Figuren ins Heft und spiegele sie an der Geraden *s*.

a) 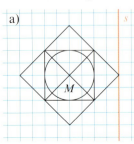   b) 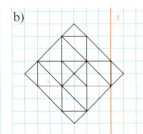   c)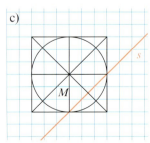

5

Untersuche, ob die Figur F' das Bild der Figur F bei der Spiegelung an der Gerade s sein kann.

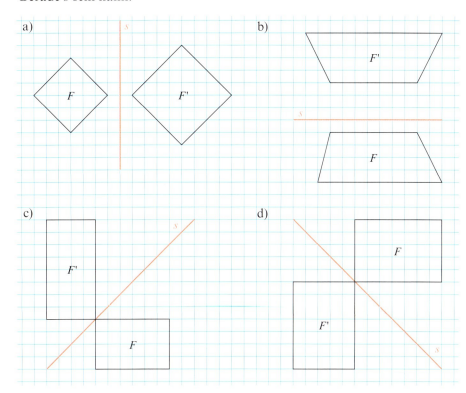

a)

b)

c)

d)

Es ist oft leicht zu erkennen, dass eine Figur F' *nicht* das Spiegelbild einer Figur F ist.
Ist eine Figur F' aber das Spiegelbild einer Figur F, so ist das manchmal gar nicht so leicht nachzuweisen. Woran liegt das?

AUFGABEN ZUR WIEDERHOLUNG

1. Schätze die Masse der folgenden Dinge.
   a) Tüte Milch, ein Brot, ein Brötchen, das Mathematikbuch, ein Glas Honig
   b) ein Stuhl, ein Fahrrad, ein Pkw, eine Straßenbahn, eine Elektrolok

2. Schreibe mit Komma.
   a) 3 kg 450 g; 30 kg 50 g; 0 kg 362 g
   b) 1 kg 780 g; 51 kg 4 g; 0 kg 17 g
   c) 3 t 48 kg; 17 t 9 kg; 12 t 12 kg
   d) 5 t 186 kg; 0 t 13 kg; 1 t 1 kg
   e) 37 g 680 mg; 0 g 3 mg; 1 g 1 mg
   f) 1 g 580 mg; 10 g 10 mg; 0 g 48 mg

3. Wie viel Tonnen sind es?
   a) 10 000 Päckchen zu je 50 g
   b) 1 Million Päckchen zu je 10 g
   c) 100 000 Päckchen zu je 20 g
   d) 500 000 Päckchen zu je 150 g

4. Mit welcher Einheit würdest du die Masse der folgenden Gegenstände angeben?
   a) eine Tablette   b) ein Buch
   c) ein Lkw   d) eine Fliege
   e) ein Ziegelstein   f) eine Brücke
   g) ein Blatt Papier h) ein Haar

5. Welche Figur hat die größte Fläche und welche den längsten Rand?

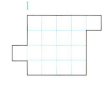

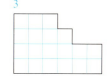

Wir spiegeln ohne Spiegel

Wir wollen Eigenschaften von Spiegelungen herausfinden, damit wir Spiegelbilder von Figuren konstruieren können.

1

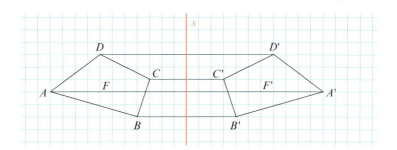

Die Figur F' ist das Spiegelbild der Figur F.

a) Beschreibe die Lage eines Punktes und seines Bildpunktes zur Spiegelgeraden.

b) Wie liegen die Strecken $\overline{AA'}$, $\overline{BB'}$, $\overline{CC'}$ und $\overline{DD'}$ zur Spiegelgeraden?

Konstruktion eines Bildpunktes A' zu einem Punkt A
mit dem Geodreieck bei einer Geradenspiegelung

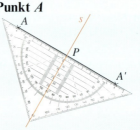

1. Man zeichnet durch den Punkt A die Senkrechte zur Spiegelachse.
2. Der Bildpunkt A' hat von der Spiegelachse s den gleichen Abstand wie A.
$\overline{A'P} = \overline{AP}$

2

Übertrage die Figur F ins Heft. Spiegele die Eckpunkte mit dem Geodreieck an der Geraden s. Bezeichne die Bildpunkte und verbinde diese zur Bildfigur F'.

a)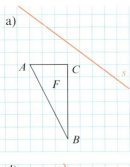

b)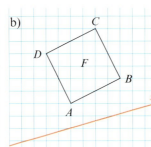

c)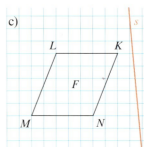

HINWEIS
Liegt ein Punkt A auf der Spiegelgeraden s, so fällt er mit seinem Bildpunkt A' zusammen: $A = A'$.

d)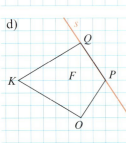

e)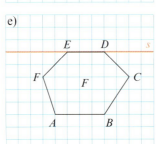

f)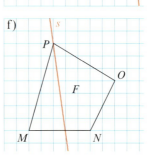

3

Übertrage jeweils die Figur ins Heft und zeichne in die Figur eine Symmetrieachse *s* ein. Spiegele dann die Figur mit dem Geodreieck an der Symmetrieachse *s*. Was stellst du fest?

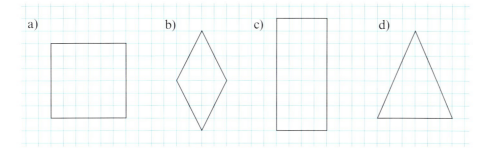

4ᴸ

Nutze für jede Teilaufgabe ein Koordinatensystem mit acht Einheiten auf
beiden Achsen (Einheit: 1 cm bzw. 2 Kästchen).
a) Zeichne das Dreieck mit den Eckpunkten $A(0,5|2,5)$, $B(4|1,5)$, $C(3|6)$.
Zeichne die Gerade *s* durch die Punkte $E(1|0,5)$ und $F(6|5,5)$.
Spiegele das Dreieck ABC an der Geraden *s*.
Bezeichne die Bildpunkte und notiere ihre Koordinaten.
b) Zeichne das Viereck mit den Eckpunkten $A(3|1)$, $B(5,5|2,5)$, $C(5|4)$
und $D(2|4)$.
Zeichne die Gerade *s* durch die Punkte $P(1|2)$ und $Q(6|7)$.
Spiegele das Viereck $ABCD$ an der Geraden *s*.
Bezeichne die Bildpunkte und notiere ihre Koordinaten.

5

Zeichne zwei Punkte A und A' beliebig in dein Heft. Konstruiere dann eine
Spiegelgerade so, dass A' das Bild von A ist. Erläutere deine Konstruktion.

6

Die Figur F soll jeweils so gespiegelt werden, dass der Punkt A' das Spiegelbild des Punktes A ist.
Übertrage zuerst die Figur F und den Bildpunkt A' ins Heft. Konstruiere
dann die Spiegelgerade s. Spiegele nun die Figur F an der Geraden s.

BEACHTE
A' sei der Bildpunkt
eines Punktes A
bei einer Geraden-
spiegelung.
Die Strecke $\overline{AA'}$
ist dann senkrecht
zur Spiegelgeraden s.
Die Spiegelgerade s
halbiert die Strecke
$\overline{AA'}$.

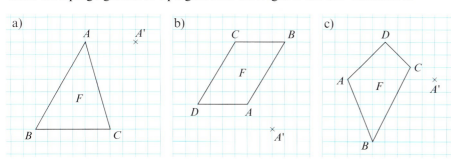

Die Eigenschaften einer Achsenspiegelung

Bei der Konstruktion von Bildpunkten haben wir bereits Eigenschaften einer Achsenspiegelung genutzt:

> Ist A' der Bildpunkt eines Punktes A bei einer Geradenspiegelung, so gilt:
> Die Strecke $\overline{AA'}$ ist senkrecht zur Spiegelgeraden s.
> Die Spiegelgerade s halbiert die Strecke $\overline{AA'}$.
> Man sagt auch: „s ist die **Mittelsenkrechte** der Strecke $\overline{AA'}$."

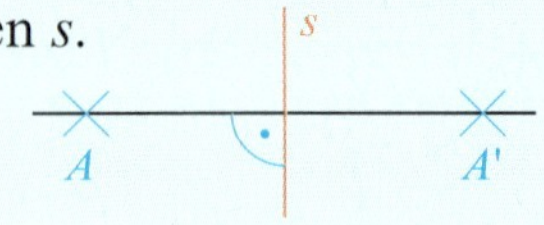

1

Betrachte dich im Spiegel. Vergleiche dein Spiegelbild auch mit einem Foto von dir. Was fällt dir auf?

2

a) Zeichne in ein Koordinatensystem: das Dreieck $A(1|1)$, $B(3|1)$, $C(1|5)$ und die Gerade s durch die Punkte $P(5|1)$ und $Q(0|6)$.

b) Spiegele das Dreieck ABC an der Geraden s und bezeichne die Bildpunkte.

c) Miss die Länge jeder Strecke und der zugehörigen Bildstrecke. Vergleiche die Längen.

d) Miss jeden Winkel im Dreieck ABC und den zugehörigen Bildwinkel. Vergleiche die Winkelgrößen.

TIPP
Wir wollen nun Figuren mit ihren Spiegelbildern vergleichen. Worin stimmen sie überein, worin unterscheiden sie sich eventuell?

> **Vergleich einer Figur F mit ihrem Bild F' bei einer Achsenspiegelung**
> Die Figur F und die Bildfigur F' sind deckungsgleich.
> Das bedeutet z. B.:
> Jede Strecke in der Figur F ist genauso lang wie die entsprechende Strecke im Spiegelbild.
> So ist in nebenstehender Abbildung $\overline{AB} = \overline{A'B'}$ und $\overline{AC} = \overline{A'C'}$.
>
> Jeder Winkel in der Figur F ist genauso groß wie der entsprechende Winkel im Spiegelbild.
> In nebenstehender Abbildung ist dem entsprechend $\alpha = \alpha'$. 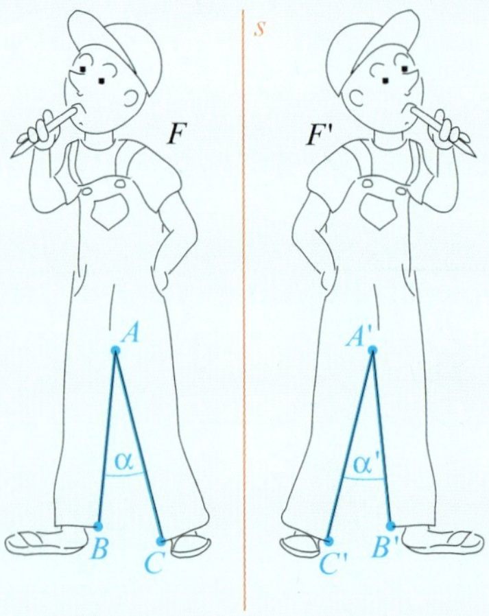
>
> Außerdem gilt:
> Die Figur F und ihr Spiegelbild F' liegen achsensymmetrisch zur Spiegelgeraden s.
> Demnach sind im Spiegelbild die Seiten gegenüber der abgebildeten Figur vertauscht.

BEISPIEL
Die Figur $A'B'C'D'$ ist *nicht* das Bild von $ABCD$ bei
der Achsenspiegelung an s.

Mögliche Begründungen sind:

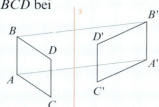

- $\overline{AC}$ und $\overline{A'C'}$ sind nicht gleich lang (oder
  $\overline{BD}$ und $\overline{B'D'}$ sind nicht gleich lang).
- $\overline{AA'}$ ist nicht senkrecht zu s (oder $\overline{BB'}$
  ist nicht senkrecht zu s).

3

Untersuche, ob die Figur F' durch eine Achsenspiegelung an der Spiegelgeraden s aus der Figur F entstanden ist. Begründe deine Entscheidung mit
den Eigenschaften der Achsenspiegelung.

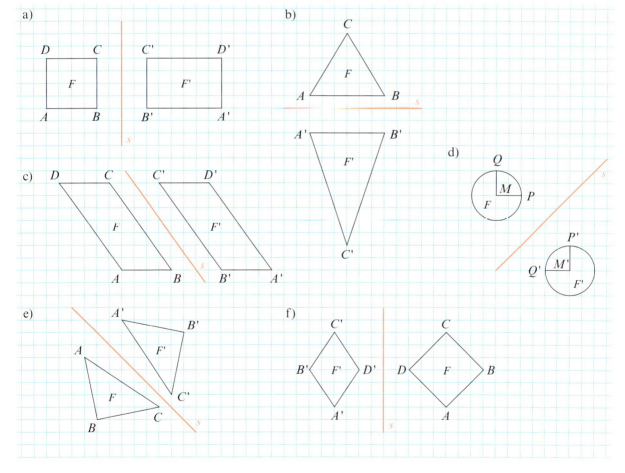

4

a) Zeichne nacheinander die Figuren F und die Spiegelachsen s aus Aufgabe 3 ins Heft. Spiegele jeweils die Figur F mit dem Geodreieck an s.
b) Vergleiche deine Bildfiguren F' mit denen aus Aufgabe 3.

Regelmäßige Vielecke

Ein Dreieck, in dem alle Seiten gleich lang sind, nennt man ein **gleichseitiges Dreieck**.

BEISPIEL
Konstruktion eines gleichseitigen Dreiecks mit der Seitenlänge 2 cm

VORSICHT
Gehe sorgfältig mit dem Zirkel um. Verletzungsgefahr!

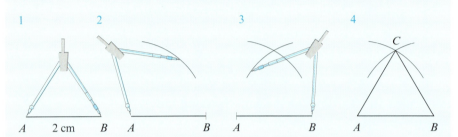

1

a) Konstruiere ein gleichseitiges Dreieck mit der Seitenlänge 4 cm.
b) Miss alle drei Winkel in dem gleichseitigen Dreieck und notiere die Größen.
c) Zeichne alle Symmetrieachsen in das Dreieck ein. Wie viele Symmetrieachsen hat das gleichseitige Dreieck?
d) Konstruiere gleichseitige Dreiecke mit der Seitenlänge 5 cm (6 cm; 8 cm). Welche Eigenschaften haben alle gleichseitigen Dreiecke?

2

a) Zeichne einen Punkt M und um M einen Kreis mit einer Zirkelspanne von 3 cm.
Zeichne auf der Kreislinie einen Punkt A ein.
Konstruiere von A aus mit der Zirkelspanne 3 cm einen Punkt B auf der Kreislinie, danach von B aus einen Punkt C usw. (siehe Randspalte). Wenn du sehr genau arbeitest, gelangst du wieder zum Punkt A.
b) Nach wie vielen Schritten gelangt man wieder zum Punkt A?
c) Verbinde die Punkte A und B, B und C usw. durch Strecken. Welche Figur ist entstanden?
d) Prüfe, ob die Figur **regelmäßig** ist (ob alle Seiten gleich lang sind).
e) Verbinde die Punkte A, B, C usw. jeweils mit dem Punkt M.
Miss die Winkel $\angle BMA$, $\angle CMB$ usw. Vergleiche sie untereinander und mit dem Vollwinkel von 360°.
f) Miss die Seitenlängen der Dreiecke AMB, BMC usw. Was stellst du fest?
g) Zeichne alle Symmetrieachsen in die Figur ein.

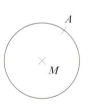

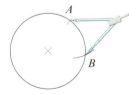

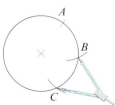

3

Bei Aufgabe 2 entstand ein regelmäßiges Sechseck. Hast du eine Idee, wie man ein regelmäßiges Achteck konstruieren kann? Beachte besonders Aufgabenteil 2 e). Probiere deine Konstruktion aus.

Bei einem **regelmäßigen Vieleck** sind alle Seiten gleich lang. Die Eckpunkte
liegen alle auf einem Kreis.

BEISPIEL
Konstruktion von regelmäßigen Vielecken mithilfe eines Kreises und
der gleich großen Winkel in der Mitte

4-Eck: $360° : 4 = 90°$ **5-Eck:** $360° : 5 = 72°$ **9-Eck:** $360° : 9 = 40°$

4ᴸ

a) Wie groß sind die Winkel in der Mitte bei einem regelmäßigen 3-, 8-, 10-
   bzw. 12-Eck?
b) Konstruiere regelmäßige Vielecke: 4-Eck, 5-Eck, 8-Eck, 9-Eck, 10-Eck
   und 12-Eck.
   Zeichne dazu jeweils einen Kreis mit einer Zirkelspanne von 3 cm.
c) Wie heißt das regelmäßige Viereck?
d) Wie viele Symmetrieachsen haben die gezeichneten Vielecke jeweils?

5

In ein regelmäßiges Sechseck kann man ein regelmäßiges Dreieck einzeichnen (s. Bild 1).
Welche regelmäßigen Vielecke kann man in ein regelmäßiges 12-Eck einzeichnen? Überlege erst und probiere es dann aus.

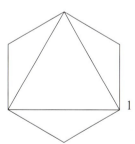

1

6

Kreisfiguren
Zeichne die Figuren im Bild 2 mithilfe eines Zirkels und eines Geodreiecks
nach. Färbe sie bunt aus.

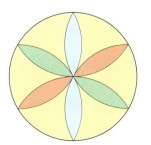
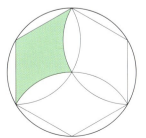
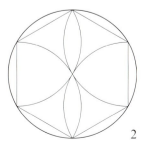

ANREGUNG
Erfinde selbst
Kreisfiguren.

2

ZUSAMMENFASSUNG

Achsensymmetrie

Achsensymmetrische Figuren können so gefaltet werden, dass zwei Teile der Figur genau deckungsgleich sind.
Die Faltgerade nennt man auch Symmetrieachse der Figur.

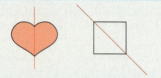

Achsenspiegelung (auch Geradenspiegelung genannt)

Den Bildpunkt A' zu einem Punkt A bei einer Achsenspiegelung kann man mit dem Geodreieck konstruieren:
1. Man zeichnet durch den Punkt A die Senkrechte zur Spiegelachse.
2. Der Bildpunkt A' hat von der Spiegelachse s den gleichen Abstand wie A: $\overline{A'P} = \overline{AP}$.

Eigenschaften einer Achsenspiegelung

Die Strecke $\overline{AA'}$ ist senkrecht zur Spiegelgeraden s.
Die Spiegelgerade s halbiert die Strecke $\overline{AA'}$.
Man sagt auch: „s ist die **Mittelsenkrechte** der Strecke $\overline{AA'}$."
Die Figur F und ihre Bildfigur F' sind deckungsgleich.
Eine Strecke und deren Bildstrecke sind immer gleich lang:
$\overline{AB} = \overline{A'B'}$, $\overline{AC} = \overline{A'C'}$, $\overline{BC} = \overline{B'C'}$.
Ein Winkel und dessen Bildwinkel sind immer gleich groß:
$\alpha = \alpha'$, $\beta = \beta'$, $\gamma = \gamma'$.
Die Figur F und ihr Spiegelbild F' liegen achsensymmetrisch zur Spiegelgeraden s.

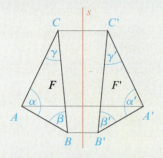

Regelmäßige Vielecke

Bei regelmäßigen Vielecken sind alle Seiten gleich lang.
Die Eckpunkte liegen alle auf einem Kreis.

Das Koordinatensystem

Die Position von Punkten gibt man mithilfe eines Koordinatensystems an.
Das Koordinatensystem besteht aus zwei zueinander senkrechten Achsen –
der x-Achse und der y-Achse.

Der Punkt A hat die Koordinaten $A\,(3\,|\,2)$.
Der Punkt B hat die Koordinaten $B\,(2\,|\,3)$.

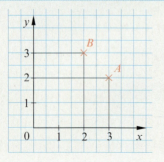

Messen, Darstellen, Berechnen

Wie man Längen, Massen, Zeiten oder Winkel misst, wissen wir schon.
Der Schüler auf dem Foto misst gerade den Umfang einer Büchse.
Wie ermittelt man aber zum Beispiel die Größe der Fläche einer Zimmerdecke, um die richtige Menge Farbe für einen Anstrich einzukaufen?

Oder: Wie bekommt man heraus, wie viel Wasser in einem Aquarium ist (ohne es auszugießen)? Das ist nämlich notwendig, um zu wissen, wie viele Fische im Aquarium leben können.

Wir werden sehen, dass uns neben Messen oft auch Rechnen hilft.

Längenmessung und Umfang

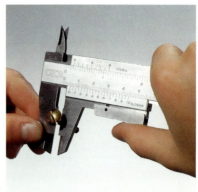

1   2   3

1

a) Auf den Bildern 1 und 2 sowie auf Seite 213 werden Längen gemessen.
Wie und mit welchen Messgeräten werden die Längen gemessen?
Wie genau kann dabei jeweils die Länge abgelesen werden?

b) Auf dem Bild 3 wird eine Länge angegeben, auch wenn man etwas anderes vermuten könnte. Begründe, wieso es sich um eine Längenangabe handelt. Kannst du die Länge ungefähr in Kilometer angeben?

BEACHTE
Man spricht auch von einer „Länge", wenn die Breite, Höhe oder Dicke eines Gegenstandes gemessen wird.

2

Schätze die folgenden Längen und miss dann mit einem Messgerät.

a) Dicke eines Pfennigs
b) Länge und Breite deines Mathematikbuches
c) Höhe deines Tisches
d) Länge, Breite und Höhe einer Streichholzschachtel
e) Breite und Länge des Klassenraumes

Wir wissen bereits:
Messen heißt Vergleichen. Das Vergleichsmaß für Längen ist der Meter (1 m) oder ein Teil davon.
Die Angabe einer Länge besteht aus einem Zahlenwert und einer Einheit.
BEISPIEL: Die Länge *l* des Tisches beträgt 1,45 m.

In der Technik wird zur Längenmessung häufig eine Schieblehre (Bild 2) oder eine Mikrometerschraube (Bild 4) benutzt. Mit einer Schieblehre kann man bis auf 0,1 mm genau messen, mit einer Mikrometerschraube sogar bis auf 0,01 mm genau.

4

Mikrometerschraube

3

Unter a) bis f) sind typische Längenangaben wiedergegeben, wie man sie beim Einkauf auf Artikeln oder in Katalogen findet.
Versuche die Längenangaben zu lesen.

a) Stahlnägel 2,0 × 50 **b)** Wasserhahnanschluss 1″ **c)** Hutgröße 58
d) Jeans 34/38 **e)** Klebeband-Rolle 2,75 m/38 mm **f)** Monitor 14″

INFORMATION
1 (englisches) Zoll wird mit 1″ bezeichnet.
1″ = 25,4 mm

4

Ein Zug fährt mit einer durchschnittlichen Geschwindigkeit von 120 Kilometer pro Stunde. Welche Strecke legt er in der angegebenen Zeit zurück?

a) 3 h   **b)** $\frac{1}{2}$ h   **c)** 20 min   **d)** 5 min   **e)** 1 min

BEACHTE
Bei gleichmäßiger Geschwindigkeit wird in gleichen Zeitabständen immer die gleiche Strecke zurückgelegt. Deshalb kann man eine Länge auch durch eine Zeit beschreiben.

5

Der Abstand von zwei Markierungspfosten an der Autobahn beträgt 50 Meter. Wenn ein Auto für diesen Abstand genau 2 Sekunden benötigt, welche Strecke legt es dann in den folgenden Zeiten zurück?

a) 4 s   **b)** 10 s   **c)** 1 min   **d)** 20 min   **e)** 1 h

6

Die Apollo-Astronauten haben 1969 mit einem Spiegel nachgewiesen, dass Laserlicht von der Erde zum Mond und zurück 2,56 s benötigt. Das Licht legt in einer Sekunde rund 300 000 km zurück.
Wie groß ist der Abstand Erde – Mond?

7 L

Der Kartenausschnitt zeigt das beliebte Wandergebiet um den Liepnitzsee im Land Brandenburg. Es ist im Maßstab 1 : 50 000 gezeichnet.
Das bedeutet: 1 cm auf der Karte entspricht 50 000 cm bzw. 500 m in der Wirklichkeit.

a) Wie groß ist die Strecke in Wirklichkeit, wenn sie auf der Karte 1 mm, 4 mm, 2 cm, 3,2 cm, 5,7 cm beträgt?

b) Welche Länge hat auf der Karte eine Strecke, die 100 m, 250 m, 750 m, 2 350 m lang ist?

c) Wie lang ist etwa der Weg von *A* nach *B*, von *A* nach *C* und von *B* nach *C* in Wirklichkeit?

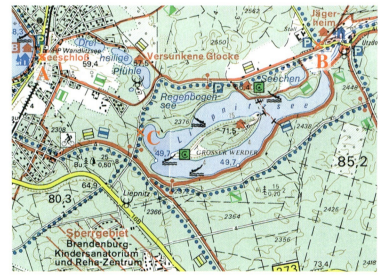

8 L

a) Ein Segelschiff legt am ersten Tag 30 Seemeilen, am zweiten Tag 23 Seemeilen und am dritten Tag 12 Seemeilen zurück.
Wie viele Kilometer hat das Schiff an den einzelnen Tagen zurückgelegt? Wie groß ist die Gesamtstrecke?

b) Ein Segelschiff fährt 2 Stunden lang mit einer Geschwindigkeit von 8 Knoten. Dann kommt ein stärkerer Wind und es kann 1 Stunde lang mit 13 Knoten fahren. Welche Strecke hat das Schiff in den ersten beiden Stunden, in der dritten Stunde und insgesamt zurückgelegt?

INFORMATION
Eine Seemeile hat die Länge von 1 852 m. Wenn das Schiff pro Stunde eine Seemeile zurücklegt, so beträgt die Geschwindigkeit 1 Knoten.

9

Miss mit einem Bandmaß den Umfang verschiedener Dinge.
a) Dosen (runde und eckige)
b) Bälle (Tennis-, Fuß-, Medizinball)
c) Körperteile: Kopf, Hals, Oberarm, Unterschenkel, Bauch
d) kantige Körper (z. B. verschieden große Spielwürfel, Schulranzen)

SCHON GEWUSST?
Der Umfang der Erde beträgt ca. 40 000 km.

10

Ermittle den Umfang der folgenden Figuren.

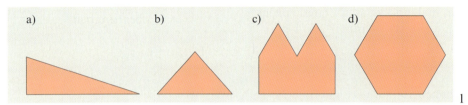

a)   b)   c)   d)

1

11 L

Zeichne die Punkte in ein Koordinatensystem (Einheit: 1 cm). Verbinde sie der Reihe nach (den letzten Punkt mit A). Ermittle jeweils den Umfang.
a) $A(0|1)$, $B(1|3)$, $C(5|3)$, $D(4|1)$
b) $A(2|4)$, $B(4|2)$, $C(2|0)$, $D(0|2)$
c) $A(1|1)$, $B(3|1)$, $C(3|5)$, $D(2|5)$, $E(2|3)$, $F(1|3)$

12

a) Das Rechteck im Bild 2 wird von 12 Streichhölzern gebildet. Lege weitere Rechtecke aus 12 Streichhölzern.
b) Versuche alle Möglichkeiten zu finden. Zeichne die entsprechenden Rechtecke ins Heft (Streichholzlänge 1 cm).
c) Kann man damit auch ein Quadrat legen?

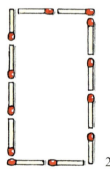

2

13

In einem neuen Einkaufszentrum werden große, rechteckige Glasscheiben eingesetzt und rundherum verfugt. Jede Scheibe ist 4 m lang und 2 m hoch. Wie lang ist die Fuge einer Scheibe? Wie viel Meter Fugenmaterial benötigt man, wenn insgesamt sechs Scheiben eingesetzt werden?

14

Jörn möchte aus Holzleisten Rahmen für Poster basteln. Welche Leistenlänge benötigt er für einen Rahmen von 40 cm × 50 cm (50 cm × 60 cm)?

15

a) Zeichne ein Rechteck mit den Seitenlängen $a = 6$ cm und $b = 4$ cm. Wie lang ist der Umfang des Rechtecks?
b) Zeichne ein Quadrat mit demselben Umfang wie das Rechteck aus a).

Der **Umfang** eines Rechtecks oder Quadrats lässt sich leicht berechnen, wenn man die Seitenlängen kennt.
Der Umfang ist jeweils die Summe aller vier Seitenlängen.

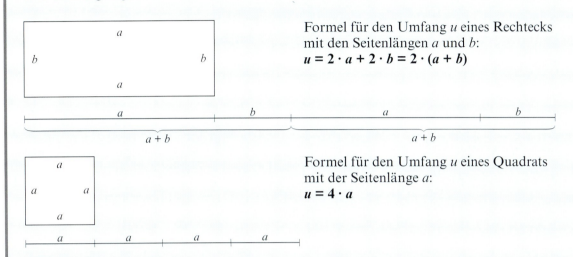

Formel für den Umfang u eines Rechtecks
mit den Seitenlängen a und b:
$$u = 2 \cdot a + 2 \cdot b = 2 \cdot (a + b)$$

Formel für den Umfang u eines Quadrats
mit der Seitenlänge a:
$$u = 4 \cdot a$$

16

Berechne den Umfang u der Rechtecke.
a) $a = 4$ cm, $b = 5$ cm   **b)** $a = 8$ cm, $b = 11$ cm **c)** $a = 3$ dm, $b = 8$ dm
d) $a = 85$ cm, $b = 45$ cm   **e)** $a = 10$ m, $b = 50$ m   **f)** $a = 18$ cm, $b = 32$ cm
g) $a = 1{,}20$ m, $b = 0{,}70$ m **h)** $a = 50$ cm, $b = 2$ m   **i)** $a = 2{,}5$ dm, $b = 30$ cm

17

Berechne den Umfang u der Quadrate.
a) $a = 6$ cm   **b)** $a = 12$ cm   **c)** $a = 25$ cm   **d)** $a = 4$ dm   **e)** $a = 1{,}5$ dm
f) $a = 9$ m   **g)** $a = 32$ m   **h)** $a = 2$ km   **i)** $a = 1{,}8$ km   **j)** $a = 3{,}70$ m

18ᴸ

Gegeben ist der Umfang u und eine Seitenlänge eines Rechtecks. Berechne
die Länge der anderen Seite.
a) $a = 3$ cm, $u = 16$ cm **b)** $a = 5$ cm, $u = 26$ cm **c)** $b = 24$ cm, $u = 70$ cm
d) $b = 2$ dm, $u = 12$ dm **e)** $a = 9$ m, $u = 20$ m   **f)** $b = 20$ m, $u = 80$ m
g) $a = 3$ dm, $u = 2$ m   **h)** $b = 6$ cm, $u = 9$ dm   **i)** $b = 1{,}5$ m, $u = 5{,}50$ m

19

Berechne aus dem Umfang u die Seitenlänge des Quadrats.
a) $u = 16$ cm   **b)** $u = 36$ cm   **c)** $u = 80$ cm   **d)** $u = 1$ m   **e)** $u = 500$ m

20

Ein Rechteck hat einen Umfang von 36 cm. Die längeren Seiten sind doppelt so lang wie die kürzeren. Wie lang sind die Seiten?

RING
MIT ECKEN?
Ein „Boxring" hat eine
quadratische Form
(etwa 6 m × 6 m) und
wird von 3 Seilen
rundherum umspannt.
Berechne die Gesamt-
länge der Seile.

BEISPIEL
Gegeben ist ein Recht-
eck mit $u = 14$ cm,
$a = 2$ cm.
Gesucht ist die Länge
der anderen Seite,
hier also b.
$a + b$ ist im Rechteck
immer der halbe
Umfang.
Also: $a + b = 7$ cm.
Mit $a = 2$ cm:
2 cm + b = 7 cm bzw.
$b = 7$ cm – 2 cm = 5 cm.

Flächeninhalt von Rechtecken

1

Zur Zeit des Goldrauschs war es üblich, dass die Goldgräber ein bestimmtes Gebiet (Claim) zum Schürfen erhielten. In Goldcity hatte jeder das Recht, sich mit einem 100 m langen Seil einen rechteckigen Claim abzustecken. Bild 1 zeigt die beiden Goldgräber John und Tom mit ihren Claims. Wer von beiden ist cleverer?

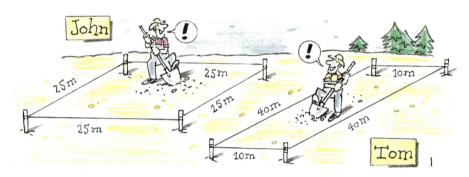

1

Obwohl die Rechtecke in Aufgabe 1 denselben Umfang besitzen, sind ihre Flächen verschieden groß.

2

Mit 400 m Weidedraht soll eine rechteckige Koppel abgesteckt werden.
a) Gib verschiedene Möglichkeiten für die Seitenlängen an.
b) Bei welchen Seitenlängen ist die Koppel am größten?

3

Aufgabe mit der ganzen Klasse auf dem Schulhof:
Versucht, mit einem 20 m langen Seil eine möglichst große rechteckige Fläche einzuschließen. Welche Fläche ist von allen möglichen am größten? Lässt sich auch eine kleinste Fläche finden?

4

Peters Vater legt die Terrasse mit quadratischen Platten aus (s. Bild 2). Wie viele Platten benötigt er für die ganze Terrasse?

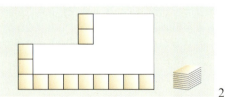

2

Wir können die Größe einer Fläche messen, indem wir sie mit gleich großen Teilen auslegen. Besonders geeignet sind dabei Quadrate: z. B. Rechenkästchen im Heft oder Platten im Freien.
Nebenstehendes Beispiel zeigt das Messen der Größe einer Dreiecksfläche.
Bei besonders kleinen oder großen Flächen wählt man entsprechend kleine oder große Quadrate.

TIPPS ZU DEN AUFGABEN

Aufgabe 1
Zeichne beide Rechtecke ins Heft (1 cm ≙ 10 m). Überlege, wie man die Größen der Rechteckflächen vergleichen kann.
Versuche beide Rechtecke zu zerlegen.

Aufgabe 2 b
Probiere im Heft mit maßstabgerechten Zeichnungen (z. B. 1 cm ≙ 25 m).

Aufgabe 3
Ist euer Schulhof mit Platten ausgelegt, so zählt die Platten in den Rechtecken. Liegen keine Platten, so zeichnet vorher mit Kreide ein Quadratgitter auf den Schulhof (Kantenlänge der Quadrate 1 m).

BEISPIEL

6 ganze Kästchen
+ 4 halbe Kästchen
——————————————
8 ganze Kästchen

5

Ermittle die Größe der Flächen durch Abzählen der Kästchen.

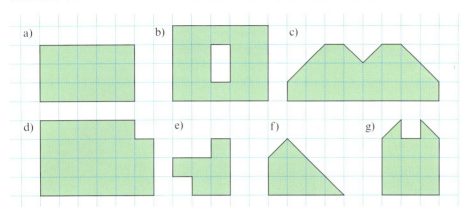

TANGRAM
Vergleiche die beiden Figuren. Welcher Flächeninhalt ist größer? Begründe.

6

Zeichne die Vierecke *ABCD*, *EFGH*, *IJKL* und *MNOP* jeweils in ein Koordinatensystem (Einheit 1 cm). Vergleiche dann die Größen ihrer Flächen. Schätze erst und zerlege dann geschickt in ganze und halbe Kästchen.

$A(1|1)$, $B(3|1)$, $C(5|3)$, $D(3|3)$ $\quad E(2|1)$, $F(4|1)$, $G(4|3)$, $H(2|3)$
$I(0|0)$, $J(1|0)$, $K(3|2)$, $L(0|2)$ $\quad M(0|2)$, $N(1|1)$, $O(3|3)$, $P(2|4)$

> Zwei Flächen sind gleich groß, wenn man sie mit derselben Anzahl gleich großer Quadrate auslegen kann.
> Wir sagen dann: „Die beiden Flächen haben denselben **Flächeninhalt A**."

Die Kästchen im Heft sind nicht immer günstig, um damit Flächen zu messen oder zu vergleichen. Denke z. B. an sehr große oder sehr kleine Flächen. Je nach Größe der Fläche verwendet man häufig so genannte Einheitsquadrate von 1 mm, 1 cm, 1 dm, 1 m, 10 m, 100 m oder 1 km Seitenlänge.

Einheitsquadrat von 1 cm Seitenlänge mit einem Flächeninhalt von 1 cm²:

| 1 cm² | 1 cm |

1 cm

Einheiten des Flächeninhalts

Einheitsquadrat von	Name der Einheit	Zeichen	Flächeninhalt
1 mm Seitenlänge	Quadratmillimeter	mm²	1 mm²
1 cm Seitenlänge	Quadratzentimeter	cm²	1 cm²
1 dm Seitenlänge	Quadratdezimeter	dm²	1 dm²
1 m Seitenlänge	Quadratmeter	m²	1 m²
10 m Seitenlänge	Ar	a	1 a
100 m Seitenlänge	Hektar	ha	1 ha
1 km Seitenlänge	Quadratkilometer	km²	1 km²

Messen des Flächeninhalts

Man stellt fest, wie oft ein Einheitsquadrat in die Fläche passt. Die Anzahl der Einheitsquadrate ist der Zahlenwert des Flächeninhalts.

INFORMATION
Die Einheiten Ar (a) und Hektar (ha) werden zur Angabe der Größe von Grundstücken, Äckern und Ländereien benutzt.

BEISPIELE
Um den Flächeninhalt des nebenstehenden Rechtecks zu ermitteln, zerlegen wir es in Einheitsquadrate von 1 cm Seitenlänge.
Es lässt sich in 6 Quadrate von jeweils 1 cm² Flächeninhalt zerlegen.
Sein Flächeninhalt A beträgt demnach: $A = 6 \cdot 1$ cm² $= 6$ cm².

1 cm²	1 cm²	1 cm²
1 cm²	1 cm²	1 cm²

Vier Rechenkästchen haben zusammen einen Flächeninhalt von 1 cm².

Der Flächeninhalt eines Rechenkästchens ist $A = \frac{1}{4} \cdot 1$ cm² $= \frac{1}{4}$ cm².

7 L

Zeichne die Rechtecke mit den angegebenen Maßen ins Heft. 1 K bedeutet dabei die Breite bzw. Höhe eines Kästchens.
Zerlege die Rechtecke in Quadrate von 1 cm Kantenlänge und gib den Flächeninhalt der Rechtecke in Quadratzentimetern an.
a) 12 K × 2 K   **b)** 10 K × 4 K   **c)** 8 K × 8 K   **d)** 14 K × 6 K

TIPP
Zerlege die Rechtecke zunächst in Streifen der Höhe 1 cm.
Zerlege dann jeden Streifen in Quadrate der Breite 1 cm.

8

Zeichne die Rechtecke mit den gegebenen Maßen auf Millimeterpapier.
Ermittle ihren Flächeninhalt in Quadratmillimetern.
a) 10 mm × 5 mm **b)** 8 mm × 5 mm   **c)** 9 mm × 7 mm   **d)** 12 mm × 14 mm

9 L

Wie groß ist der Flächeninhalt
a) einer Tischplatte 7 dm × 14 dm,   **b)** eines Klassenraumes 8 m × 15 m,
c) eines Waldstücks 2 km × 3 km,   **d)** der abgebildeten Briefmarke?

10

Zeichne drei verschiedene Rechtecke mit dem Flächeninhalt $A = 24$ cm².

11

Eine 1,10 m × 1,80 m große Wand soll mit Fliesen der Größe 10 cm × 10 cm beklebt werden. Fertige dazu eine Zeichnung an (1 Fliese ≙ 1 Kästchen).
Wie viele Fliesen werden benötigt (ohne Berücksichtigung der Fugen)?
Erläutere das Vorgehen bei der Berechnung der Fliesenanzahl.

Die Aufgabe 11 liefert uns eine Idee für das Ermitteln von Flächeninhalten:
Statt die Einheitsquadrate abzuzählen berechnet man ihre Anzahl.

12

Erläutere an einer Zeichnung:
Ein Rechteck mit Seitenlängen von 7 cm und 5 cm lässt sich in $7 \cdot 5 = 35$ Einheitsquadrate von 1 cm² zerlegen. Sein Flächeninhalt beträgt $A = 35$ cm².

Sind die Länge a und die Breite b eines Rechtecks in derselben Einheit gegeben, so kann man dessen Flächeninhalt nach einer Formel berechnen. Für $a = b$ erhält man eine Formel für den Flächeninhalt des Quadrats.

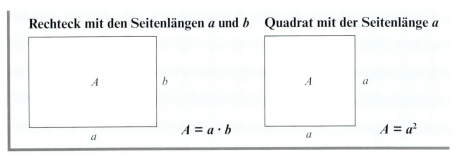

Rechteck mit den Seitenlängen a und b $A = a \cdot b$	**Quadrat mit der Seitenlänge a** $A = a^2$

MERKE
Flächeninhalt des Rechtecks:
Länge mal Breite.

BEISPIELE
Flächeninhalt eines Rechtecks mit $a = 19$ dm und $b = 9$ dm
$A = a \cdot b$
$\quad = 19 \text{ dm} \cdot 9 \text{ dm}$ Überschlag: $20 \cdot 10 = 200$
$\quad = 171 \text{ dm}^2$ Nebenrechnung: $19 \cdot 9 = 171$

Flächeninhalt eines Quadrats mit $a = 3,6$ cm
$A = a^2$
$\quad = 3,6 \text{ cm} \cdot 3,6 \text{ cm}$ Überschlag: $4 \cdot 4 = 16$ (besser: $4 \cdot 3 = 12$)
$\quad = 12,96 \text{ cm}^2$ Nebenrechnung: $3,6 \cdot 3,6 = 12,96$

HINWEIS
Die Formeln können auch angewendet werden, wenn die Zahlenwerte der Längen gebrochene Zahlen sind.

13

Berechne den Flächeninhalt A der Rechtecke.
a) $a = 8$ mm, $b = 12$ mm   **b)** $a = 6$ cm, $b = 15$ cm   **c)** $a = 3$ dm, $b = 8$ dm
d) $a = 5$ m, $b = 12$ m   **e)** $a = 1$ km, $b = 2$ km   **f)** $a = 15$ cm, $b = 12$ cm
g) $a = 11$ mm, $b = 17$ mm   **h)** $a = 25$ m, $b = 110$ m   **i)** $a = 8$ km, $b = 9$ km
j) $a = 1,5$ cm, $b = 2,5$ cm   **k)** $a = 2,5$ m, $b = 5,2$ m   **l)** $a = 3,5$ dm, $b = 4,8$ dm

Achte immer darauf, dass beim Rechteck Länge und Breite in derselben Einheit angegeben sind.

14

Berechne den Flächeninhalt A der Quadrate.
a) $a = 5$ mm   **b)** $a = 12$ cm   **c)** $a = 3$ dm   **d)** $a = 5$ m
e) $a = 35$ cm   **f)** $a = 4$ dm   **g)** $a = 70$ m   **h)** $a = 2$ km
i) $a = 2,5$ cm   **j)** $a = 4,3$ m   **k)** $a = 12,4$ dm   **l)** $a = 6,5$ km

HILFE
für Aufgabe 15:
Ein Quadratdezimeter kann in 10 mal 10 Quadrate der Größe 1 cm^2 zerlegt werden. (Siehe Abbildung auf dem hinteren Innendeckel.)
Genauso lässt sich ein Quadratmeter in 100 Quadrate der Größe 1 dm^2 aufteilen.

15

a) Wie viel Quadratzentimeter hat ein Quadratdezimeter?
b) Wie viel Quadratdezimeter hat ein Quadratmeter? Wie viel Quadratzentimeter sind das?
c) Ein Quadrat von 100 m Seitenlänge wird in 100 gleich große Quadrate zerlegt. Welchen Flächeninhalt haben die gleich großen Quadrate?

Jedes Einheitsquadrat kann man in $10 \cdot 10 = 100$ Einheitsquadrate der nächstkleineren Flächeneinheit zerlegen (falls es eine kleinere Einheit gibt).

Zusammenhänge zwischen den Einheiten des Flächeninhalts

1 km² = 100 ha   Umrechnungszahl: 100
          1 ha = 100 a
                    1 a = 100 m²
                              1 m² = 100 dm²
                                        1 dm² = 100 cm²
                                                  1 cm² = 100 mm²

1 cm
1 cm
1 mm²

$1 \text{ cm}^2 = 10 \cdot 10 \cdot 1 \text{ mm}^2$
$= 100 \text{ mm}^2$

BEISPIELE

Umwandeln in kleinere Einheiten

· 100

5 dm² = 500 cm²

Umwandeln in größere Einheiten

240 000 m² = 2 400 a = 24 ha

: 100   : 100

16

Rechne in die angegebenen Einheiten um.
a) in mm²: 2 cm², 7 cm², 34 cm²
b) in cm²: 3 dm², 25 dm², 800 mm²
c) in dm²: 4 m², 50 m², 650 cm²
d) in m²: 2 a, 45 a, 340 dm²
e) in a: 5 ha, 34 ha, 930 m²
f) in ha: 2 km², 12 km², 870 a
g) in m²: 7 a, 33 a, 158 a, 9,9 a
h) in ha: 3 km², 69 km², 5 600 a
i) in a: 76 ha, 400 m², 6 200 m²
j) in m²: 300 dm², 4 500 dm², 80 dm²

ERINNERE DICH
Wenn die Einheit kleiner wird, musst du mit der Umrechnungszahl multiplizieren, dann wird der Zahlenwert größer.
Wenn die Einheit größer wird, musst du durch die Umrechnungszahl dividieren, dann wird der Zahlenwert kleiner.

17

Rechne in die nächstgrößere Einheit um.
a) 300 mm², 5 800 mm², 3 200 mm², 7 000 mm², 80 mm², 510 mm², 21 800 mm²
b) 8 400 cm², 600 cm², 2 000 cm², 1 340 cm², 4 200 cm², 50 cm², 42 300 cm²
c) 500 dm², 9 300 dm², 1 800 dm², 72 100 dm², 560 dm², 8 000 dm², 60 dm²
d) 1 300 m², 400 m², 230 m², 6 500 m², 70 m², 15 200 m²
e) 6 000 a, 34 500 a, 200 a, 370 a, 1 200 a, 40 a, 8 900 a
f) 2 800 ha, 12 700 ha, 90 ha, 410 ha, 4 650 ha, 2 000 ha, 700 ha

18

Berechne den Flächeninhalt der Rechtecke.
Wandle vorher die Längeneinheiten geschickt um.
a) a = 6 dm, b = 15 cm
b) a = 2 cm, b = 25 mm
c) a = 3 m, b = 3 dm
d) a = 5 mm, b = 2 cm
e) a = 12 cm, b = 2 dm
f) a = 2 m, b = 3 dm
g) a = 4 m, b = 50 cm
h) a = 1 m, b = 5 cm
i) a = 2 m, b = 2 mm

BEISPIELE
$a = 3 \text{ dm} = 30 \text{ cm}$
$b = 6 \text{ cm}$
$A = 30 \text{ cm} \cdot 6 \text{ cm}$
$= 180 \text{ cm}^2$

19ᴸ

Berechne von den Rechtecken die fehlende Seite und den Umfang u.
a) a = 4 mm, A = 68 mm²
b) a = 11 cm, A = 99 cm²
c) b = 2 dm, A = 10 dm²
d) a = 17 m, A = 306 m²
e) b = 8 km, A = 96 km²
f) a = 15 cm, A = 6 dm²
g) b = 5 m, A = 10 a
h) a = 40 m, A = 1 ha

$a = 5 \text{ cm}, A = 75 \text{ cm}^2$
$A = a \cdot b$ bzw.
$b = A : a$
$b = 75 \text{ cm}^2 : 5 \text{ cm}$
$= 15 \text{ cm}$

20

Arbeite gemeinsam mit anderen Schülerinnen und Schülern.
a) Steckt auf dem Schulhof eine Fläche von der Größe 1 a ab.
b) Ermittelt durch Abmessen und Berechnen die Fläche von eurem Klassenraum, eurem Tisch, der Turnhalle, einem Schwimmbecken.
c) Gebt Flächen aus eurer Umgebung an, die etwa die Größe 1 m² (1 a, 10 a, 1 km²) besitzen.

21

Miss und ermittle den Flächeninhalt. Zerlege in Gedanken in Rechtecke.

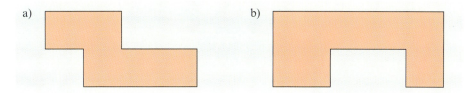

a)

b)

22^L

Zeichne die durch ihre Eckpunkte gegebenen Figuren in ein Koordinatensystem (Einheit 1 cm). Ermittle ihren Flächeninhalt.
a) $A(1|1)$, $B(7|1)$, $C(7|4)$, $D(5|4)$, $E(5|7)$, $F(1|7)$
b) $A(1|2)$, $B(6|2)$, $C(6|6)$, $D(5|6)$, $E(5|3)$, $F(3|3)$, $G(3|6)$, $H(1|6)$
c) $A(2|0)$, $B(7|0)$, $C(7|1)$, $D(5|1)$, $E(5|4)$, $F(7|4)$, $G(7|5)$, $H(0|5)$, $I(0|4)$, $J(2|4)$

23

Berechne die Größe der Grundstücke.

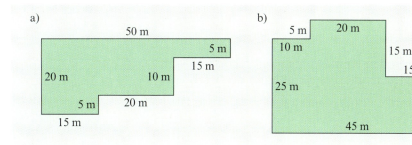

a)

50 m
5 m
15 m
20 m
10 m
5 m
20 m
15 m

b)

5 m
20 m
10 m
15 m
15 m
25 m
15 m
45 m

24

Ein Grundstück mit der Größe 4 a hat eine Breite von 16 m.
a) Wie lang ist das Grundstück? Wie lang ist die Grundstücksgrenze?
b) Auf das Grundstück werden ein Haus mit 120 m² Grundfläche sowie eine Garage mit 18 m² gebaut. Wie groß ist die Fläche für den Garten?
c) Die Hälfte des Gartens soll mit einem Rasen versehen werden. Wie groß ist die Fläche des Rasens?

SCHON GEWUSST?
Bei Bauern gibt es die Flächeneinheit
1 Morgen = 25 a
= 2 500 m²,
das bedeutet:
1 ha = 4 Morgen
= 10 000 m².
Hast du eine Erklärung, woher der Name kommen könnte?

FÜR SCHACHSPIELER
Ein Schachbrett (ohne Rahmen) ist
40 cm × 40 cm groß.
a) Wie groß ist die Fläche, auf der zu Beginn Figuren stehen?
b) Wie groß ist die Gesamtfläche der weißen Felder, auf der zu Beginn keine Figuren stehen?

Oberflächeninhalt von Quadern und Würfeln

1

Das Bild 1 zeigt ein Quadernetz.

a) Wie groß sind die Länge, Breite und Höhe des Quaders?

b) Beschreibe die Lage jeder einzelnen Fläche zur Grundfläche (rot) nach dem Zusammenbauen.

c) Berechne die Flächeninhalte aller Rechteckflächen.
Welche Flächen sind gleich groß?

d) Berechne die Summe aller Flächeninhalte.
Welche Bedeutung hat diese Summe für den Quader?

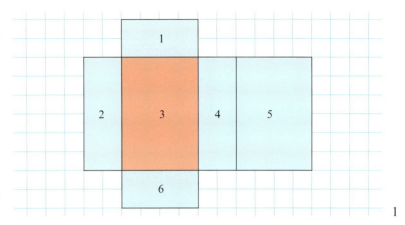

1

Die sechs Flächen eines Quaders bilden seine **Oberfläche.**

2

Nicole will für ihre Großmutter eine Zeitschriftenbox basteln. Dazu möchte sie eine geschlossene Schachtel mit kostbarem italienischen Papier bekleben. Die Schachtel ist 40 cm lang, 30 cm breit und 10 cm hoch. Es sollen nur die Außenflächen beklebt werden.

a) Zeichne ein Quadernetz (1 cm im Heft für 10 cm), und berechne die Größe aller Flächen.

b) Wie viel Papier benötigt sie für eine Schachtel?

c) Nicole hat insgesamt 1 m^2 Papier. Kann sie damit noch eine zweite gleichartige Schachtel bekleben?

d) Versuche auch ohne Zeichnen eines Netzes eine Methode anzugeben, die Größe der Oberfläche des Quaders auszurechnen.

3

Zeichne das Netz eines Quaders mit den Kantenlängen $a = 5$ cm, $b = 3$ cm und $c = 2$ cm. Berechne und vergleiche alle Flächeninhalte der Rechteckflächen.

4

Für eine Aufführung bauen die Schülerinnen und Schüler der Theatergruppe einen großen Würfel mit der Kantenlänge 2 m. Er muss noch mit Farbe bemalt werden. Sie haben einen Rest, der für 20 m^2 reicht. Genügt das?

5

a) Zeichne das Netz eines Würfels mit der Kantenlänge $a = 2$ cm.

b) Wodurch unterscheiden sich die Netze von Würfel und Quader?

c) Wie lässt sich der Gesamtflächeninhalt des Netzes mit a ausdrücken?

Formeln für den Oberflächeninhalt

Quader

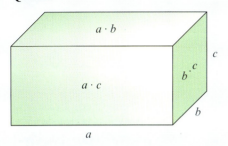

Würfel

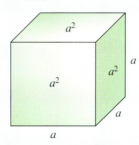

$A = 2 \cdot a \cdot b + 2 \cdot a \cdot c + 2 \cdot b \cdot c$
$\quad = 2 \cdot (a \cdot b + a \cdot c + b \cdot c)$

$A = 6 \cdot a^2$

BEACHTE

Jeweils zwei Flächen, die sich am Quader gegenüber liegen, haben denselben Flächeninhalt, der sich mit der Rechteckformel berechnen lässt.

Jeder Würfel ist ein Quader.

BEISPIELE
Oberflächeninhalt eines Quaders mit $a = 20$ cm, $b = 30$ cm, $c = 15$ cm
$A = 2 \cdot a \cdot b + 2 \cdot a \cdot c + 2 \cdot b \cdot c$
$A = 2 \cdot 20$ cm $\cdot 30$ cm $+ 2 \cdot 20$ cm $\cdot 15$ cm $+ 2 \cdot 30$ cm $\cdot 15$ cm
$\quad = 2 \cdot 600$ cm^2 $+ 2 \cdot 300$ cm^2 $+ 2 \cdot 450$ cm^2
$\quad = 1\,200$ cm^2 $+ 600$ cm^2 $+ 900$ cm^2 $= 2\,700$ cm^2 $= 27$ dm^2
Der Quader hat einen Oberflächeninhalt von 27 dm^2.

Oberflächeninhalt eines Würfels mit $a = 7$ cm
$A = 6 \cdot a^2$
$A = 6 \cdot 7$ cm $\cdot 7$ cm $= 6 \cdot 49$ cm^2 $= 294$ cm^2
Der Würfel hat einen Oberflächeninhalt von 294 cm^2.

6^L

Berechne den Oberflächeninhalt A des Quaders.
a) $a = 4$ cm, $b = 3$ cm, $c = 5$ cm   **b)** $a = 15$ cm, $b = 6$ cm, $c = 25$ cm
c) $a = 3$ m, $b = 10$ m, $c = 5$ m   **d)** $a = 6$ dm, $b = 2$ dm, $c = 8$ dm
e) $a = 1$ dm, $b = 5$ cm, $c = 4$ mm   **f)** $a = b = 5$ cm, $c = 2$ dm

TIPP

Sind die Kantenlängen mit unterschiedlichen Einheiten gegeben, so rechne erst alle Längen in dieselbe Einheit um.

7

Berechne den Oberflächeninhalt A des Würfels.
a) $a = 2$ cm   **b)** $a = 6$ cm   **c)** $a = 12$ cm   **d)** $a = 25$ cm   **e)** $a = 50$ cm
f) $a = 4$ mm   **g)** $a = 10$ mm   **h)** $a = 3$ dm   **i)** $a = 12$ dm   **j)** $a = 11$ m

8^L

Von einem Würfel ist nur der Oberflächeninhalt A bekannt. Berechne die Kantenlänge a.
a) $A = 24$ cm^2 **b)** $A = 216$ cm^2 **c)** $A = 600$ cm^2
d) $A = 1\,350$ cm^2 **e)** $A = 486$ cm^2 **f)** $A = 96$ m^2
g) $A = 294$ dm^2 **h)** $A = 1,50$ dm^2 **i)** $A = 6$ a

BEISPIEL
$A = 54$ cm^2
$a^2 = A : 6 = 54$ cm^2 : 6
$\quad = 9$ cm^2
$a = 3$ cm

9

a) Stelle dir vor: Drei Würfel mit der Kantenlänge $a = 1$ cm sind übereinander zu einem Quader zusammengesetzt.
Wie groß ist der Oberflächeninhalt des Quaders?

b) Welche besondere Form hat dieser Quader?

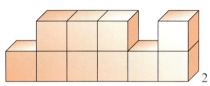
1

10

a) Zeichne das Netz eines Quaders mit den Maßen $a = b = 2$ cm, $c = 3$ cm.

b) Man nennt einen solchen Quader auch „quadratische Säule". Warum?

c) Berechne den Oberflächeninhalt A des Quaders.
Welche Vereinfachung ergibt sich hier bei der Berechnung?

d) Nenne Beispiele für quadratische Säulen aus deiner Umgebung.

ZUM KNOBELN
Auf einer Ecke eines Würfels mit der Kantenlänge 4 cm sitzt eine Spinne. Auf der Ecke genau gegenüber sitzt eine Fliege. Wie lang ist der kürzeste Weg für die Spinne um zur Fliege zu gelangen?
Tipp: Zeichne dazu ein passendes Würfelnetz ins Heft.

11

Berechne den Oberflächeninhalt A der quadratischen Säulen.

a) $a = b = 7$ cm, $c = 12$ cm
b) $a = b = 10$ cm, $c = 5$ cm
c) $a = b = 15$ cm, $c = 30$ cm
d) $a = b = 2$ m, $c = 8$ dm

12

Der Körper im Bild 2 setzt sich aus Würfeln mit einer Kantenlänge von 1 cm zusammen.
Wie groß ist sein Oberflächeninhalt?

2

AUFGABEN ZUR WIEDERHOLUNG

1. Stelle Fragen zum Sachverhalt und beantworte sie.
   a) Luise hat 317 DM auf ihrem Sparbuch. Das sind 59 DM mehr, als ihr Bruder Daniel hat.
   b) Marisa und Alex haben zusammen 684 DM gespart. Marisa gehören davon 351 DM.
   c) Dennis und Benjamin haben zusammen 84 DM gespart. Dabei hat Dennis 1 DM mehr gespart als Benjamin.
   d) Martin hat für seine Inlineskates 89 DM bezahlt. Laura hat ihre Inlineskates 10 DM billiger bekommen.
   e) Ulrike und Julia teilen sich 81 DM. Ulrike soll aber 3 DM mehr bekommen als Julia.
   f) Sandra kauft einen Radiergummi und eine Packung Tintenpatronen. Sie bezahlt 2,08 DM. Die Packung Tintenpatronen war 20 Pf billiger als der Radiergummi.

2. Rechne im Kopf.
   a) $310 - 90 : 15$
   b) $77 + 91 : 13$
   c) $162 - 104 : 8$
   d) $74 + 117 : 13$
   e) $120 - 36 : 12$
   f) $91 + 65 : 13$
   g) $84 - 108 : 12$
   h) $78 + 52 : 13$
   i) $24 - 91 : 7$
   j) $48 + 48 : 12$

3. Wie viel ist das?
   a) $\frac{1}{2}$ von 62 m
   b) $\frac{1}{3}$ von 36 DM
   c) $\frac{1}{4}$ von 100 DM
   d) $\frac{1}{5}$ von 150 kg
   e) $\frac{1}{10}$ von 1 200 t
   f) $\frac{1}{6}$ von 120 m
   g) $\frac{2}{3}$ von 30 h
   h) $\frac{3}{4}$ von 60 s
   i) $\frac{2}{5}$ von 100 m
   j) $\frac{3}{5}$ von 250 g
   k) $\frac{3}{4}$ von 8 min
   l) $\frac{2}{5}$ von 30 km

Schrägbild eines Quaders

1

Fertige ein Kantenmodell eines Quaders an (s. Bild 1).

Hinweis: Im Folgenden werden zwei der vielen Möglichkeiten genannt, ein Kantenmodell anzufertigen. Du kannst auch eigene Ideen verwirklichen.

Mit Blumendraht: Fertige erst zwei gleich große Rechtecke an. Verbinde die beiden Rahmen an den Eckpunkten durch gleich lange Drahtenden.

Mit Trinkhalmen oder Streichhölzern oder anderen Holzstäbchen und etwas Knetmasse (Plastilin): Schneide dir entsprechende Stücke für die Kanten zurecht. Verbinde die Kanten an den Ecken mit Knete.

Berücksichtige beim Bauen die Haupteigenschaften des Quaders (gleich lange und zueinander parallele Kanten, gleich große und zueinander parallele Rechtecke, rechte Winkel).

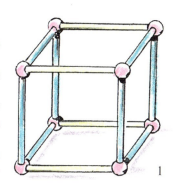

1

2

a) Lege das Kantenmodell eines Quaders oder irgendeinen anderen Quader unmittelbar vor dich auf den Tisch. Sieh dir den Gegenstand genau von oben an. Zeichne ins Heft, was du siehst.

b) Schiebe den Quader ca. 30 cm von dir weg. Zeichne, was du siehst.

c) Bewege den Quader erst ca. 30 cm von dir weg und anschließend noch ca. 30 cm nach links. Zeichne den Quader so, wie er dir jetzt erscheint. Das gezeichnete Bild nennt man ein **Schrägbild** des Quaders.

Ein Schrägbild eines Quaders auf Kästchenpapier zeichnen (Beispiel: 20 mm × 15 mm × 30 mm)

1. Ein Rechteck mit den Originalseitenlängen als Vorderwand zeichnen:

2. Die nach hinten verlaufenden Kanten mit ungefähr halber Seitenlänge schräg (45°) bis zu einem Gitterpunkt zeichnen:

3. Die Endpunkte reihum verbinden:

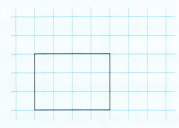
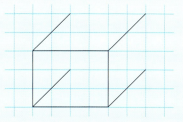
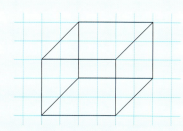

3

Zeichne auf Kästchenpapier das Schrägbild eines Würfels, dessen Kantenlänge 2 cm beträgt.

Zeichne noch ein zweites Bild, in dem auch die schräg verlaufenden Kanten Originallänge aufweisen. Jetzt sieht man, warum die schrägen Strecken verkürzt eingezeichnet werden müssen: Das Bild macht nicht mehr den Eindruck eines Würfels, sondern einer quadratischen Säule.

4

Bild 1 zeigt das Netz eines Quaders. Übertrage es auf ein Blatt Papier oder dünne Pappe, schneide es aus und klebe es zu einem Quader zusammen. Färbe vorher die Klebestreifen so, dass sie auf gleichfarbene Ränder des Quaders treffen.

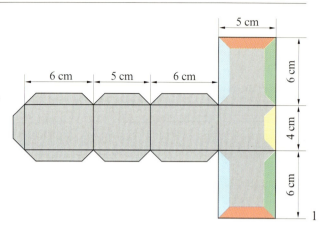

1

5

Ein Quader besitzt die Kantenlängen $a = 8$ cm, $b = 3$ cm und $c = 4$ cm.
Berechne die Gesamtlänge der Kanten und den Oberflächeninhalt.

Wenn man einen quaderförmigen Gegenstand von einem festen Standpunkt aus anschaut, kann man einige Kanten nicht sehen. Es ist üblich, im zugehörigen Schrägbild diese Kanten gestrichelt zu zeichnen (s. Bild 2).

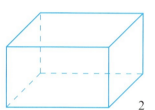

2

6

Stelle Länge, Breite und Höhe einer Streichholzschachtel fest und zeichne je ein passendes Schrägbild mit dem größten bzw. kleinsten Rechteck als Vorderfläche. Zeichne die unsichtbaren Kanten gestrichelt.

7

Zeichne zu einem Quader mit den Kantenlängen 6 cm, 4 cm und 2 cm drei Schrägbilder. Jedes Mal soll eine andere Rechteckfläche im Vordergrund stehen. Die unsichtbaren Kanten sollen gestrichelt gezeichnet werden.

8

Der Würfel im Bild 3 ist hinten gelb, links braun und unten schwarz. Zeichne ein Netz des Würfels und färbe die Quadrate entsprechend.

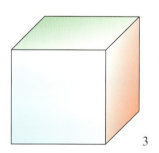

3

9

Anke fertigt aus 60 cm Blumendraht ein Kantenmodell eines Quaders an. Wie lang wird ihr Quader bei den angegebenen Abmessungen?
a) 5 cm breit und 4 cm hoch
b) 4 cm breit und 3 cm hoch
c) 10 cm breit und 3 cm hoch
d) alle Kanten gleich lang

HINWEIS
Bei Aufgabe 9 sollen die zur Verbindung der Drahtenden mit den Rahmen benötigten Drahtlängen außer Acht bleiben.

10

Bei Schrägbildern muss man die nach hinten verlaufenden Kanten nicht unbedingt als Kästchendiagonalen, d. h. unter einem Winkel von 45°, einzeichnen. Nimm ein Geodreieck und zeichne die schräg verlaufenden Kanten eines 4-cm-Würfels unter einem Winkel von 30°. Auch so entsteht ein räumlicher Eindruck der Figur.

11

In Bild 1 passen die Netze 1, 2, 3 offenbar nicht zu den unmittelbar daneben befindlichen Quadern a, b, c.
Welches Netz passt zu welchem Quader?

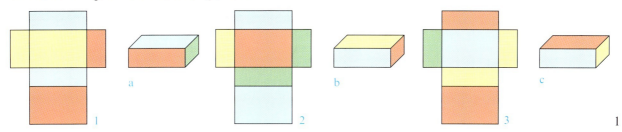

1

12

Im Bild 2 ist viermal derselbe Würfel, aber jedesmal aus einem anderen Blickwinkel, zu sehen.

a) Beschreibe die vier Standpunkte mit den Worten „von oben, von unten, von rechts, von links".

b) Zeichne in ähnlicher Weise vier Bilder von einem Quader mit den Maßen 2 cm, 3 cm, 4 cm. Dabei soll die vordere Fläche ein Rechteck mit den Maßen 2 cm und 3 cm sein.

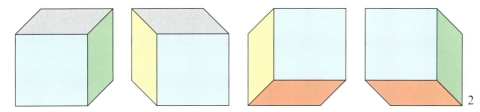

2

13

Zeichne das innerhalb des Würfels (Bild 3) gekennzeichnete Dreieck in natürlicher Größe. Die Kantenlänge des Würfels beträgt 3 cm.

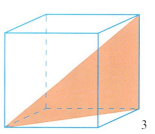

3

14

In zwei der drei Würfelbilder im Bild 4 sind Flächen hervorgehoben.

a) Von welchem Standpunkt aus scheint man den linken bzw. den mittleren Würfel zu betrachten?

b) Vielleicht gelingt es dir deine Augen beim Betrachten des rechten Würfels zum „perspektivischen Sprung" zu zwingen, d. h. zum gewollten Wechsel zwischen den beiden unter a) festgestellten Standpunkten.

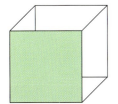 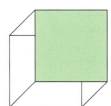 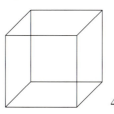

4

Rauminhalt von Quadern

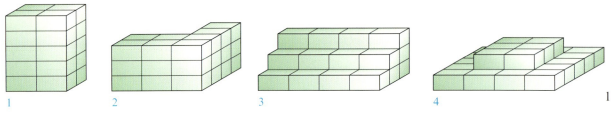

1   2   3   4   1

1

a) Baue die im Bild 1 dargestellten Körper mit Bausteinen nach. Stelle fest, welcher Körper den größten Raum und welcher Körper den kleinsten Raum einnimmt.

b) Nimm zwei verschiedene Gläser und stelle fest, in welches mehr hineinpasst.

c) Christine und Dieter haben Schultaschen von verschiedenen Herstellern. Sie streiten sich darüber, welche Tasche den größeren Platz bietet. Wie kann man feststellen, welche Tasche mehr Platz bietet?

Oft sind die Rauminhalte zweier Körper zu vergleichen. Um festzustellen, welcher Körper den größeren **Rauminhalt** hat, benötigt man eine ausreichende Anzahl kleinerer, gleichartiger Gegenstände. Im Fall der Schultaschen könnten das z. B. gleich große Bücher sein. In der Regel nimmt man zum Vergleich kleine „Einheitswürfel". Das sind Würfel, deren Kanten z. B. 1 cm lang sind. Man prüft dann nach, in welchen Körper mehr davon passen. Oft genügt es, dies nur in Gedanken zu tun.

BEACHTE
Anstelle von Rauminhalt sagt man auch **Volumen**.
Einzahl: das Volumen
Mehrzahl: die Volumina

2

Zwei quaderförmige Holzklötze haben die Abmessungen 9 cm, 6 cm, 5 cm bzw. 8 cm, 6 cm, 6 cm. Welcher nimmt den größeren Raum ein?

Man kann das Volumen eines Quaders, dessen Kantenlängen in Zentimetern gegeben sind, in drei Schritten bestimmen.

1. Aus der 1. Kantenlänge Anzahl der Einheitswürfel ermitteln, die entlang einer Karte liegen, also eine Stange bilden (Anzahl gleich Zahlenwert der Länge).

2. Aus der 2. Kantenlänge Anzahl der Stangen ermitteln, die den Boden bedecken; Anzahl der Würfel in der Bodenschicht berechnen.

3. Aus der 3. Kantenlänge Anzahl der Schichten ermitteln, die den ganzen Quader ausfüllen; Anzahl der im Quader enthaltenen Einheitswürfel berechnen.

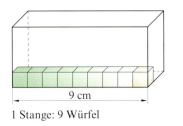

1 Stange: 9 Würfel

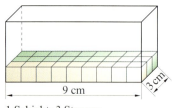

1 Schicht: 3 Stangen
3 · 9 = 27 Würfel

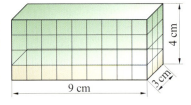

9 cm   3 cm   4 cm

Quader: 4 Schichten
4 · 27 = 108 Würfel

2

3

Wie viele Einheitswürfel entsprechen jeweils dem Quader? Wähle
Einheitswürfel günstiger Kantenlänge. Gib zunächst die Größe der
Stange und der Schicht an, die du
ausgezählt hast.

a) $a = 12$ cm, $b = 8$ cm, $c = 5$ cm
b) $a = 60$ cm, $b = 50$ cm, $c = 20$ cm

 In einen Würfel von 1 m Kantenlänge passen 7 Kinder.

4

Elkes Klassenraum ist 9 m lang, 7 m
breit und 3 m hoch. Wie groß ist das
Volumen des (leeren) Raumes?

Bei vielen Körpern ist es zweckmäßig, anstelle des 1-cm-Würfels andere
Würfel zur Volumenbestimmung heranzuziehen.
Für größere Körper nimmt man Einheitswürfel mit 1 dm oder 1 m Kanten-
länge. Für sehr kleine Körper bietet sich der 1-mm-Würfel an.

Volumeneinheiten

Einheitswürfel von	Name der Einheit	Zeichen	Volumen
1 mm Kantenlänge	Kubikmillimeter	mm^3	$1\ mm^3$
1 cm Kantenlänge	Kubikzentimeter	cm^3	$1\ cm^3$
1 dm Kantenlänge	Kubikdezimeter	dm^3	$1\ dm^3$
1 m Kantenlänge	Kubikmeter	m^3	$1\ m^3$

HINWEIS
Eine Volumenangabe
wie $V = 20\ cm^3$
besteht aus dem
Zahlenwert 20 und der
Einheit Kubik-
zentimeter (cm^3).

5

Das Aquarium von Sadegh ist 6 dm lang, 3 dm breit und 4 dm hoch.
Wie viel Liter Wasser passen in das Aquarium, wenn es bis zum Rand gefüllt wird? (1 Liter entspricht 1 dm^3; siehe Bild 2.)

6

Wie groß ist das Volumen deines Schlafzimmers bzw. eurer Küche? Miss die
Kantenlängen, runde die Messwerte auf Dezimeter und rechne.

Das Volumen V eines Quaders mit den Kantenlängen a, b, c lässt sich
mithilfe einer Formel berechnen.

Volumenformel für den Quader: $V = a \cdot b \cdot c$

Der Würfel ist ein Quader, bei dem alle Kantenlängen gleich lang sind.

Volumenformel für einen Würfel mit der Kantenlänge a: $V = a^3$

MERKE

Liter: $1\ l = 1\ dm^3$
Zur Größenvorstel-
lung:
  $1\ l$ = 1 Karton Saft
 $10\ l$ = 1 Eimer Wasser
 $80\ l$ = ca. 1 Badewan-
     ne voll Wasser

2

BEISPIEL
Quader mit den Maßen $a = 54$ dm, $b = 41$ dm, $c = 38$ dm
$V = a \cdot b \cdot c$
$\quad = 54$ dm $\cdot$ 41 dm $\cdot$ 38 dm   Überschlag: $50 \cdot 40 \cdot 40 = 80\,000$
$\quad = 84\,132$ dm^3 Nebenrechnung: $54 \cdot 41 \cdot 38 = 84\,132$

7

Berechne das Volumen der folgenden Quader.

Länge	**a)** 12 cm	**b)** 3 m	**c)** 12 mm	**d)** 5 dm	**e)** 5 cm	**f)** 0,5 m
Breite	4 cm	4 m	8 mm	2 dm	0,8 cm	2,5 m
Höhe	20 cm	12 m	3 mm	10 dm	1,2 cm	2 m

8 L

Berechne die fehlenden Größen des Quaders.

Länge	**a)** 16 m	**b)** 4 dm	**c)** 6 cm	**d)**	**e)** 125 mm
Breite	5 m	12 dm		10 mm	80 mm
Höhe	4 m		2 cm	50 mm	15 mm
Volumen		96 dm^3	36 cm^3	1 000 mm^3	

BEISPIEL
$a = 3$ cm,
$b = 5$ cm,
$V = 90$ cm^3
$V = a \cdot b \cdot c$
Für die Zahlenwerte
gilt:
$90 = 3 \cdot 5 \cdot x$
$90 = 15 \cdot x$
$x = 6$
$c = 6$ cm

9 L

Berechne Volumen und Oberflächeninhalt des Quaders.
a) $a = 4$ cm, $b = 8$ cm, $c = 2$ cm   **b)** $a = 2$ m, $b = 5$ m, $c = 12$ m
c) $a = 7$ dm, $b = 1$ dm, $c = 3$ dm   **d)** $a = 8$ mm, $b = 2$ mm, $c = 1,5$ mm
e) $a = 3,4$ cm, $b = 1,18$ cm, $c = 2$ cm   **f)** $a = 1,2$ m, $b = 4,5$ m, $c = 2,1$ m

10

Berechne Volumen und Oberflächeninhalt des Würfels der Kantenlänge:
a) 3 cm   **b)** 5 dm   **c)** 2 m   **d)** 8 mm   **e)** 2,5 cm   **f)** 1,05 m   **g)** 4,25 cm

ÜBERLEGE
Das Volumen eines
Würfels beträgt
27 cm^3.
Wie groß ist seine
Oberfläche?

11

Wie ändert sich das Volumen eines Quaders, wenn man
a) eine Kantenlänge verdreifacht;
b) alle drei Kantenlängen verdoppelt;
c) zwei Kantenlängen verdoppelt und die dritte halbiert?

12

Aus einem Pappquadrat von 10 cm Seitenlänge soll durch Ausschneiden von kleinen Quadraten an den vier Ecken und anschließendes Falten entlang der gestrichelten Linien eine Schachtel entstehen (Bild 1). Die Seitenlänge der kleinen Quadrate soll 1 cm, 2 cm usw. sein. Berechne das Volumen und setze die Tabelle fort. Wie hoch ist die Schachtel mit dem größten Volumen?

Seitenlänge	Höhe	Volumen
8 cm	1 cm	
6 cm		

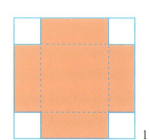

1

Umrechnen von Volumeneinheiten

1

a) Baue aus Pappe einen Würfel von 10 cm Kantenlänge.

b) Zeichne auf Kästchenpapier sechs Quadrate von 10 cm Seitenlänge. Unterteile jedes der sechs Quadrate in kleine Quadrate von 1 cm Seitenlänge.
Schneide die sechs großen Quadrate aus und klebe sie wie im Bild 1 auf den Würfel.

c) Zerlege den Würfel in Gedanken in kleine Würfel von 1 cm Kantenlänge
(Hilfe: Aufgabe 2, Seite 230.)

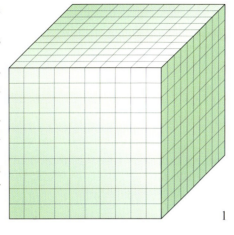

1

MAN SIEHT:
In einen Dezimeterwürfel passen
$10 \cdot 10 \cdot 10 = 1\,000$
Zentimeterwürfel.

Ein Würfel mit der Kantenlänge 1 dm hat das Volumen 1 dm³. Daher kann man auch sagen, dass ein Kubikdezimeter 1 000 Kubikzentimeter enthält. Auf vergleichbare Weise erkennt man, dass ein Kubikzentimeter 1 000 Kubikmillimeter umfasst und 1 000 Kubikdezimeter ein Kubikmeter ergeben. Wir wissen bereits: Ein Kubikdezimeter ist gleich ein Liter (1 l).

ÜBERLEGE
Mit welcher Einheit würdest du das Volumen der folgenden Körper messen?
a) Benzintank
b) Tasse
c) Talsperre
d) Badewanne
e) Ziegel
f) Wassertropfen

Zusammenhänge zwischen den Volumeneinheiten

$1\,m^3 = 1\,000\,dm^3$ Umrechnungszahl: 1 000
$1\,dm^3 = 1\,000\,cm^3$ $1\,dm^3 = 1\,l$
$1\,cm^3 = 1\,000\,mm^3$

2

Familie Meier besitzt ein Eigenheim mit einem Flachdach in Form eines Rechtecks mit den Maßen 12 m und 8 m. Letzte Nacht fielen 20 mm Niederschlag. Die Dachrinnen leiten das Wasser über ein Fallrohr in eine Regentonne von 500 Liter Fassungsvermögen. Ist die Tonne übergelaufen?

3

Ein Stück Würfelzucker ist 16 mm lang, 16 mm breit und 12 mm hoch. Wie viel Kubikzentimeter nehmen 125 Stück Würfelzucker ein?

4ᴸ

Berechne das Volumen des Quaders.

Quader	a)	b)	c)	d)	e)	f)
Länge	12 cm	3 m	120 mm	5 mm	5 cm	0,5 m
Breite	4 dm	4 m	8 cm	2 cm	0,8 dm	2,5 dm
Höhe	20 cm	12 dm	3 cm	10 cm	1,2 dm	2 m

HINWEIS
20 mm Niederschlag bedeutet, dass sich das Regenwasser 20 mm hoch auf der gesamten Dachfläche ansammeln würde, wenn es keinen Abfluss gäbe.

TIPP
Rechne zunächst in die kleinere Einheit um (z. B. 4 dm = 40 cm).

5

Beim Bau eines 2 Kilometer langen Autotunnels muss viel Erde fortge-schafft werden. Der Tunnel hat einen rechteckigen Querschnitt. Er ist 8 m breit und 4,5 m hoch.
Wie viele Lkw-Fahrten sind nötig, wenn ein Lkw 20 m³ Erde transportieren kann?

6ᴸ

Die Post bietet Pappmaterial an, welches man zu quaderförmigen Kartons falten kann (Bild 1). Es sind vier Größen in den angegebenen Abmessungen erhältlich.

Größe 1: 250 mm × 175 mm × 100 mm
Größe 2: 350 mm × 250 mm × 120 mm
Größe 3: 400 mm × 250 mm × 150 mm
Größe 4: 500 mm × 300 mm × 200 mm

Gib das jeweilige Fassungsvermögen in Kubikdezimetern an.

1

7

Ein Balken ist 10 m lang, 12 cm breit und 20 cm hoch. 1 dm³ Holz ist rund 0,8 kg schwer.
Könnten zwei Personen den Balken tragen?

Neben dem Liter gibt es noch weitere gebräuchliche Hohlmaße:	
1 Hektoliter = 100 Liter	1 Milliliter = 1 Kubikzentimeter
1 hl = 100 l	1 ml = 1 cm³

INFORMATION
Hektoliter wird von Getränkeherstellern genutzt.

Fass von ca. 50 hl

8

Rechne in die in Klammern angegebene Einheit um.
a) 4 m³ (dm³)   b) 8 000 mm³ (cm³)   c) 44 dm³ (cm³)   d) 10 000 cm³ (dm³)
   65 cm³ (mm³)   15 l (cm³)   5 ml (mm³)   20 m³ (hl)
   50 ml (cm³)   4 hl (l)   1 800 cm³ (dm³)   4 000 l (m³)
   2 hl (m³)   12 000 dm³ (m³)   27 dm³ (cm³)   2 dm³ (ml)

9

Schreibe unter alleiniger Verwendung der kleineren Einheit.
a) 3 m³ 150 dm³   b) 41 hl 23 l   c) 4 l 3 ml   d) 200 hl 195 l
   5 dm³ 20 cm³   5 cm³ 40 mm³   12 m³ 200 dm³   8 dm³ 600 cm³

Verwechsle nicht Masse und Volumen eines Körpers! Im Fall von Wasser stimmen die Zahlenwerte von Masse und Volumen jedoch überein.

Material	Masse	Volumen
Wasser	1 000 g	1 000 cm³
Benzin	1 000 g	1 430 cm³
Blei	1 000 g	88 cm³

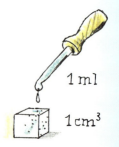

1 ml
1 cm³

Milliliter wird in der Medizin verwandt.

In Quader zerlegbare Körper

1

a) Nimm zwei gleiche Bausteine – ersatzweise zwei Streichholzschachteln –
   und probiere aus, wie viele verschiedene neue Quader man daraus bilden
   kann.
b) Zeichne Schrägbilder von den neuen Quadern.
c) Berechne die Gesamtkantenlänge, den Oberflächeninhalt und das Volumen der neuen Quader. (Länge, Breite und Höhe der verwandten Bausteine können gegebenenfalls vorher gerundet werden.)

2

Bild 1 zeigt ein Winkelhaus mit
Flachdach. Berechne
a) das Außenvolumen des Hauses,
b) die Dachfläche,
c) die Gesamtfläche der Seitenwän-
   de einschließlich der Fenster.

3 L

Berechne das Volumen der Körper
im Bild 2 durch Zerlegen in geeignete Quader. (Maße in cm)

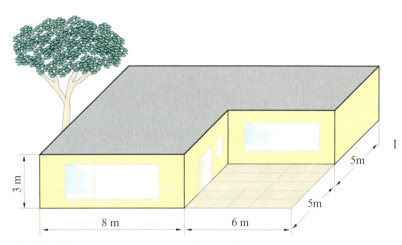

1

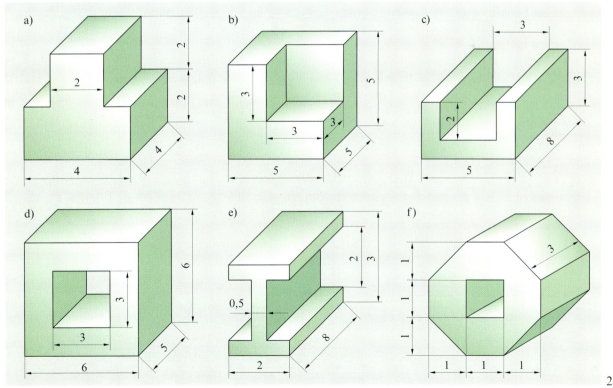

2

4

a) Zeichne den in Bild 1 dargestellten L-förmigen Gegenstand als Schrägbild ins Heft. Hierbei sollen auch die verdeckten Kanten als gestrichelte Linien eingezeichnet werden. (Maße in cm)
b) Entwirf ein passendes Netzbild auf einem Stück Papier oder Pappe.
c) Ergänze das Netz durch Klebestreifen, schneide es aus und bilde daraus den Gegenstand.
d) Berechne das Volumen und den Oberflächeninhalt des Gegenstandes.

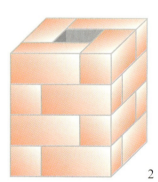

1

5

Bei einem Würfel der Kantenlänge 12 cm wird eine Kante um 7 cm verkürzt und eine andere Kante um 4 cm verlängert. Die dritte Kante bleibt unverändert.
Zeichne ein Schrägbild des neuen Körpers und berechne sein Volumen.

6

Bild 2 zeigt das Endstück eines Schornsteins, der aus Ziegeln zusammengesetzt ist. Ein solcher Ziegel hat die Form einer quadratischen Säule. Er ist 24 cm lang und je 11 cm breit und hoch.
a) Aus wie vielen Steinen besteht das Schornsteinendstück?
b) Wie groß sind die Innenmaße des Schornsteinendstücks?

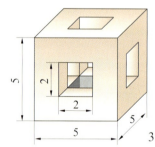

2

7

Wie könnte man den in Bild 3 abgebildeten hölzernen Körper herstellen?
a) Mit dem Handwerkszeug eines Tischlers: Beschreibe, was du mit dem ursprünglichen Würfel machen würdest.
b) Mithilfe von Bauklötzen: Gib an, wie viele verschiedene Typen von Klötzen man bräuchte, welche Abmessungen diese haben müssten und in welcher Anzahl jeder Typ vorhanden sein müsste.
   Tipp: Übertrage das Bild ins Heft und ergänze es durch Hilfslinien.
c) Berechne das Volumen des Körpers. (Maße in cm)

3

ZUSAMMENFASSUNG

Umfang:	Rechteck mit den Seitenlängen a, b:	$u = 2 \cdot a + 2 \cdot b = 2 \cdot (a + b)$
	Quadrat mit der Seitenlänge a:	$u = 4 \cdot a$
Flächeninhalt:	Rechteck mit den Seitenlängen a, b:	$A = a \cdot b$
	Quadrat mit der Seitenlänge a:	$A = a^2$
Oberflächeninhalt:	Quader mit den Kantenlängen a, b, c:	$A = 2 \cdot a \cdot b + 2 \cdot a \cdot c + 2 \cdot b \cdot c$
		$= 2 \cdot (a \cdot b + a \cdot c + b \cdot c)$
	Würfel mit der Kantenlänge a:	$A = 6 \cdot a^2$
Volumen:	Quader mit den Kantenlängen a, b, c:	$V = a \cdot b \cdot c$
	Würfel mit der Kantenlänge a:	$V = a^3$

Ausgewählte Lösungen

KAPITEL „DIE NATÜRLICHEN ZAHLEN"

S. 7: **5 a)** 20 000 050 **b)** 1 000 001 **c)** 5 000 000 111 **d)** 909 000 000 000 008

S. 9: **14 b)** In den USA ist 1 Billion = 1 000 000 000. Es sind also 10 l pro Kopf.

S. 12: **6 c)** 1 250, 1 **2**00, 1 000 bzw. bei Weiterrunden: 1 250, 1 **3**00, 1 000

S. 14: **9 a)** >, <, > **b)** <, >, = **c)** <, >, <

S. 15: **3** (in Mio.) Zürich; 8–12, Paris: 16–22, London: 28–40, Frankfurt/M.: 18–30

S. 20: **4 a)** 12, 61, 92, 104, 340, 600, 2 020 **b)** 21, 70, 99, 112, 257, 1 700, 2 202

S. 20: **5 a)** XVIII, LVII, LXXXVIII, CLXI, DLIII, MCCXXIII, MDCCCLXXV

S. 20: **6 a)** XCVIII–C, CXXIII–CXXV, DXCIX–DCI, MCCXLVIII–MCCL, …

S. 21: **4 a)** 1 132 cm, 42 400 m, 60 850 m **b)** 909 mm, 4 445 mm, 54 320 mm

S. 23: **10 a)**

2	9	4
7	5	3
6	1	8

b)

3	7	8
11	6	1
4	5	9

c)

7	1	7
5	5	5
3	9	3

d)

1	14	4	15
12	7	9	6
13	2	16	3
8	11	5	10

e)

13	2	3	16
8	11	10	5
12	7	6	9
1	14	15	4

S. 24: **13** links: 1 402, 243, 445, 0,0 rechts: 624, 487, 864, 0,0

S. 24: **14 a)** Summe: 521, Differenz: 259, Summe + Differenz = 780 (ist stets zweimal erste Zahl)

S. 26: **19 a)**

394	221	134	53

173	87	81

86	6

80

b)

418	**206**	**111**	53

212	95	58

117	37

80

c)

377	**272**	178	**94**

105	94	**84**

11	10

1

S. 28: **6 a)**

100	**50**	**25**	**25**

50	**25**	0

25	25

0

b)

10+*n*	10	10	**10**

n	0	0

n	0

n

(*n* ist beliebige natürliche Zahl)

S. 29: **8** die richtigen Ergebnisse: **a)** 383, 643 **b)** 701, 263 **c)** 553, 728 **d)** 823, 607

S. 31: **16 a)** 10, 21, 5 050 **b)** 16, 36, 2 500 **c)** 20, 42, 2 550

S. 33: **5 a)** 795 (Ü: 700), 906 (800), 924 (900), 999 (1 000), 697 (600), 1 583 (1 500)

S. 35: **12 a)** 111, 29, 894, 288 **b)** 51, 2, 399, 6 752

S. 35: **14 a)** 2 350 **b)** 107 **c)** 150 **d)** 1 330 **e)** 1 332 **f)** 96 969 **g)** 2 424 **h)** 17 280 **i)** 3 600

S. 36 **18 a)** 6 127 **b)** 14 047 **c)** 46 229 **d)** 8 949 **e)** 80 358 **f)** 3 560 **g)** 29 948

S. 36: **19 a)**

$$\begin{array}{r} 2\,543 \\ 6\,789 \\ +\,9\,417 \\ \hline 18\,749 \end{array}$$

b)

$$\begin{array}{r} 7\,345 \\ -\,3\,868 \\ \hline 3\,477 \end{array}$$

c) bspw.:

$$\begin{array}{r} 1\,287 \\ 4\,321 \\ +\,4\,391 \\ \hline 9\,999 \end{array}$$

d)

$$\begin{array}{r} 17\,613 \\ -\,8\,576 \\ \hline 9\,037 \end{array}$$

e)

$$\begin{array}{r} 3\,965 \\ 8\,377 \\ +\,5\,966 \\ \hline 18\,308 \end{array}$$

S. 40: **4 a)** $x = 14$ **b)** $x = 164$ **c)** $x = 12$ **d)** $x = 2$ **e)** $x < 14$ **f)** $x < 5$ **g)** $x < 12$ **h)** $x < 2$

S. 41: **8 a)** $L = \{5\}$, $L = \{10\}$, $L = \{5\}$, $L = \{0; 1; …; 10\}$, $L = \{10\}$

S. 42   **9 a)** $L = \{3; 4; ...; 10\}$ **b)** $L = \{0; 1; ...; 6\}$ **c)** $L = \{6; 7; ...; 12\}$
d) $L = \{9; 10; 11; 12; 13\}$

S. 43:   **16** 1. Tag: 435 km, 2. Tag: 315 km

S. 44   **5** 10-mal   **6** 24 verschiedene Kostüme

S. 48:   **26 a)** 5-mal, 8-mal, 20-mal   **b)** 42-mal, 100-mal, 6-mal   **c)** 40-mal, 80-mal, 3 000-mal

S. 50:   **39 a)** 38 400 DM   **b)** $\approx$ 200 DM   **c)** 120 000 km   **d)** Stunde: 3 600-mal   **e)** 15 Fahrten

S. 51:   **43 a)** $x = 6$ **b)** $x = 13$ **c)** $x = 24$ **g)** $x = 1\,428$ **h)** $x = 11$ **i)** $x = 361$
j) $x = 9$ **k)** $x = 19$ **l)** $x = 12$

S. 51:   **46 a)** $L = \{0; 1; ...; 8\}$ **b)** $L = \{0; 5; 10; ...; 35\}$ **c)** $L = \{1; 2; 4; 8\}$
d) $L = \{0; 1; ...; 6\}$ **e)** $L = \{78; 84; 90; ...\}$ **f)** $L = \{20; 25; 50; 100\}$
g) $L = \{0; 1; 2; 3; 4\}$ **h)** $L = \{1; 2; ...\}$ **i)** $L = \{0; 1; ...; 7\}$
j) $L = \varnothing$ **k)** $L = \{1; 2\}$ **l)** $L = \{2; 3; ...\}$

S. 67:   **4 a)** $15 = 15$ **b)** $32 \neq 2$ **c)** $4 = 4$ **d)** $4 \neq 1$

S. 67:   **6 a)** 16, 10, 16, 4, 28   **b)** 198, 144, 20 538, 984, 1 038

S. 68:   **11 a)** n.l.   **b)** 0   **c)** 1   **d)** 60   **e)** n.l.   **f)** 1   **g)** 0   **h)** n.l.

S. 70:   **2 a)** 2 Gruppen à 16, 4 Gruppen à 8, 8 Gruppen à 4, 16 Gruppen à 2 Schüler/innen
b) keine Aufteilung in gleich starke Gruppen möglich
c) zu **a)**: 2 Gr. à 14, 4 Gr. à 7, 7 Gr. à 4, 14 Gr. à 2 Schüler/innen
zu **b)**: 3 Gr. à 9, 9 Gr. à 3 Schüler/innen

S. 73:   **21** Seitenlängen der max. Quadrate: **a)** 2 cm   **b)** 3 cm   **c)** 4 cm   **d)** 1 cm

S. 73:   **23 a)** 6; 12; ...   **b)** 12; 24; ...   **c)** 60; 120; ...   **d)** 105; 210; ...

S. 75:   **8 a)** 24; 128; 48   **b)** 324; 256; 200   **c)** 0; 3; 593   **d)** 0; 1 070; 352   **e)** 5; 50; 100

S. 75:   **9 a)** 2   **b)** 3   **c)** 1   **d)** 0   **e)** 2   **f)** 10   **g)** 2   **h)** 4

S. 78:   **6 a)** 11; 1001   **b)** 111; 1011   **c)** 1111; 100001   **d)** 11111; 10111011
e) 111111; 1011010   **f)** 1111111; 100000001
g) 11111111; 111110100   **h)** 111111111; 1111101000

S. 85:   **4 a)** Zahlen: $\{1; 2; ...; 7\}$; Farben: {rot; blau; gelb; grün; braun}   **c)** (1); (3); (5)
b) (1) 1; 3; 5; 7   (2) 1; 4   (3) 5; 6   (4) 1; 2; 3   (5) 1; 4; 5; 6   (6) 3; 6

S. 85:   **6 a)** (2)   **b)** (2)   **c)** (2)   **d)** (1)   **e)** gleich   **f)** gleich   **g)** (2)   **h)** (2)

KAPITEL „BRÜCHE"

S: 107:   **11 a)** >   **b)** <   **c)** >   **d)** <   **e)** >   **f)** >   **g)** >   **h)** <

S. 107:   **14 a)** z. B. $\frac{8}{5} > \frac{8}{6} > \frac{5}{6} > \frac{5}{8}$ **b)** z. B. $\frac{7}{10} < \frac{7}{8} < \frac{7}{7} < \frac{13}{11}$ **c)** z. B. $\frac{1}{2} < \frac{4}{6} < \frac{6}{6} < 2$

S. 107:   **15 a)** $\frac{7}{8}$ **b)** $\frac{2}{8}$ **c)** $\frac{5}{8}$

S. 107:   **16 a)** 40 weiße, 21 schwarze Kugeln   **b)** $\frac{1}{7}$ von 70 sind 10, es sind aber 9 rote Kugeln

S. 113:   **25** Das ist falsch, denn die durch 2 **und** 3 teilbaren Zahlen werden so doppelt gezählt.

S. 136:   **10 b)** beide Faktoren kleiner 1 wählen   **c)** nein

S. 136:   **11 a)** 0,9; 0,8   **b)** 0,2; 0,3   **c)** 0,5 und 0,4; 5 und 4   **d)** 0,1 und 1,0; 1 und 3

KAPITEL „GRÖSSEN"

S. 149:   **15 a)** 50 cm, 25 cm, 75 cm, 20 cm, 80 cm, 8 cm   **b)** 500 m, 250 m, 750 m, 100 m, 300 m

S. 149:   **16 a)** <, >, =   **b)** =, >, <   **c)** <, =, >

S. 150:   **2** 55 km   **5 a)** 36 Dosen; 94,4 cm   **b)** 12 Reihen; 141,6 cm

S. 151:   **7** 3 Bahnen à 2,65 m; Rest: 2,15 m

S. 155:   **4** Einige Wägestücke sind doppelt, um alle möglichen Massewerte abwiegen zu können.

S. 155:   **8** 9 Fahrten sind notwendig.

S. 159: **4** zwischen 5 und 6 Kilogramm

S. 159: **5** Min: 7,2 kg, Std: 432 kg, Tag: 10 368 kg, Wo: 72 576 kg, Mo: 311 t, Jahr: 3 784 t

S. 162: **9 a)** 3 min 20 s; 8 h 20 min; 1 d 6 h   **b)** 6 h 40 min; 16 min 40 s; 2 d 2 h

S. 162: **13 a)** 3 h 14 min   **b)** 49 min   **c)** 1 h 37 min   **d)** 15 h 59 min   **e)** 2 h 11 min

S. 163: **17 a)** 8 h   **b)** 6 h 30 min

S. 164: **2 a)** Pirna ab: 10 Uhr; Rathen an: 11.15 Uhr; Wehlen ab: 16.15 Uhr, Pirna an: 17 Uhr
　　　　　b) Hinfahrt: 1 h 15 min; Rückfahrt: 45 min   **c)** 5 h

S. 166: **4 a)** 2 DM, 1 DM, 10 Pf, 5 Pf   **b)** 20 DM, 5 DM, 5 Pf, 2 Pf

KAPITEL „GEOMETRISCHE FIGUREN"

S. 171: **5 a)** Quader, Zylinder   **b)** Kugel, Zylinder, Kegel   **c)** Kegel, Pyramide

S. 178: **10 a)** $S(3|3)$ **b)** $S(3|3)$ **c)** kein Schnittpunkt **d)** $S(4|0)$ **e)** $S(7|6)$ **f)** kein Schnittpunkt

S. 180: **5 a)** $\overline{EF}\|\overline{CD}$, $\overline{AB}\perp\overline{CD}$, $\overline{AB}\perp\overline{EF}$ **b)** $\overline{ML}\|\overline{KJ}\|\overline{HI}$

S. 185: **3 a)** $\alpha = \sphericalangle KML$, $\beta = \sphericalangle OPN$, $\gamma = \sphericalangle SRQ$, $\delta = \sphericalangle TUV$

S. 187: **4 b)** spitzwinklig: $\triangle ABC$, $\triangle JKL$; rechtwinklig: $\triangle GHI$; stumpfwinklig: $\triangle DEF$

S. 190: **5 b)** $\sphericalangle FAB = 78°$, $\sphericalangle HBF = 318°$, $\sphericalangle BAF = 282°$, $\sphericalangle AEF = 80°$, $\sphericalangle CDG = 117°$,
　　　　　$\sphericalangle AFH = 257°$

S. 190: **7 a)** 90°   **b)** 30°   **c)** 150°   **d)** 300°   **e)** 225°   **f)** 345°

S. 190: **8 a)** 180°   **b)** 360°   **c)** 30°   **d)** 150°   **e)** 15°   **f)** 5°   **g)** 0,5°

KAPITEL „SYMMETRIE UND SPIEGELUNG"

S. 196: **8** Anzahl der Symmetrieachsen: **a)** 1   **b)** 2   **c)** 3   **d)** 4   **e)** unendlich

S. 198: **2 a)** 9   **b)** 3

S. 207: **4 a)** $A'(3|0)$; $B'(2|3,5)$; $C'(6,5|2,5)$ **b)** $A'(0|4)$; $B'(1,5|6,5)$; $C'(3|6)$; $D'(3|3)$

S. 211: **4 a)** 3-Eck: 120°; 8-Eck: 45°; 10-Eck: 36°; 12-Eck: 30°   **c)** Quadrat
　　　　　d) 4-Eck: 4; 5-Eck: 5; 8-Eck: 8; 9-Eck: 9; 10-Eck: 10; 12-Eck: 12 Symmetrieachsen

KAPITEL „MESSEN, DARSTELLEN, BERECHNEN"

S. 215: **7 a)** 50 m; 200 m; 1 km; 1,6 km; 2,85 km   **b)** 2 mm; 5 mm; 15 mm; 47 mm
　　　　　c) $\overline{AB}\approx 3,7$ km; $\overline{AC}\approx 1,7$ km; $\overline{BC}\approx 2,7$ km (Luftlinie)
　　　　　$\overline{AB}\approx 4,3$ km; $\overline{AC}\approx 2$ km; $\overline{BC}\approx 3$ km (Weglänge)

S. 215: **8 a)** 1. Tag: 55,6 km; 2. Tag: 42,6 km; 3. Tag: 22,2 km; gesamt: 120,4 km
　　　　　b) 1. + 2. Stunde: 29,6 km; 3. Stunde: 24,1 km; gesamt: 53,7 km

S. 216: **11 a)** 12,4 cm … 12,6 cm   **b)** 11,2 cm … 11,6 cm   **c)** 12 cm

S. 217: **18 a)** 5 cm **b)** 8 cm **c)** 11 cm **d)** 4 dm **e)** 1 m **f)** 20 m **g)** 7 dm **h)** 39 cm **i)** 1,25 m

S. 220: **7 a)** 6 cm² **b)** 10 cm² **c)** 16 cm² **d)** 21 cm²

S. 220: **9 a)** 98 dm² **b)** 120 m² **c)** 6 km² **d)** 12,25 cm² (ohne Zähne)

S. 222: **19 a)** $b = 17$ mm; $u = 42$ mm   **b)** $b = 9$ cm; $u = 40$ cm   **c)** $a = 5$ dm; $u = 14$ dm

S. 223: **22 a)** 30 cm²   **b)** 14 cm²   **c)** 21 cm²

S. 225: **6 a)** 94 cm²   **b)** 1 230 cm²   **c)** 190 m²   **d)** 152 dm²   **e)** 112 cm²   **f)** 450 cm²

S. 225: **8 a)** 2 cm **b)** 6 cm **c)** 10 cm **d)** 15 cm **e)** 9 cm **f)** 4 m **g)** 7 dm **h)** 5 cm **i)** 10 m

S. 232: **8 a)** $V = 320$ m³ **b)** $h = 2$ dm **c)** $b = 3$ cm **d)** $l = 2$ mm **e)** $V = 150\,000$ mm³

S. 232: **9 a)** $V = 64$ cm³; $A = 112$ cm²   **b)** $V = 120$ m³; $A = 188$ m²   **c)** $V = 21$ dm³; $A = 62$ dm²

S. 233: **4 a)** 9 600 cm³ = 9,6 dm³   **b)** 14 400 dm³ = 14,4 m³   **c)** 288 000 mm³ = 288 cm³

S. 234: **6** Gr. 1: 4,375 dm³; Gr. 2: 10,5 dm³; Gr. 3: 15 dm³; Gr. 4: 30 dm³

S. 235: **3 a)** 48 cm³   **b)** 98 cm³   **c)** 72 cm³   **d)** 135 cm³   **e)** 24 cm³   **f)** 18 cm³

Register

Größen und ihre Einheiten

Zeit

Einheiten	Zeichen	Umrechnung
Tag	d	1 d = 24 h
Stunde	h	1 h = 60 min
Minute	min	1 min = 60 s
Sekunde	s	

Masse

Einheiten	Zeichen	Umrechnung
Tonne	t	1 t = 1000 kg
Kilogramm	kg	1 kg = 1000 g
Gramm	g	1 g = 1000 mg
Milligramm	mg	

alte Einheiten		
Zentner	Ztr	1 Ztr = 50 kg = 100 ℔
Pfund	℔	1 ℔ = 500 g = 0,5 kg

Länge

Einheiten	Zeichen	Umrechnung
Kilometer	km	1 km = 1000 m
Meter	m	1 m = 10 dm = 100 cm = 1000 mm
Dezimeter	dm	1 dm = 10 cm = 100 mm
Zentimeter	cm	1 cm = 10 mm
Millimeter	mm	

Geld

Einheiten	Zeichen	Umrechnung
Deutsche Mark	DM	1 DM = 100 Pf
Pfennig	Pf